Noam Chomsky
Sprache und Politik

Noam Chomsky

Sprache und Politik

Herausgegeben und aus dem amerikanischen Englisch übersetzt
von Michael Schiffmann

PHILO

2. Auflage Berlin 2000

© 1999 PHILO Verlagsgesellschaft mbH
Berlin und Bodenheim bei Mainz
Alle Rechte vorbehalten.
© der Originalbeiträge by Noam Chomsky
Ohne ausdrückliche Genehmigung des Verlages ist es nicht
gestattet, das Buch oder Teile daraus auf fotomechanischem Wege
(Photokopie, Mikrokopie) zu vervielfältigen.
Umschlaggestaltung: nach Entwürfen von Gunter Rambow, Berlin
Druck und Bindung: Nexus Druck GmbH, Frankfurt/Main
Printed in Germany
ISBN 3-8257-0123-9

Inhaltsverzeichnis

John Pilger: Noam Chomsky..7

I. Sprache und menschliche Natur

1. Aspekte einer Theorie des Geistes 17

2. Gleichheit 45

II. Notwendige Illusionen

3. Demokratie und Medien 78

4. Bemerkungen zu Orwells Problem 109

III. Die Verdammten dieser Erde

5. Osttimor 123

6. Die Schwachen erben nichts 136

IV. Staatskapitalismus und Staats-„Sozialismus"

7. Das Gegenteil von Sozialismus 144

8. Die Bilanz der neunziger Jahre 150

V. Wege der Freiheit: Autokratie oder Anarchie?

9. Einige Aufgaben für die Linke 196

10. Die heutige Relevanz des Anarchosyndikalismus 214

VI. Blick in die Zukunft

11. Die ungezähmte Meute 238

Nachwort...245

Ausgewählte Literatur...253

Der Übersetzer dankt Tobias Erler für Gespräche über die Theorie des Geistes, Irmela und Axel Rütters für ihre verlegerische Unterstützung und Claudia Görgen, Monika Regelin, Annette Schiffmann, Ulrich Schloßmacher und Falk Wiedenroth für ihre Ratschläge bei der Übersetzung. Mein besonderer Dank gilt Falk Wiedenroth, der auch das Nachwort gelesen hat.

Michael Schiffmann

Noam Chomsky

- John Pilger[*] -

„Einem Geist zu begegnen, der unsere Wahrnehmung von der
Welt radikal verändert", schrieb Jim Peck in seiner Einführung zu
der Sammlung *The Chomsky Reader*, „stellt eine der beunruhi-
gendsten, aber zugleich auch eine der befreiendsten Erfahrungen
im Leben dar. Beunruhigend, weil eine solche Erfahrung sorgfältig zurechtgelegte Rationalisierungen untergraben kann, und be-
freiend, weil man endlich das Offensichtliche als das sieht, was es
ist."

Für mich hat Chomsky das „Offensichtliche" sichtbar gemacht, seit ich zu der Zeit, als ich aus den Vereinigten Staaten über
den amerikanischen Krieg in Vietnam berichtete, seine Bücher
und Artikel las. Ohne Chomskys peinlich genaue Auflistung des
Beweismaterials und seine Kritik an der Machtausübung Amerikas wäre die Wahrheit, das „Offensichtliche" über diesen Krieg
nicht gesagt worden; dasselbe gilt für die Wahrheit über viele andere „kleine Kriege" und gesellschaftliche Auseinandersetzungen
unserer Zeit. Seine Suche nach der Wahrheit ist fraglos heroisch;
ebenso wie Millionen anderer, zu deren Aufklärung er beigetragen
hat, verdanke ich ihm viel. Auf einzigartige Weise hat Chomsky
beständig die Mauern der Orwellschen „Wahrheit" durchbrochen,
die so viel von unserer „freien" Gesellschaft und dem Leid jener
Menschen in der ganzen Welt verbergen, die den Preis für unsere
„Freiheit" bezahlen.

In seinen Essays, Büchern und Vorträgen hat er unnachgiebig
einen offiziell beglaubigten Mythos nach dem anderen zerstört,
und zwar mittels Fakten und Dokumenten, die zumeist aus offiziellen Quellen stammen. Seine Enthüllungen und die Klarheit, mit
der er sie betreibt, sind ein lebendiges Beispiel für Kunderas
Aphorismus, daß „der Kampf des Menschen gegen die Macht der
Kampf der Erinnerung gegen das Vergessen ist". Er hat gezeigt,
daß der Krieg in Vietnam keineswegs der „tragische Fehler" war,
als der er so oft hingestellt wird, sondern die logische Konsequenz

---

* John Pilger ist australischer Journalist und Dokumentarfilmer. Er hat mehrere
Bücher veröffentlicht, in denen er über die sozialen Verhältnisse in den westlichen
Demokratien, die Unterdrückung in den realsozialistischen Staaten und die natio-
nalen und sozialen Kämpfe in der Dritten Welt berichtet, zuletzt *Distant Voices*
(1994) und *Hidden Agendas* (1998). Seine bekanntesten Filme sind *Cambodia Year
Zero*, *Cambodia Year Ten*, *Death of a Nation* (über Osttimor) und *Breaking the
Mirror* (über den Niedergang der populären demokratischen Presse in England). Er
lebt in London. Der vorliegende Text entstand im Dezember 1992.

der Ausübung imperialer Macht, und daß die Vereinigten Staaten in Verfolgung ihrer strategischen Interessen in Südostasien ein kleines bäuerliches Land überfielen, es systematisch verwüsteten und seine Menschen, Kommunisten ebenso wie Nichtkommunisten, töteten. Ohne den massiven Widerstand in den Vereinigten Staaten selbst, der Noam Chomskys kritischem Geist und schriftstellerischer Tätigkeit viel verdankt, wäre Ronald Reagan vielleicht mit amerikanischen Truppen in Nicaragua einmarschiert.

Ich las Noam Chomskys Buch *The Backroom Boys* zuerst auf einem Flug nach Vietnam 1974. Der „ehrenvolle Friede", das Versprechen, aufgrund dessen Richard Nixon und Henry Kissinger erneut an die Macht gewählt worden waren, befand sich in vollem Gang. Die amerikanischen Bodentruppen waren abgezogen worden, und amerikanische Bomber warfen eine größere Bombenlast über Indochina ab als sämtliche Kriegsteilnehmer über allen Kriegsschauplätzen während des gesamten Zweiten Weltkriegs.

Der Krieg in Asien machte keine Schlagzeilen mehr.

In *The Backroom Boys* zitierte Chomsky einen amerikanischen Piloten, der die „besonderen Vorteile" von Napalm auseinandersetzte: „Natürlich sind wir auch wirklich zufrieden mit den Jungs in den Hinterzimmern von Dow Chemical. Das ursprüngliche Material war nicht so scharf - wenn die Schlitzaugen schnell genug waren, konnten sie es abkratzen. Also fingen die Jungs an, Polystyrol zuzusetzen - jetzt klebt das Zeug wie Scheiße am Leintuch. Es brennt jetzt sogar unter Wasser."

Ich wußte aus eigener Erfahrung, daß das stimmte; ich berührte einmal das Opfer eines Napalmangriffs, und danach hatte ich die Haut des Mädchens an meiner Hand. Was Chomsky in diesem und anderen Büchern und in seinen Vorträgen und Artikeln vorlegte, war nicht nur eine Chronik moderner Barbarei, sondern auch die Einordnung dieser Barbarei in den Rahmen einer systematischen „Arbeitsteilung". Die eine Gruppe von „Jungs in den Hinterzimmern" hatte die Entwicklung von Napalm in Auftrag gegeben, während eine andere es dann verfeinert hatte, „damit es bis hinunter auf den Knochen brennt". Die Piloten brauchten es dann nur noch abzuwerfen. Unterdessen sorgten die Medien dafür, daß das Gesamtbild dieses unvorstellbaren Vorgangs so gut wie unsichtbar und damit akzeptabel blieb.

Auf diese Weise konnten politische Führer, deren „gemäßigtes" Auftreten nicht einmal entfernt an Totalitarismus denken ließ, aus der sicheren Entfernung physischer und kultureller Distanz Menschen in einem Ausmaß töten und verstümmeln, das an die Taten der berüchtigten Ungeheuer unserer Zeit heranreicht. So unterwarf John F. Kennedy Vietnam einem Terrorbombardement; Gerald Ford und Henry Kissinger unterstützten den Völkermord in Osttimor; und George Bush verübte 1991 mit John Major im Schlepptau die Schlächterei am Golf und nannte sie einen „Kreuzzug für die Moral".

Indem er solche Wahrheiten benannte, hat Chomsky sich eine Menge Schwierigkeiten eingehandelt. Einer der Gründe für die Feindseligkeit, die ihm entgegengebracht wird, liegt darin, daß er den Kern des freiheitlichen Selbstbildes Amerikas angreift und zwischen Liberalen und Konservativen nur unterscheidet, um ihre Gemeinsamkeiten zu beleuchten. Tatsächlich stellten seine ersten beiden Bücher, *Die Verantwortlichkeit der Intellektuellen* (1967) und *Amerika und die neuen Mandarine* (1969), frontale Angriffe auf einen Großteil der amerikanischen Intellektuellen und Journalisten dar, deren Liberalismus seiner Ansicht nach dazu diente, ihre Rolle als „ideologische Manager" eines gesetzlosen, imperialen Systems, das rund um den Globus Tod und Zerstörung verursachte, zu maskieren.

Wie die Dissidenten in der früheren Sowjetunion kehrt er in einem Großteil seines Werks immer wieder zu einem Thema von grundlegender moralischer Bedeutung zurück: der Tatsache, daß die Amerikaner, und in entsprechender Weise auch diejenigen von uns, die innerhalb der Reichweite des amerikanischen Einflusses leben, „einem der herrschenden Macht dienenden ideologischen System" ausgesetzt sind, dem Gewissenserwägungen fremd sind und das von den Menschen „Apathie und Gehorsam" verlangt, „um jede ernsthafte Bedrohung der Herrschaft der Elite von vornherein zu verhindern".

Abweichende Meinungen werden durch den „Mechanismus der historischen Amnesie und des Tunnelblicks, wie sie in den intellektuellen Kreisen kultiviert werden", an den Rand gedrängt. Chomsky bezeichnet das Gros der amerikanischen Akademiker und Journalisten als eine „weltliche Priesterkaste", für die Amerikas „manifester Auftrag", sein „Recht", kleine Nationen anzugreifen und unter die Knute zu zwingen, allem Anschein nach etwas Gottgegebenes sind.

Aus diesem Grund ist es ihm oft unmöglich gemacht worden, seine Ansichten zu veröffentlichen, besonders in den großen liberalen Zeitungen, denen er lästig ist und die er in Verlegenheit bringt, da seine Analyse der imperialen Macht eben jene intellektuelle Unabhängigkeit aufweist, die seine Kritiker und die liberalen Journalisten so gerne für sich in Anspruch nehmen. Was bei der Erinnerung an die skandalösen Vorfälle um Watergate, die Iran-Contra-Affäre, das geheime Bombardement Kambodschas und die tief verwurzelte Korruption während der Reaganjahre oft vergessen wird, ist die Tatsache, daß so wenige Journalisten versuchten - oder die Gelegenheit erhielten -, sie zu enthüllen. Über den Zionismus, der immer noch eines der großen Tabus in Amerika ist, schrieb Chomsky in *The Culture of Terrorism*, das Verhältnis der amerikanischen liberalen Intellektuellen zu Israel sei vergleichbar mit dem Flirt ihrer Vorgänger mit der Sowjetunion in den dreißiger Jahren. Sie seien, so schrieb er, Trittbrettfahrer, für die eine „Schutzhaltung gegenüber dem Heiligen Staat und der Versuch, dessen unterdrückerische Haltung und Gewalttätigkeit herunterzuspielen und Entschuldigungen dafür zu finden", typisch seien.

Was Chomskys Feinde in Rage bringt, ist die Tatsache, daß es fast unmöglich ist, ihn in eine Schublade einzuordnen. Er sprach sich gegen die Manipulationen beider Seiten im Kalten Krieg aus und vertrat die Auffassung, die Supermächte seien sich in Wirklichkeit in der Unterdrückung der Bestrebungen kleinerer Nationen einig. Es ist typisch für diesen brillanten Außenseiter, daß er zu einem Zeitpunkt, als viele das Ende des Kalten Krieges feierten, vorsichtig blieb. Er beschrieb „die Beherrschung der eurasischen Landmasse durch eine einzige vereinigte Macht", nämlich Europa, als einen Alptraum für die amerikanischen Machthaber, und stellte fest, daß das, was wir heute sehen, „eine schrittweise Wiederherstellung der Handels- und Kolonialbeziehungen Westeuropas mit dem Osten darstellt". Weiter sagt er: „Der große, sich verschärfende Konflikt der heutigen Welt ist der zwischen Europa und den Vereinigten Staaten. So verhält es sich schon seit Jahren, und mittlerweile ist dieser Konflikt sehr ernst. Das US-Establishment will den Europäern klarmachen, wer der Herr ist."

Obwohl Chomsky sich als libertären Sozialisten bezeichnet, ist er nicht Anhänger irgend einer Ideologie. Tatsächlich scheint seine politische Haltung für jemanden, der sich seinen Namen als Theoretiker - in der Sprachwissenschaft - gemacht hat, merkwürdig untheoretisch. Er ist der Ansicht, daß Revolutionen Gewalt und Leid mit sich bringen, und er vertritt die Position, daß „niemand, der sich ein wenig mit Geschichte befaßt, überrascht sein wird, diejenigen, die am lautesten nach Destruktion und Zerstörung schreien, als Verwalter eines neuen Systems der Unterdrückung wiederzufinden". Sofern er überhaupt an etwas glaubt, ist es „der gesunde Menschenverstand gewöhnlicher Menschen... seit ich überhaupt irgendein politisches Bewußtsein hatte, war ich immer auf der Seite der Verlierer". Der Essayist Brian Morton schrieb kürzlich, daß „viele Amerikaner nicht mehr davon überzeugt sind, daß unsere Regierung das Recht hat, jedes Land, das es will, zu zerstören - und das ist zum großen Teil Chomskys Verdienst". Der verstorbene Francis Hope schrieb über ihn: „Leute wie er sind gefährlich; ihr Fehlen ist eine Katastrophe."

Ich habe jahrelang mit Chomsky korrespondiert, ihn aber erst 1989 persönlich getroffen. Ich ging damals zu einer Veranstaltung in einer überfüllten Halle in Battersea, um ihn sprechen zu hören, und zu meiner Überraschung fand ich keinen routinierten Redner vor, sondern einen freundlichen, bescheidenen Mann, der eine gewinnende Atmosphäre der Anarchie um sich verbreitete. Man konnte ihn kaum über die dritte Reihe hinaus verstehen, und er verwendete ein Gutteil seiner Mühe darauf, auf die weitschweifigen Unterbrechungen eines Zwischenrufers zu antworten. Sein Engagement für das Prinzip der Meinungsfreiheit, das Prinzip, daß „die Stimme eines jeden gehört werden muß", hat ihn oft in Schwierigkeiten gebracht; der Mann, der Brandreden gegen ihn hielt und dessen Recht, angehört zu werden, er dennoch verteidigte, verfocht neofaschistische Ansichten. Chomsky machte den Eindruck eines humanen und sehr moralischen Menschen auf mich, und ich mochte ihn.

Auf jeden Fall widerspricht seine Sanftmut dem Bild des Aufrührers; sie erinnert mich an die Beschreibung, die Norman Mailer, der nach dem Marsch auf das Pentagon 1967 eine Gefängniszelle mit ihm teilte, in seinem Buch *Heere in der Nacht* von ihm gab: „ein schlanker Mann mit scharfgeschnittenen Zügen und asketischem Gesichtsausdruck, den eine Atmosphäre von Milde, aber gleichzeitig von absoluter moralischer Integrität umgab". Davon abgesehen hat er viel Humor; sein Gebrauch von Farce und Ironie, der oft als Sarkasmus mißverstanden wird, ermöglicht es ihm, aus offiziösen Verlautbarungen und Formulierungen deren wahren Gehalt herauszuschälen.

Als ich ihn traf, fragte ich ihn danach, besonders nach dem Gewicht gängiger politischer Bezeichnungen wie „Gemäßigter" und „Extremist".

Er sagte: „In gebildeten Kreisen werden sie sehr ernst genommen. Kein Journalist, kein Intellektueller, kein Schriftsteller kann einfach die Wahrheit über den Vietnamkrieg sagen, nämlich daß die Vereinigten Staaten Südvietnam *angriffen*. So etwas zu sagen, ist nicht gemäßigt... In den dreißiger Jahren bezeichnete die amerikanische Regierung Hitler als einen Gemäßigten, der zwischen den Extremisten der Linken und der Rechten stand; daher mußten wir ihn unterstützen. Auch Mussolini galt als Gemäßigter. Mitte der achtziger Jahre war Saddam Hussein ein Gemäßigter, der zur 'Stabilität' beitrug. General Suharto von Indonesien wird häufig und immer wieder als Gemäßigter bezeichnet. Seit 1965, als er an die Macht kam, wobei er vielleicht 700.000 Menschen abschlachtete, haben die *New York Times* und andere Zeitungen ihn als den Führer der indonesischen Gemäßigten ausgemacht."

Ich sagte: „Aber Sie werden oft als Extremist bezeichnet."

„Sicher, ich *bin* ein Extremist, weil ein Gemäßigter jeder ist, der die Macht des Westens unterstützt, und ein Extremist jeder, der sich gegen sie wendet. Nehmen wir zum Beispiel George Kennan, den amerikanischen Strategen des Kalten Kriegs nach dem Zweiten Weltkrieg. Er war einer der führenden Architekten der heutigen Welt und stand auf dem „linken" oder pazifistischen Flügel des Spektrums der US-Planer. Als er Vorsitzender des politischen Planungsstabs war, sagte er - in internen Dokumenten, natürlich nicht öffentlich - ganz explizit, wenn wir die Diskrepanz zwischen unserem enormen Reichtum und dem Elend aller anderen aufrechterhalten wollten, müßten wir verschwommene und idealistische Slogans über Menschenrechte, Demokratisierung und die Hebung des Lebensstandards beiseite lassen und statt dessen in reinen Machtkonzepten denken. Aber es ist selten, daß jemand so ehrlich ist."

Ich sagte: „Sie haben einige spektakuläre Auseinandersetzungen hinter sich. Arthur Schlesinger hat Sie angeklagt, die intellektuelle Tradition zu verraten."

„Das stimmt, da bin ich mit ihm einer Meinung. Die intellektuelle Tradition ist eine Tradition der Dienstbarkeit gegenüber der Macht, und wenn ich sie nicht verraten würde, müßte ich mich meiner selbst schämen."

Ich erinnerte ihn daran, daß er Schlesinger und andere Liberale beschuldigt hatte, eine „weltliche Priesterschaft" zu bilden, die die US-Regierung in einer Reihe übler außenpolitischer Aktivitäten unterstütze. Ob er diesen Punkt untermauern könne?

„Ja, durchaus, ich habe das dokumentiert. Den Begriff 'weltliche Priesterschaft' habe ich in Wirklichkeit von Isaiah Berlin entliehen, der ihn auf die russische Kommissarsklasse anwendete; und natürlich haben auch wir eine derartige Priesterschaft. 'Kommissar' ist ein zutreffender und brauchbarer Ausdruck. In sämtlichen Ländern dominieren die geachteten und respektablen Intellektuellen, die einer äußeren Macht dienen, das Bild. Wir mögen zwar die sowjetischen Dissidenten ehren, aber in der Sowjetunion wurden sie nicht geehrt, sondern in den Schmutz gezogen. Die Leute, die geachtet waren, waren die Kommissare, und dieser Sachverhalt reicht weit in die Geschichte zurück. Den Erzählungen der Bibel zufolge waren es regelmäßig die falschen Propheten, die Ehre und Anerkennung genossen. Diejenigen, die wir heute als die Propheten bezeichnen, wurden zu ihrer Zeit ins Gefängnis geworfen oder in die Wüste verjagt und was sonst noch. Wenn etwa ein britischer Intellektueller vulgäre Rechtfertigungen für Greueltaten der US-Regierung verbreitet, unterscheidet sich das in keiner Weise von den vulgären Rechtfertigungen irgendwelcher amerikanischer Intellektueller für Stalin."

Ich sagte: „Ihre Bücher werden in der amerikanischen Mainstreampresse fast nie besprochen, und man bittet Sie dort nie um Gastkommentare. Hat man Sie in den etablierten Kreisen zur Unperson erklärt?"

„Oh ja. Tatsächlich würde ich mich fragen, was ich falsch mache, wenn das nicht der Fall wäre... Nehmen Sie zum Beispiel Boston, die Stadt, in der ich lebe. Der *Boston Globe* ist wahrscheinlich die liberalste Zeitung der Vereinigten Staaten. Ich habe viele Freunde beim *Globe*. Sie dürfen nicht nur meine Bücher nicht besprechen, sie dürfen sie nicht einmal auf die Liste der Bücher der Bostoner Autoren setzen! Tatsächlich hat der für Buchbesprechungen zuständige Redakteur gesagt, keines meiner Bücher dürfe besprochen werden, und auch von den Büchern des Bostoner Verlagskollektivs South End Press werde keines je besprochen werden, solange dort Bücher von mir herauskommen."

Ich machte ihn darauf aufmerksam, daß seine Angriffe hauptsächlich auf die Vereinigten Staaten abzielten, und daß er oft von der „schlechten Seite" Amerikas spreche. Und doch behaupte er, Amerika sei wahrscheinlich die freieste Gesellschaft der Geschichte. Ob darin nicht ein grundlegender Widerspruch liege?

„Nein. Die Vereinigten Staaten sind in der Tat die freieste Gesellschaft der Welt. Der Grad der Freiheit und des Schutzes der Redefreiheit hat nirgendwo sonst eine Parallele. Das war kein Geschenk; es verhält sich ja nicht deshalb so, weil es in der Verfassung steht. Bis in die zwanziger Jahre unseres Jahrhunderts waren die Vereinigten Staaten sehr repressiv, wahrscheinlich noch repressiver als England. Der große Durchbruch kam 1964, als das Gesetz über aufrührerische Verleumdung für nichtig erklärt wurde. Dieses Gesetz erklärte grundsätzliche Kritik an der Staatsgewalt zum Verbrechen. Es wurde damals im Verlauf der Bürgerrechtskämpfe für verfassungswidrig erklärt. Nur der Kampf der Menschen selbst schützt die Freiheit."

„Aber wenn Amerika die freieste Gesellschaft der Welt ist, wo ist denn dann die systematische Unterdrückung, die Sie so oft angreifen?"

„Im neunzehnten Jahrhundert war Großbritannien eines der freiesten Länder der Welt und hatte dennoch eine schauerliche Bilanz von Greueltaten. Es gibt ganz einfach keine Korrelation zwischen der Freiheit im Inneren eines Landes und der Gewalt, die es nach außen anwendet. In den Vereinigten Staaten wird die Sache dadurch noch komplexer, daß sie wahrscheinlich das ausgefeilteste System doktrinären Managements der Welt besitzen. Wir müssen uns klar machen, daß der grundlegende Gedanke, der sich durch die gesamte moderne Geschichte und den modernen Liberalismus zieht, besagt, daß die Bevölkerung marginalisiert werden muß.

In diesem System betrachtet man die Bevölkerung als Ganze lediglich als Ansammlung unwissender und lästiger Außenseiter, eine verwirrte Schafherde. Und es sind die verantwortlichen Männer, die die Entscheidungen treffen und die Gesellschaft vor dem Stampfen und der Wut der verwirrten Herde beschützen müssen. Da wir aber in Demokratien leben, erlaubt man den Leuten - der verwirrten Herde - gelegentlich, ihr Gewicht zugunsten des einen oder anderen Mitglieds der verantwortlichen Klasse in die Waagschale zu werfen. Das nennt man dann Wahlen."

Ich erwähnte den Vorfall in der Town Hall von Battersea, bei dem er das Recht des Neofaschisten, ihn mit Zwischenrufen zu stören, verteidigte. „Gilt dieses Recht Ihrer Ansicht nach für jeden?" fragte ich.

„Ja. Wenn wir nicht an das Recht auf freie Meinungsäußerung für Menschen glauben, die wir nicht leiden können, glauben wir überhaupt nicht daran."

„Aber hat ein Rassist, der in Anwesenheit einer anderen ethnischen Gemeinschaft spricht und eine provozierende, gewalttätige Sprache verwendet, dasselbe Recht?"

„Natürlich. Nehmen wir einen Fall, den es wirklich gegeben hat. In Illinois gibt es eine Stadt mit einem großen jüdischen Bevölkerungsanteil, in der viele Überlebende des Holocaust wohnen. Eine Gruppe von Nazis forderte das Recht, dort zu demonstrieren - das war sehr provokativ. Die amerikanische Bürgerrechtsunion ACLU verteidigte ihr Recht dazu, und ich habe sie darin unterstützt."

Ich fragte ihn, ob er das Recht auf „freie Rede" für jene unterstützen würde, die den Tod Salman Rushdies fordern.

„Unter gewissen Vorbehalten, ja... aber da muß man fragen, ob es dabei um unmittelbare Anstiftung zu gewalttätigen Handlungen geht. Hier gibt es keinen klaren Lackmustest, aus dem eindeutig hervorginge, wo die Grenze ist. Was Rushdie betrifft, bin auch ich der Meinung, daß wir da hart an diese Grenze herankommen. Ich meine, wenn wir an den Punkt kommen, wo jemand das Kommando zum Schießen gibt, und Rushdie befindet sich in unmittelbarer Nähe, dann fällt das *nicht* unter das Prinzip der freien Meinungsäußerung. Wenn es sich nur um jemanden handelt, der eine Rede hält, in der er sagt, 'Ich finde, er sollte getötet werden', denke ich nicht, daß man ihn daran hindern sollte. Wo genau man hier die Scheidelinie ziehen soll, ist nicht leicht zu sagen, aber ich bin der Ansicht, daß das Recht auf freie Meinungsäußerung von äußerst großer Bedeutung ist."

Es ist offensichtlich, daß Chomsky für seine abweichende Haltung einen hohen Preis bezahlt. „Es macht mich wütend," sagte er. „Ich werde zornig. Ich bin ein ziemlich sanfter Typ. Ich randaliere nicht herum, aber innerlich koche ich die ganze Zeit... Viele von meinen Freunden können einfach nicht mehr, und ich kann sie verstehen. Es ist sehr kräftezehrend und sehr frustrierend."

Ich fragte ihn, was ihn dazu bringt, weiterzumachen. „Ich denke, man sollte die Belohnungen nicht unterschätzen. Die Vereinigten Staaten sind heute ein ganz anderes Land als vor dreißig Jahren. Sie sind ein viel zivilisierteres Land geworden, jedenfalls außerhalb der gebildeten Kreise... Wir müssen heute das Bewußtsein des achtzehnten und neunzehnten Jahrhunderts wiederbeleben, daß die autokratische Kontrolle über das Wirtschaftssystem unerträglich ist. Heute findet in der ganzen Welt ein großangelegter Angriff auf die Demokratie statt, und es wird eine Art Weltregierung etabliert, zu deren Institutionen der Internationale Währungsfonds und die Weltbank und die Welthandelsorganisation gehören. Das müssen wir verstehen... Und wir müssen dagegen kämpfen."

I. Sprache und menschliche Natur

1. Aspekte einer Theorie des Geistes*

Matthew Rispoli: *Könnten Sie Ihre Ideen hinsichtlich der psychologischen Basis der menschlichen Sprache skizzieren und darlegen, wie sich diese Ideen seit Ihrem Buch* Aspekte der Syntaxtheorie *(1965) zu der Theorie in ihrer heutigen Form entwickelt haben?*

Noam Chomsky: Wenn man die Sache auf einer sehr allgemeinen Ebene betrachtet, hat sich die Theorie gar nicht so sehr verändert. Es gab aber eine Menge von Modifikationen theorieinterner Natur, die ich für ziemlich wichtig halte, und gerade in den letzten drei oder vier Jahren haben sich einige Perspektiven und Standpunkte in durchaus markanter Weise verändert. Sie lassen das Unternehmen zwar von außen her nicht wesentlich anders erscheinen, aber im Rahmen der Theorie selbst haben wir heute eine andere Sicht der Dinge als vorher.

Anfang der sechziger Jahre sah die allgemeine Vorstellung der meisten Leute, die sich mit diesem Gebiet beschäftigten, etwa folgendermaßen aus: Eine Grammatik besteht aus einem System von Regeln, und die genetische Ausstattung des Menschen liefert uns einen Mechanismus, eine Art Notationssystem, das die Formulierung von Grammatiken ermöglicht. Dabei handelte es sich um eine generelle Festlegung, ein „Format" möglicher Regeln, und im Rahmen dieses Formats konnte es dann die ein oder andere Art von Regeln geben, diese Regeln konnten wiederum auf verschiedene Art in Wechselbeziehung zueinander stehen und ähnliches mehr. Die Frage war dann: „Gut, wie wählt ein Kind, das die Sprache lernt, eine der vom Format erlaubten Grammatiken aus?" Und da war der Gedanke der, daß es eine Art von Bewertungsmaßstab gibt. Bei Vorliegen einer bestimmten Art von Daten gibt es unter den Grammatiken, die sowohl dem Format entsprechen als auch mit den Daten in Übereinstimmung stehen,

* Das folgende Interview mit Noam Chomsky wurde Ende 1984 von Richard Beckwith und Matthew Rispoli für die Zeitschrift *New Ideas in Psychology* geführt, in der es 1986 (Vol. 4:2) erschien. Zusammen mit vielen anderen Interviews zu ähnlichen Themen ist es ferner abgedruckt in Chomskys von Carlos Otero zusammengestelltem und herausgegebenem Sammelband *Language and Politics*, S. 450 - 469. Die vorliegende Fassung enthält einige nicht gesondert gekennzeichnete Ergänzungen, die dem Leser ohne sprachwissenschaftliche Vorbildung das Verständnis erleichtern sollen.

eine, die am höchsten bewertet wird, und das ist diejenige, die man auswählt, das ist die, die man lernt. Demnach handelt es sich gewissermaßen um Hypothesen, von denen jede eine Grammatik ist, und der Sprachlernprozeß besteht darin, daß das Kind, sobald einmal bestimmte Daten gegeben sind, die am höchsten bewertete Hypothese auswählt. Das war grob gesagt das Bild.

Damit gab es eine Menge Schwierigkeiten und Probleme. Zum Beispiel war es sehr schwierig, all diese Metaphern in irgend etwas umzuformulieren, was nach einem realistischen Algorithmus für den Spracherwerb aussah. Ich meine, es konnte nicht sein, daß der Sprachlerner erst einmal sämtliche der erlaubten Hypothesen absucht. Es war alles andere als einfach, ein solches System so zu gestalten, daß es empirisch tragfähige Resultate lieferte. Das allgemeine Problem spiegelte sich in den sprachwissenschaftlichen Einzelstudien wieder. Es zeigte sich, daß die Beschreibung der untersuchten Phänomene sehr reiche und komplexe Regelsysteme erforderte.

Hier lag tatsächlich die erste Aufgabe für die generative Grammatik. Gleich zu Beginn unserer Arbeit sahen wir uns bei dem Versuch, eine präzise Beschreibung der Phänomene der Sprache zu geben, sofort einer riesigen Skala mysteriöser Phänomene gegenüber, die zwar teilweise in gewisser Hinsicht sehr simpel waren, von denen aber die meisten bisher einfach unbemerkt geblieben waren. Das Problem war, Regelsysteme auszuarbeiten, die diese Probleme wenigstens deskriptiv erfassen konnten. Das führte allerdings zur Entwicklung sehr reicher und komplexer Regelsysteme, wodurch sich die Frage, wie man sie jemals erlernen konnte, natürlich noch schärfer stellte. Wie kann ein Mensch jemals diese verrückten Regelsysteme entwickeln, wenn doch die Datenmenge, die für diese Aufgabe zur Verfügung steht, so klein ist?

Man muß sich erinnern, daß ungefähr zur selben Zeit ein sehr scharfer Wandel in der allgemeinen Einstellung der Wissenschaft zu Fragen wie diesen stattfand. Noch zu Anfang der fünfziger Jahre zum Beispiel ging man generell davon aus, dem Sprachlerner stünden zum Erlernen der Sprache Daten *im Überfluß* zur Verfügung, und das Problem, das die Psychologen formulierten, lautete: „Wie kommt es zu diesem Phänomen der Überdeterminierung?" Sobald man sich aber die Tatsachen wirklich genau ansieht, wird sofort klar, daß das Problem genau entgegengesetzter Natur ist; es besteht in dem, was damals „Armut des Stimulus" genannt wurde. Für die meisten Dinge, die die Menschen wissen, stehen ihnen gar keine Erfahrungsdaten zur Verfügung. Die Auffassung, daß Menschen durch Einübung zum Wissen gelangen, oder daß es sich beim Erwerb von Wissenssystemen um „überdeterminiertes Lernen" (oder auch nur „Lernen" in irgendeinem brauchbaren Sinn dieses Begriffs) handelt, basierte auf dem Versäumnis, auch nur den einfachsten Phänomenen Aufmerksamkeit zu schenken. Sobald man das Wissen, über das eine Person verfügt, wirklich aufmerksam betrachtet, liegt auf der Hand, daß einem Kind, das solches Wissen erwirbt, keine relevante Erfahrung, oder zumindest nicht das für dieses Wissen relevante Minimum an Erfahrung zur Verfügung steht. Da wir unsere Forschungsresultate also ausschließlich in Kategorien komplexer Regelsysteme ausdrücken konnten, aber zugleich der Tatsache gegenüberstanden, daß die zur Konstruktion solcher Systeme verfügbare Erfahrung sehr begrenzt ist, sahen wir uns mit einem echten Rätsel konfrontiert, nämlich: Wie ist es möglich, auf der Grundlage begrenzter Erfahrung ein hochkomplexes Regelsystem zu konstruieren?

Fortschritte in der Psychologie der Sprache

Seit Anfang der sechziger Jahre setzten sich dann verschiedene Leute mit diesem Problem auseinander, indem sie sich das Ziel steckten, die allgemeinen Prinzipien herauszufiltern, die für Regelsysteme der skizzierten Art gelten - Prinzipien, die die zulässige Sorte von Regeln stark beschränken. Sie versuchten zu zeigen, daß die ungeheure Komplexität der Regelsysteme in Wirklichkeit nichts weiter als die Realisierung einer kleinen Anzahl von Optionen ist, die von sehr viel allgemeineren Bedingungen für Regelsysteme gestattet werden. Diese Arbeit ist nun seit zwanzig Jahren weitergeführt worden, was zu den verschiedensten Erfolgen und Fehlschlägen geführt hat, aber vor einigen Jahren kristallisierte sich aus dieser Forschung eine weitgehend einheitliche Perspektive heraus, die ein neues Bild der ganzen Sache lieferte. Dieses Bild wird jetzt manchmal als eine „Theorie der Prinzipien und Parameter" bezeichnet.

Das, was verschiedentlich Universalgrammatik genannt wurde, nämlich die Theorie des kognitiven Ursprungszustands, des genetisch determinierten Systems des Sprachlerners, wäre aus meiner heutigen Sicht kein Format für Regelsysteme plus einer Methode der Hypothesenbewertung, um aus den Regelsystemen das richtige auszuwählen; gerade an diesem Punkt hat sich einiges geändert. Wenn wir das mit Hilfe einer Metapher beschreiben wollen, wäre das eine Art System mit einer verwickelten und komplexen Verdrahtung, von der aber einige Teile noch nicht fest miteinander verbunden sind. Für diesen Teil gäbe es einen Kasten mit Schaltern, die sich in einer von mehreren (vielleicht nur zwei) Schaltpositionen befinden können. Sobald die Schalter auf ihre jeweilige Position eingestellt sind, sind die fehlenden Verbindungen hergestellt, und dann ist das System voll funktionsfähig. Nun, die Schalter sind das, was „Parameter" genannt wird. Sie müssen aufgrund sprachlicher Erfahrung eingestellt werden - die Erfahrung muß einem sagen, wie jeder dieser Schalter eingestellt werden muß. Sobald man sie auf eine der zulässigen Arten eingestellt hat, hat man eine bestimmte Sprache erworben. Wenn ein solches System eine genügend große innere Komplexität aufweist, kann die Veränderung nur einer einzigen Schaltereinstellung sehr heftige, unvorhersehbare und komplexe Auswirkungen auf das Gesamtresultat haben. So kommt es dann dazu, daß sich Sprachen, die sich - wie zum Beispiel das Französische von den anderen romanischen Sprachen - erst relativ spät voneinander getrennt haben, dennoch in einer ganzen Reihe bestimmter Eigenschaften voneinander unterscheiden. Das liegt möglicherweise nur daran, daß ein einziger Schalter irgendwann während des Prozesses umgeschaltet wurde, was dann eine ganz komplexe Skala von Konsequenzen mit sich brachte.

Nehmen wir einmal das Französische und das Italienische. Sie sind geschichtlich eng verbunden, weisen aber recht starke strukturelle Unterschiede voneinander auf. So kann man zum Beispiel im Standarditalienischen das Subjekt eines Satzes weglassen, man kann sagen, „ging" statt „er ging", und es bedeutet „*er* ging"; im Französischen geht das nicht. Und im Italienischen oder Spanischen kann man eine Reihenfolge wie „kam an Jean" verwenden. Im Französischen ist das nicht möglich - die richtige Reihenfolge lautet „Jean kam an". Es gibt eine Reihe derartiger Eigenschaften, in denen das Französische sich vom Italienischen unterscheidet, und dementsprechend hat mein Kollege hier am MIT Luigi Rizzi die These aufgestellt, daß dieser Unterschied hinsichtlich einer bestimmten Gruppe von Eigenschaften aus einer einzigen Schaltereinstellung folgt, die an einem der Parameter vorgenommen wird. Diesen Parameter nennt er den „Null-Subjekt-Parameter". Bei diesem Parameter geht es um die Frage, ob das Subjekt eines Satzes vom Sprecher der Sprache ausgesprochen werden muß oder nicht. Die Theorie ist so aufgebaut, daß man bei Einstellung des Parameters auf die eine Art eine ganz bestimmte Serie von Konsequenzen erhält, während man eine andere Serie von Konsequenzen bekommt, wenn man ihn auf eine andere Art einstellt. Aus der Einstellung des Null-Subjekt-Parameters folgt ein beträchtlicher Teil genau der Eigenschaften, durch die sich das Französische vom Italienischen unterscheidet; in dieser Hinsicht stehen nicht nur das Französische, sondern auch das Englische und weitere Sprachen auf der einen und die nichtfranzösischen romanischen Sprachen auf der anderen Seite.

Es gibt weitere Parameter dieser Art. Betrachten wir zum Beispiel Reflexivpronomen im Englischen, wie etwa „himself". Ein solches Reflexiv kann sich im Englischen entweder auf das Subjekt oder auf das Objekt des Satzes beziehen. So kann ich sagen, „John told Bill about himself". „Himself" kann sich hier entweder auf „John" - das Subjekt von „told" - beziehen, oder auf Bill, das Objekt von „told". In einigen anderen Sprachen kann sich das entsprechende Element nur auf das Subjekt beziehen. Das ist also ein anderer parametrischer Unterschied, und auch dieser hat dann wieder eine Reihe von Konsequenzen.

Gleichzeitig war klar, daß eine sehr kleine Menge sprachlicher Daten ausreichen mußte, um die Einstellung der Parameter festzulegen, weil Kindern eben nur eine begrenzte Datenmenge zur Verfügung steht. Sobald die Parameter festgelegt sind, funktioniert auch der ganze Rest des Systems. So scheint es beispielsweise so zu sein, daß die Art, wie sprachliche Ausdrücke aufgebaut und zusammengesetzt werden, auf einer abstrakten Ebene für alle Sprachen weitgehend gleich ist; sie haben annähernd dasselbe System der Phrasenstruktur. Aber einer der Punkte, wo sich verschiedene Sprachen unterscheiden, besteht darin, daß in der einen Sprache das Verb dem Objekt folgt, während es ihm in der anderen Sprache vorausgeht. Wenn das Verb dem Objekt vorausgeht, ist es sehr wahrscheinlich, daß auch das Adjektiv seiner Ergänzung vorausgeht. Dasselbe gilt für das Nomen und die anderen Wortkategorien, die eine Ergänzung fordern: die Sprache hat dann die Eigenschaft dessen, was man „Kopf-zuerst" nennt - nämlich daß das Verb, die Präposition, das Adjektiv und das Nomen den Ergänzungen, die mit ihnen jeweils verbunden sind, vorausgehen. So sagen wir im Englischen „read - the book", „in - the room", „happy - that John is here", „the fact - that John is here". Andererseits gibt es Sprachen, bei denen der Wert des Parameters „Kopf-zuletzt" ist und in denen das Verb, das Adjektiv, die Präposition (die in diesem Fall eine Postposition ist) und das Nomen den Ergänzungen, die mit ihnen verbunden sind, folgen. Das Englische ist eine typische „Kopf-zuerst"-Sprache; die typische Eigenschaft des Japanischen dagegen ist „Kopf-zuletzt". Sobald der Parameter „Kopf-zuerst/Kopf-zuletzt" einmal auf seinen sprachspezifischen Wert festlegt ist, ergeben sich daraus zahlreiche Konsequenzen. Sowie diese und einige andere Optionen fixiert sind, sind die Regeln für den grundlegenden grammatischen Aufbau der Sprache, die Phrasenstrukturregeln, im wesentlichen gegeben; sie müssen nicht eigens gelernt werden und stellen keinen von irgendwelcher Erfahrung abhängigen Teil unseres Wissens dar. Tatsächlich können wir den Begriff der Phrasenstrukturregel sogar fallenlassen.

Neben den Prinzipien des Phrasenaufbaus gibt es noch andere sehr allgemeine Prinzipien ähnlicher Art (von denen einige zu abstrakt und verwickelt sind, um sie hier zu beschreiben), Prinzipien, die mit Parametern verbunden sind - Schaltern, um das eben verwendete Bild wiederaufzunehmen, die auf der Grundlage sehr einfacher Daten eingestellt werden können. Um zum Beispiel zu lernen, ob die eigene Sprache den Parameterwert „Kopf-zuerst" oder „Kopf-zuletzt" und damit entweder die Eigenschaften des Englischen oder die des Japanischen hat, reicht es vollkommen aus, Drei-Wort-Sätze wie „John saw Bill" oder „John Bill saw" zu hören. Wenn man hört „John saw Bill" („John sah Bill"), hat man es mit einer „Kopf-zuerst"-Sprache zu tun. Wenn man hört „John Bill saw" („John Bill sah"), weiß man, daß es sich um eine „Kopf-zuletzt"-Sprache handelt. Einfache Daten dieser Art genügen, und solche Daten stehen Kindern natürlich zur Verfügung. Sie reichen aus, um den Wert der Parameter festzulegen, und dann ergeben sich die entsprechenden Konsequenzen daraus. Es funktioniert nicht immer ganz so einfach, aber das ist der grundlegende Gedanke.

Daraus ergibt sich eine andere Auffassung über das Lernen von Sprache. In dieser Konzeption dreht es sich beim Spracherwerb nicht darum, aus einer unendlichen Menge sehr verwickelter Hypothesen eine Hypothese auszuwählen. Sondern es geht darum, innerhalb eines von vornherein sehr stark beschränkten Systems, bei dem die Komplexität der Regeln ausgesondert und in die von Anfang an vorhandene Verdrahtung verlegt worden ist, die für eine „vollständige Verdrahtung" noch fehlenden Parameterwerte festzulegen. Das müßte in etwa die richtige Sicht sein. Ich meine, ein System dieser Art ist intuitiv einleuchtend; es hat die richtige Art von qualitativen Eigenschaften. Mit seiner

Hilfe ließe sich erklären, wie man auf der Grundlage so geringen Datenmaterials so viel sprachliches Wissen haben kann, und weshalb die menschlichen Sprachen eine so reichhaltige Struktur haben, während sie ja andererseits keinesfalls ein Regelsystem haben können, das so komplex und umfangreich ist, daß man es gar nicht lernen kann. In einigen Bereichen hat diese Herangehensweise zu ziemlich interessanten Ergebnissen geführt.

Gleichzeitig hat sich die Bandbreite der empirischen Arbeit enorm erweitert. Das ist natürlich sehr hilfreich gewesen. So fand zum Beispiel vor zwanzig Jahren die wichtigste theoretische Arbeit größtenteils im Bereich der Erforschung des Englischen statt. Man kann eine Sprache nicht wirklich erforschen, wenn man sie nicht zumindest annähernd wie seine Muttersprache beherrscht, genau wie man ja auch nicht Chemie betreiben kann, wenn man die Daten nicht versteht. Man kann keine Arbeit auf einem Gebiet leisten, in dem man die Daten nicht beherrscht, und auf diesem Gebiet die Daten zu beherrschen, heißt, annähernd ein Muttersprachler zu sein. Selbst der phantastischste Linguist wird nur mit oberflächlichen Informationen arbeiten, wenn er die betreffende Sprache nicht beinahe so perfekt spricht wie seine eigene. Die Situation änderte sich dann grundlegend, als Muttersprachler und andere mit annähernd muttersprachlicher Kenntnis anfingen, an anderen Sprachen zu arbeiten. Das geschah zuerst umfassend bei den romanischen Sprachen. Es gibt jetzt eine hervorragende Schule von Linguisten, die damals, in den sechziger und siebziger Jahren noch sehr jung waren. Viele von ihnen waren Studenten von Richard Kayne, der hier am MIT seinen Doktor machte, später nach Frankreich ging und dort eine Reihe weiterer Wissenschaftler ausbildete. All diese Leute machten sich an eine umfangreiche Erforschung der romanischen Sprachen.

Aus dieser Arbeit ging eine Reihe neuer Erkenntnisse hervor. Dasselbe geschah im Bereich des Holländischen, der skandinavischen Sprachen, des Japanischen, seit kurzem auch des Chinesischen und einer Anzahl indianischer, australischer und weiterer Sprachen. Als Resultat ist die Bandbreite der relevanten Daten sehr stark gewachsen. Damit meine ich nicht einfach deskriptive Daten, sondern solche, die für unsere Forschung wichtig sind, solche, die wirklich Folgen dafür haben, wie die Universalgrammatik formuliert und verstanden werden muß. Dadurch können wir an einer Menge neuer Probleme arbeiten. Wir haben also jetzt ein Ineinandergreifen theoretischer Ideen und einer Erweiterung der empirischen Basis, das zu einer neuen, sehr aufregenden Phase geführt hat. Ich sollte noch erwähnen, daß zur Zeit eine ganze Anzahl verschiedener Theorien ausprobiert wird, von denen alle sich im großen und ganzen in dem Bereich bewegen, den ich gerade umrissen habe.

Matthew Rispoli: Und dementsprechend auch auf dem Modell der „Prinzipien und Parameter" beruhen.

Noam Chomsky: Ja. Diese Theorien mögen es zwar anders formulieren, aber sie haben diesen Charakter. Ich würde sagen, daß sie einander wahrscheinlich ähnlicher sind, als es zunächst aussieht. Wenn wir die richtige Ebene der Abstraktion finden, wird sich wahrscheinlich herausstellen, daß mehrere Zugänge, die jetzt aktiv verfolgt werden, mehr oder weniger dasselbe sagen und lediglich verschiedene Notationen dafür verwenden. Im Augenblick erwecken sie noch den Anschein, als stünden sie in scharfem Widerspruch zueinander.

Richard Beckwith: Sind diese „Prinzipien" Prinzipien des Organismus selbst?

Noam Chomsky: Ich gehe davon aus, daß diese Prinzipien genauso ein Teil unserer genetischen Ausstattung sind wie die Prinzipien, die bestimmen, daß uns Arme und Beine wachsen und nicht Flügel, oder daß wir ein menschliches Auge haben und kein Insektenauge. In der Arbeit von David Marrs findet sich eine Analogie, die vielleicht hierher gehört. Laut Marrs Theorie des Sehens repräsentiert das visuelle System den visuellen Input auf einer bestimmten Ebene mehr oder weniger in Form zylindrischer Figuren. Falls das stimmt, liegt hier ebenfalls ein Prinzip der kognitiven Repräsentation von durch die Außenwelt gegebenen Daten vor, das zweifellos Bestandteil unserer genetischen Ausstattung ist. Bei anderen Organismen werden wir höchstwahrscheinlich nicht diese Form der Repräsentation finden; ein Insektenauge zum Beispiel wird vermutlich anders funktionieren.

Um ein weiteres Beispiel zu nehmen: Einer von Marrs Kollegen, Shimon Ullman, hat auf überzeugende Weise gezeigt, daß das visuelle System des Menschen auf einer Art „Rigiditätsannahme" basiert. Das heißt, die zweidimensionalen Erscheinungen, die auf die Netzhaut geworfen werden, werden interpretiert, als seien sie die Bewegungen eines Gegenstandes, dessen Form „rigide" ist, d. h. unverändert bleibt, auch wenn die Bilder auf der Netzhaut sich aufgrund der Bewegung verändern. Metaphorisch gesprochen ist das so, als ob der menschliche Geist sich sagte: „Ich werde versuchen, herauszufinden, was für ein formgleich bleibender Gegenstand Anlaß für diese seltsame Folge von zweidimensionalen Bildern gewesen sein könnte", und deshalb sehen wir das, was vor uns ist, als dreidimensionale Gegenstände in Bewegung, deren Form wir als gleichbleibend interpretieren, obwohl sich das aus den Bildern auf der Netzhaut nicht ablesen läßt. Vermutlich legt die von vornherein vorhandene Struktur des visuellen Systems die Art von Dingen, die wir sehen können und die Weise, in der wir sie sehen, fest. Die Prinzipien der Universalgrammatik sind ganz ähnlicher Art.

In letzter Zeit hat Elizabeth Spelke auf einem anderen Gebiet sehr interessante Arbeit geleistet, nämlich über die Art, wie Kinder Gegenstände identifizieren, und darüber, welche Eigenschaften für sie hervorstechend sind. Sie stellt fest, daß Kinder Konturen und den „gemeinsamen Lebenslauf" der Teile als wesentliche Eigenschaften von Gegenständen beurteilen, aber Dinge wie zum Beispiel dieselbe Farbe nicht. Auch das ist wieder Bestandteil der ursprünglichen Anlagen; es ist einfach die Art, auf die das Kind Erfahrung verarbeitet bzw. Erfahrung organisiert. Und ich gehe davon aus, daß es sich mit den Prinzipien der Sprache ebenso verhält.

Angeborene Ideen, Universalgrammatik und Kerngrammatik

Matthew Rispoli: In letzter Zeit scheint man etwas von der vielleicht irrigen Vorstellung abgekommen zu sein, nach der die Universalgrammatik auf so etwas wie angeborenen Ideen basiert, und es wird statt dessen von angeborenen Neuronensystemen gesprochen, die später dann an unterschiedlichen Stellen verstärkt werden. Wie würden Sie heute die Universalgrammatik charakterisieren? Ist sie die Menge aller Prinzipien, deren Parameter noch nicht festgelegt sind?

Noam Chomsky: Um mit dem zweiten Teil Ihrer Frage zu beginnen: In meiner Sicht besteht die Universalgrammatik aus dem skizzierten System von Prinzipien, den damit verbundenen Parametern und den zwischen den verschiedenen Parametereinstellungen bestehenden Zusammenhängen. Aber was den ersten Teil Ihrer Frage betrifft, glaube ich nicht, daß es die Art von Veränderung gegeben hat, die Sie beschreiben. Da liegen einfach viele

Mißverständnisse vor. Die Verbindungslinie zu den traditionellen Theorien über die angeborenen Ideen wurde Mitte der sechziger Jahre entwickelt und ist meines Erachtens von beträchtlichem historischem Interesse. Ich bin der Ansicht, daß die gegenwärtigen Theorien der kognitiven Entwicklung in vieler Hinsicht eine naheliegende Wiederbelebung der Tradition darstellen, die von „angeborenen Ideen" sprach und in sehr reicher Weise im 17. und 18. Jahrhundert entwickelt und dann großenteils fallengelassen wurde. Natürlich gibt es da große Unterschiede. Wir machen uns heute nicht mehr die cartesianische Metaphysik von Geist und Körper zu eigen. Ferner muß man auch daran denken, daß die Cartesianer unter „Idee" etwas ganz anderes verstanden als wir heute. Für die Cartesianer beinhaltete der Begriff der Idee Wahrnehmungen und Aussagen und semantische Repräsentationen jeder Art. „Idee" war ein Ausdruck, mit dem in Wirklichkeit „theoretisches Konstrukt der Theorie des Geistes" gemeint war. Und die dem Geist zugeschriebenen Gebilde waren dann auf irgendeine Weise in der Natur des Organismus verankert. Aber so etwas wie „menschlichen Geist" gab es für die Cartesianer gar nicht; es gab einfach nur Geist. Es gab Geist und Materie. Menschen waren im Besitz von Geist und alles andere war einfach nur Körper. Heute sehen wir das natürlich anders. Wir studieren die geistigen Funktionen von Tieren und gehen dabei davon aus, daß sie sich von denen des Menschen unterscheiden.

Es gibt da also viele Unterschiede, aber es gibt auch interessante Ähnlichkeiten. Man betrachte zum Beispiel die Theorien des 17. Jahrhunderts über das, was man damals die „erkenntnisbildende Fähigkeit" nannte, die Fähigkeit, Gedanken, Bilder und Begriffe hervorzubringen. Das waren sehr reichhaltige Theorien, die sich auf alle möglichen Vorstellungen über Gestalteigenschaften und auf Begriffe vom Kantschen Typ stützten, und zwar schon lange vor Kant. Diese Tradition war wirklich sehr vielfältig und komplex. Aber natürlich kann keine Rede davon sein, sie wiederaufstehen zu lassen - die metaphysischen und sonstigen Annahmen, auf denen sie basierte, waren ganz andere als heute.

Ich sollte vielleicht auch erwähnen, daß die Wiederentdeckung dieser Tradition gewissermaßen nachträglich stattfand. Es war nicht so, daß diese Traditionen die gegenwärtige Arbeit inspirierten, sondern eher anders herum: die gegenwärtige Arbeit führte zu einem erneuten Interesse an einigen früheren Vorläufern, die ähnliche Ideen entwickelt hatten. Dies geschieht derzeit auch im Hinblick auf den Begriff der Modularität. So hat zum

Beispiel Franz Josef Gall kürzlich eine Renaissance erlebt. Ein ganzes Jahrhundert lang war er eine der meistgeschmähten Gestalten der Psychologie, aber jetzt ist er auf einmal der neue Held. Man hat sich noch einmal mit seinem Werk beschäftigt und kam dabei darauf, daß all das nicht so dumm war, wie es später hingestellt wurde. Tatsächlich waren seine Theorien klug gedacht und wahrscheinlich durchaus auf dem richtigen Weg. Auch wenn die einzelnen Fähigkeiten, die er identifizierte, nicht die von ihm behauptete Beziehung zu Unebenheiten des Schädels haben, gelang es ihm anscheinend doch, die verschiedenen Sorten von Fähigkeiten, die jeweils ein Modul bilden, richtig auszumachen. Unsere Vorgänger sind eben oft doch nicht die Dummköpfe gewesen, die man später aus ihnen hat machen wollen.

Matthew Rispoli: In der gegenwärtigen neurolinguistischen Forschung gibt es tatsächlich einiges, das die neueren Hypothesen über die Lokalisierung menschlicher Fähigkeiten an bestimmten Stellen des Gehirns unterstützt. Gehen Sie davon aus, daß Daten aus der Neurolinguistik und über aphasische Syndrome für Ihre Arbeit von Bedeutung sind? Erwarten Sie, daß man aphasische Syndrome finden wird, in denen sich linguistische Prinzipien widerspiegeln?

Noam Chomsky: Es wäre schön, wenn das der Fall wäre. Vielleicht wird man das eines Tages demonstrieren können. Die bis jetzt vorliegenden Daten sind Resultate von „Experimenten der Natur", und aus ethischen Gründen kann es auch gar nicht anders sein. Sie sind vermutlich zu ungenau, um präzise Antworten zu liefern, aber ich denke schon, daß Ihre Überlegung in die richtige Richtung geht. Wir hätten dann physisch realisierte Netzwerke der ein oder anderen Art, die den jeweiligen Aspekten oder einzelnen Eigenschaften der Struktur der kognitiven Systeme des Menschen entsprechen. Es könnte sein, daß Verletzungen sie in differenzierter Weise in Mitleidenschaft ziehen. Es gibt positive Resultate, die darauf hinweisen, allerdings ist das Muster noch sehr grob. So gibt es zum Beispiel klinische Fälle von Kindern, die anscheinend insofern volle Sprachkompetenz besitzen, als sie Sätze in derselben Weise verstehen wie wir. Aber diese Kinder wissen dann nicht, wie sie die Sätze verwenden sollen. Sie haben die *pragmatische* Kompetenz verloren. Sie wissen nicht, *wann* es angebracht ist *was* zu sagen, obwohl sie den Sätzen dieselbe Interpretation geben wie ein normaler Mensch.

Man sollte annehmen, das dies einer physischen Veränderung an irgendeiner Stelle des Gehirns entspricht. Ein Teil der in letzter Zeit geleisteten Arbeit über Aphasien scheint darauf hinzudeuten, daß Vorstellungen wie diese richtig sind und könnte spezifischeres Material über den Zusammenhang zwischen linguistischen Strukturen und ihren neuralen Grundlagen liefern; dabei denke ich zum Beispiel an einige Resultate, die von Yosef Grodzinsky in einer Dissertation an der Brandeis Universität vorgelegt worden sind.

Richard Beckwith: Was ist eine Kerngrammatik? Ist sie das, was wir in der sprachlichen Entwicklung des Kindes vorfinden, nachdem die Parameterwerte einmal eingestellt sind?

Noam Chomsky: Was ich vorhin beschrieben habe, ist in Wirklichkeit das, was manchmal „Kerngrammatik" genannt wird. Wir sollten uns nicht darüber hinwegtäuschen, daß es sehr unklar ist, auf was sich die Bezeichnung „Sprache" bezieht, wenn überhaupt auf etwas. Was wir als eine Sprache, sei es nun Englisch oder eine andere Sprache, bezeichnen, ist in Wirklichkeit ein Durcheinander, eine Ansammlung von verschiedenen Dialekten und eine Anhäufung von Unregelmäßigkeiten und Anleihen. Aber wir sollten von keinem der konkreten Systeme, die in der Kommunikation tatsächlich verwendet werden, erwarten, daß es genau den Prinzipien der Universalgrammatik entspricht. Angesichts der konkreten Bedingungen ist von vornherein klar, daß sie diese Prinzipien nicht widerspiegeln. Man würde von der Universalgrammatik nur dann erwarten, daß sie präzise realisiert wird, wenn ein Kind in einer vollkommen homogenen Sprachgemeinschaft aufwüchse, in der die sprachlichen Daten keinerlei inneren Widersprüche enthalten, wo es keine Fälle gibt, wo die eine Person auf die eine Weise und eine andere Person auf eine andere Weise spricht. Unter solchen Bedingungen vollkommener Homogenität und bei Abstraktion von sämtlichen sprachlichen Einsprengseln, die nur dem zufälligen Verlauf der Geschichte geschuldet sind, würde die Grammatik, die herauskäme, einfach eine Widerspiegelung der Universalgrammatik sein. Aber natürlich kommt so etwas in der realen Welt nie vor. Wir wachsen immer innerhalb einer Mischung von Sprachen auf, und so ist das, was sich schließlich in unserem Kopf befindet, etwas viel Komplexeres. Dementsprechend unterscheiden wir manchmal zwischen einer Kerngrammatik, also dem Subsystem innerhalb der tatsächlich vorkommenden sprachlichen Systeme, das direkt die Universalgrammatik widerspiegelt und sich einfach aus der Einstellung der Schalter, aus der Fixierung der von der Universalgrammatik vorgesehenen Parameter ergibt, und einem System der sprachlichen Peripherie, das das System der Kerngrammatik ergänzt.

Die Rolle der „Parameter" beim Spracherwerb

Richard Beckwith: Was meinen Sie zu der häufig vorgebrachten Behauptung, nach der die eben angesprochene Homogenisierung des Inputs das Problem mit dessen Dürftigkeit beseitigen würde? Und zweitens: würden unter solch idealisierten Umständen die Fehler, die das Kind beim Spracherwerb macht, den ursprünglichen Zustand des Sprachvermögens widerspiegeln?

Noam Chomsky: Das Problem der Stimulusarmut und der Dürftigkeit des Input bleibt auch bei Idealisierung des Dateninputs im wesentlichen unverändert. Man könnte argumentieren, daß in der realen Welt die Situation um einiges komplexer ist als unter den idealisierten Voraussetzungen, weil Kinder hier nicht nur lernen müssen, wie sie die Schalter setzen müssen, sondern auch vor der Tatsache stehen, daß verschiedene Leute um sie herum die Schalter verschieden setzen. So stehen sie nicht nur der Armut des Stimulus gegenüber, sondern auch widersprüchlichen Daten, was es noch schwieriger macht, den Spracherwerb zu erklären. Bei idealisierten Daten würden einige dieser Schwierigkeiten teilweise, andere sogar völlig wegfallen.

Was die Bereiche betrifft, in denen Kinder Fehler machen, scheint es im wesentlichen zwei Kategorien zu geben. So wissen wir ja, daß Kinder auf einer bestimmten Stufe annehmen, die Vergangenheitsform von *sleep* sei *sleeped* (schlafen/schlafte), und daß sie dann aber lernen, daß nicht *sleeped*, sondern *slept* (schlief) die richtige Form ist. Es kommt auch vor, daß sie es gar nicht lernen. In gewissen Dialekten kommt die Form *sleeped* vor, und manchmal werden Formen wie diese am Ende zur regulären Form. Damit haben wir eine erste Klasse von Fehlern. Die andere Klasse von Fehlern sind die Fälle, wo das Kind einfach noch nicht weiß, welches der richtige Parameterwert ist. So ist es zum Beispiel durchaus möglich, daß ein Kind, das die englische Sprache erlernt, auf einer gewissen Stufe des Spracherwerbs annimmt, daß sich Reflexive nur auf Subjekte beziehen können und erst noch lernen muß, daß sie sich manchmal auch auf Objekte beziehen - daß es falsch wäre, das Objekt als Bezugswort auszuschließen.

Richard Beckwith: Gibt es für die Parameter manchmal einen bevorzugten, einen „nichtmarkierten" Wert?

Noam Chomsky: Das ist anzunehmen. Manche Parameter haben diese Eigenschaft, andere dagegen nicht. Nehmen wir zum Beispiel den „Kopf-zuerst/Kopf-zuletzt"-Parameter. Wahrscheinlich ist keiner der Werte markiert; der eine ist genauso gut wie der andere. Aber in einigen Fällen, so etwa beim „Null-Subjekt-Parameter" oder bei dem Parameter für die Bezugswörter für Reflexive gibt es wahrscheinlich einen markierten und einen unmarkierten Wert, was bedeutet, daß das Kind den Parameter in der unmarkierten Position festlegen wird, falls es keine Daten gibt, die das Gegenteil besagen.

Robert Berwick von der Fakultät für Computerwissenschaften am MIT hat eine interessante Doktorarbeit geschrieben, in der er versucht hat, ein Programm für den Spracherwerb zu konstruieren. Das ist ein Algorithmus, dessen Anwendung auf die Daten automatisch das sprachliche Wissen eines Sprechers ergibt. Dabei stellte er sich unter anderem die Frage: „Wie stellen wir fest, welches der unmarkierte Wert eines Parameters ist?" Er berücksichtigte, daß Sprache nur anhand positiver Daten gelernt wird; das heißt, daß die Berichtigung von Fehlern keine nennenswerte Rolle spielt. Nur das, was der Sprachlerner an sprachlichen Äußerungen hört, sind seine Daten, sonst nichts. Darauf wendete Berwick dann die formale Lerntheorie an, eine rein mathematische Theorie, die untersucht, wie Funktionen unter unterschiedlichen Bedingungen bestimmte Grammatiken oder andere Systeme hervorbringen können. Im Rahmen dieser Theorie gibt es Berwick zufolge eine notwendige und hinreichende Bedingung für das Erlernen eines Systems ausschließlich anhand positiver Daten: jeder Parameter muß immer auf seinen „minimalen Wert" festgelegt werden, das heißt, den Wert, der die kleinste Sprache ergibt. Wenn also ein Parameter einen Wert hat, der mehr Sätze ergibt als der andere Wert, dann muß man den Wert nehmen, der die Sprache mit weniger Sätzen ergibt. Das ist das, was er das „Teilmengenprinzip" nennt: man nimmt immer die kleinere Sprache, die sogenannte Subsprache, wenn eine Wahl besteht. Es gibt also eine gewisse mathematische Unterstützung für das Markierungsprinzip.

Dann ging er natürlich dazu über, sich empirische Daten anzusehen. Aber ist es tatsächlich so, daß Kinder Parameterwerte auf eine Weise festsetzen, die eine kleinere Sprache ergibt? Das ist kitzlig, weil die mathematische Theorie aufgrund der Annahme arbeitet, daß die Parameter alle voneinander unabhängig sind, aber in Wirklichkeit sind sie das vielleicht gar nicht. Es kann sein, daß die Einstellung von Schaltern auf einen bestimmten Wert die Einstellung von anderen Schaltern beeinflußt, und das wirft dann weitere Fragen auf. Die empirischen Daten reichen bis jetzt nicht sehr weit. Es ist schwer, wirklich überzeugende Daten aus realen Situationen zu bekommen, die etwas über formale Idealisierungen aussagen könnten, in deren abstrakter Handhabung man sich auskennt. Immerhin ist es ein interessanter Gedanke, und tatsächlich könnte man fast sagen, daß es vielleicht das erste theoretische Lernprinzip ist, das jemals vorgeschlagen worden ist.

Eine allgemeine Lerntheorie

Richard Beckwith: Welche Beziehung besteht zwischen einer Lerntheorie und dem, was sie effektiv leisten bzw. erklären kann? So vertreten ja einige Leute die Auffassung, daß Piagets Lerntheorie den grammatischen Lernprozeß hinreichend erklären kann, obwohl sie weder restriktiv noch klar definiert ist.

Noam Chomsky: Nun, ich frage mich, wieso jemand das glaubt, weil ich nicht sehe, wie es im Rahmen von Piagets Lerntheorie möglich sein soll, überhaupt irgend etwas zu lernen. Sie funktioniert nicht einmal bei den Dingen, von denen er spricht. Sie ist zu amorph. Es scheint leider auch nicht möglich, sie in eine Menge von Prinzipien zu verwandeln, mit denen man Lernprozesse erklären könnte. Jede Art aussichtsreicher Theorie in diesem Bereich muß eine Menge an eingebauter Struktur postulieren, und nur weil es diese eingebaute Struktur gibt, kann Lernen überhaupt stattfinden. Und das ist genau das, was Piaget nicht anerkennen wollte. Tatsächlich war Piagets Hauptpunkt, daß man von dieser inneren Struktur, die letztlich die Form der resultierenden Theorie bestimmt, gerade nicht ausgehen soll, und das ist einer der Gründe, warum er keine Lerntheorie hat.

Ich persönlich glaube nicht, daß es jemals so etwas wie eine Lerntheorie geben wird. Ich sehe das, was wir Lernen nennen, als bestimmte Art von Wachstum an. Es ist ja klar, daß wir nicht lernen, Arme zu bekommen. Aber wir lernen auch nicht in irgendeinem sehr interessanten Sinn, Sprache zu haben. Was passiert, ist, daß Systeme, die in der ein oder anderen Weise vorgeformt oder von vornherein auf bestimmte Daten abgestimmt sind, dann mit der Umgebung dergestalt interagieren, daß sie durch das Auffüllen von Leerstellen konturiert werden, und so entwickelt sich die endgültige Form des Systems.

In letzter Zeit haben sich einige Leute mit der Frage befaßt, wie eine erklärungskräftige Theorie auszusehen hat. So hat sich Steve Pinker mit den Annahmen beschäftigt, die man in ein System einbauen muß, um daraus eine Theorie wie die lexikalisch-funktionale Grammatik ableiten zu können. Bob Berwick arbeitete an der Sorte von Annahmen, die eine Theorie enthalten muß, die Grundlage der Rektions-Bindungs-Theorie sein kann. Ich vermute, daß beide Ansätze nicht sehr weit auseinanderliegen. Aber so oder so wird jede „Lerntheorie" in Wirklichkeit eine Theorie der angeborenen Struktur sein. Tatsächlich ist der einzige Vorschlag hinsichtlich einer allgemeinen Lerntheorie, den ich je gesehen habe, Berwicks „Teilmengenprinzip". Die anderen Dinge, die Lerntheorie genannt werden, bestehen in Wirklichkeit nur aus Hypothesen über die anfänglichen Zustände von Systemen, die Art von Optionen, aus denen diese Systeme auswählen können und ähnlichem mehr.

Richard Beckwith: *Das hört sich so an, als ob sich Lernen auf das reduzieren ließe, was Eric Kandel bei seiner Arbeit mit der Schlange Aplysia fand. Glauben Sie, daß Lernen sich letztlich auf örtliche Veränderungen der synaptischen Wirksamkeit an bestimmten genetisch festgelegten Stellen reduziert?*

Noam Chomsky: Ja, das denke ich schon. Es mag paradox klingen, aber das, was wir Lernen nennen, ist wohl nicht wirklich Lernen; damit meine ich, daß die Eigenschaften, die wir meist mit dem Begriff „Lernen" verbinden, vermutlich nicht Eigenschaften der Prozesse sind, die wir Lernen *nennen*. Wenn wir zum Beispiel unter Lernen etwas verstehen, was auf Assoziation und Induktion beruht, dann sind viele Prozesse, die wir Lernen nennen, nicht Lernen; sie passen nicht in diese Rubrik. Außerdem kommt man kaum an der Tatsache vorbei, daß man sich seit siebzig oder achtzig Jahren um diese sogenannte „Lerntheorie" bemüht hat, aber nach all der Zeit kaum Resultate vorzuweisen hat - es ist sehr wenig dabei herausgekommen.

Richard Beckwith: Viele Lerntheoretiker scheinen sich ja jetzt in die Richtung Kandels zu bewegen.

Noam Chomsky: Die Vernünftigeren von ihnen gehen allmählich dazu über, zu fragen, was für innere Strukturen angenommen werden müssen, um den Entwicklungsverlauf, dem ein Organismus folgt, zu erklären. Aber wenn man darüber *nachdenkt*, dann hat man, was Lernprinzipien betrifft, außer ein paar Beobachtungen über die Wirkung von Verstärkungen auf die Reaktionsintensität und ähnlichem nichts gefunden, und diese Beobachtungen scheinen mir wirklich nicht sehr bedeutend zu sein.

Richard Beckwith: Wie sollten denn Ihres Erachtens Lernprinzipien aussehen?

Noam Chomsky: Ich glaube ebenso wenig daran, daß wir allgemeingültige Lernprinzipien finden werden wie daran, daß wir Prinzipien *des* Wachstums etablieren können. Stellen wir uns vor, irgend jemand käme an und würde sagen: „Schauen Sie, ich hätte gern eine Theorie der Wachstumsprinzipien, die begründet, warum das visuelle System zu dem wird, was es dann ist, warum die Leber zu dem wird, was sie ist, warum das Herz zu dem wird, was es ist." Es wird keine Gruppe solcher Prinzipien geben. Die einzige Ebene, auf der solche Prinzipien formuliert werden können, ist die der Zellbiologie, die für sämtliche der genannten Bereiche relevant ist. Aber die Organe entwickeln sich so, wie sie es tatsächlich tun, weil es genetische Anweisungen gibt, die sie in bestimmte Richtungen lenken, und wegen der Art, in der die interne Struktur sich gegenüber dem durch die Umwelt gegebenen Kontext verhält.

Richard Beckwith: Sie scheinen der Ansicht zu sein, daß viele der Probleme bei der Ausarbeitung von Theorien der Psychologie und der Entwicklung erst gelöst werden können, sobald wir mehr über die Physiologie des Gehirns wissen. Die eliministischen Materialisten wie zum Beispiel Rorty sagen, daß unsere augenblicklichen Theorien, die nichts seien als Amateurtheorien, mit dem Fortschritt unserer physiologischen Kenntnisse Theorien Platz machen werden, die sich mit der Beschreibung der Physiologie befassen. Empfinden Sie eine Verwandtschaft zu den eliministischen Materialisten?

Noam Chomsky: Wir hoffen, daß das Studium der Physiologie auf die Mechanismen stoßen wird, die die von unseren abstrakteren Theorien des Geistes postulierten und entwickelten Eigenschaften aufweisen, vielleicht analog zu der Art, wie es der Physik gelang, nicht nur die Mechanismen zu finden, die den in der Chemie des 19. Jahrhunderts postulierten Gebilden und Kräften - wie Valenz und ähnlichem - entsprachen, sondern auch zu erklären, warum diese eine Rolle spielen. Was die Lerntheorie angeht, vermute ich, daß wir auf der Ebene der Zellbiologie auf allgemeine Prinzipien stoßen werden, die für sämtliche Systeme gelten, aber wenn wir dann wissen wollen, welche besonderen Systeme sich im Geist oder dem restlichen Körper entwickeln, werden wir uns immer noch die für jedes System spezifischen, von unserer biologischen Ausstattung festgelegten Instruktionen ansehen müssen. Die Lerntheorie würde aus den Prinzipien bestehen, die das Wechselspiel regieren, das zwischen komplex strukturierten Systemen und der Umgebung, in der diese wachsen, sich entwickeln und reifen, stattfindet.

Richard Beckwith: Eine Theorie des Lernens würde eine kausale Kette vom Input zur mentalen Repräsentation enthüllen?

Noam Chomsky: Genau. Ich möchte an dieser Stelle noch einmal auf einige interessante Resultate der formalen Theorie des Lernens hinweisen. Diese Theorie abstrahiert von einer Reihe im einzelnen auftauchender Komplexitäten und fragt: „Unter welchen Bedingungen kann sich ein System so entwickeln, daß es einen stabilen Endzustand erreicht?" Es liegen jetzt einige noch unveröffentlichte Ergebnisse vor, die zeigen, daß eine Theorie des Spracherwerbs, die von vernünftigen Voraussetzungen ausgeht, nur dann das gewünschte Resultat liefern kann, wenn die Anzahl der möglichen Sprachen begrenzt ist. Wenn man von trivialen Aspekten absieht und nur die Struktur ins Auge faßt, gäbe es demnach nur eine begrenzte Anzahl verschiedener Sprachen. Wenn diese Bedingung nicht gegeben und die Zahl der möglichen Sprachen unbegrenzt wäre, könnten wir der erwähnten Theorie zufolge gar nichts lernen. Das Lernsystem könnte niemals einen stabilen Zustand erreichen.

Das ist interessant, weil es mit dem Unterschied zwischen unseren früheren Vorstellungen von der Sprache und den aktuelleren, die wir gerade diskutiert haben, in Zusammenhang steht. Einer der Unterschiede zwischen dem Bild der frühen sechziger

Jahre und unserer von mir hier skizzierten gegenwärtigen Vorstellung besteht darin, daß es dem gegenwärtigen Bild zufolge nur eine begrenzte Zahl von Sprachen, das heißt, von strukturell unterschiedlichen Sprachen gibt. Es gibt eine endliche Anzahl von Schaltern mit einer jeweils sehr kleinen Anzahl von Schaltzuständen, und aus jeder Gesamtheit von Schaltereinstellungen resultiert (wenn man sich an die Struktur hält und von der Wahl der lexikalischen Elemente absieht) eine mögliche Sprache. Die frühere Konzeption besagte dagegen, daß es eine unendliche Anzahl von Grammatiken gibt und man sich dann die einfachste aneignet. Nun, diese neueren formalen Theorien gehen von recht vernünftigen Voraussetzungen in Bezug auf das Lernen aus, zum Beispiel davon, daß man sich an einzelne Dinge nicht allzu lang erinnern kann. Unter solchen Bedingungen ist das Erlernen eines stabilen Systems - nämlich der Sprache, wie man sie beherrscht, wenn man volle Kompetenz erlangt hat - nur möglich, wenn die Menge der grundsätzlich verschiedenen Sprachen - der Sprachen, die in einem präzis definierten Sinn strukturell verschieden sind - nur endlich viele Mitglieder hat. Das gibt uns einen Hinweis darauf, wie die Struktur der Universalgrammatik aussehen sollte. Sie sollte nur eine begrenzte Zahl verschiedener Grammatiken erlauben. Zur Integration von linguistischen und formalen Theorien gibt es eine wichtige Arbeit von Wexler und Culicover, in der sie versuchen, einige Probleme der formalen Lerntheorie mit grundlegenden Fragen der Struktur der menschlichen Sprache in Verbindung zu bringen. Sie legten einige von der formalen Lerntheorie motivierte Prinzipien vor, von denen sich herausstellte, daß sie einsichtige empirische Gegenstücke haben. Das ist eine sehr interessante Arbeit. Man könnte all das als einen Beitrag zur Lerntheorie betrachten, aber ich würde es lieber einfach als einen Teil der Theorie des Wachstums bezeichnen.

Menschliche Intelligenz und Psychologie als Wissenschaft

Richard Beckwith: Wodurch wäre Ihrer Ansicht nach eine angemessene Theorie der Psychologie charakterisiert?

Noam Chomsky: Ich glaube gar nicht, daß es je so etwas wie eine Theorie *der* Psychologie geben wird. Ich denke, daß es Theorien *innerhalb* der Psychologie geben wird, die sich jeweils mit besonderen Themen befassen. Was sie angemessen machen wird, ist dasselbe, was jede Art von Theorie angemessen macht: daß sie uns Einblick in einen bestimmten Bereich von Phänomenen gibt, eine Erklärung für rätselhafte Dinge liefert, oder Prinzipien darlegt, die einerseits von der Erfahrung gestützt werden, andererseits aber nicht einfach offensichtlich sind. Das ist es, was eine Theorie befriedigend macht. Außerhalb eines kleinen Kerns von Naturwissenschaften ist es sehr schwer, so etwas zustande zu bringen. Ich weiß nicht, ob es in der Psychologie einmal derartige Theorien geben wird. Vielleicht ja.

Richard Beckwith: Bitte spekulieren Sie ein wenig, welche Gebiete innerhalb der Psychologie aussichtsreiche Kandidaten sein könnten.

Noam Chomsky: Es gibt gewisse Gebiete in der Psychologie, in denen wir die Probleme und Fragen in ähnlichen Begriffen formulieren können wie in den wenigen anderen - in erster Linie den Naturwissenschaften zugehörigen - Bereichen, wo es wissenschaftliche Fortschritte gegeben hat. Das sind vor allem die Gebiete, wo ein Problem im Rahmen von Input/Output-Systemen formuliert werden kann, wo uns eine Charakterisierung sowohl des Inputs als auch des Outputs möglich ist. Der Output kann eine mentale Repräsentation sein, für die wir indirekte Belege finden können; so könnte der Output zum Beispiel der Output eines Wahrnehmungssystems sein. Dann wird es möglich, die Prozesse oder Prinzipien zu untersuchen, die Stimulus und Repräsentation in Beziehung setzen. In der Erforschung des Sehens oder im Fall der Sprache ist es zum Beispiel möglich gewesen, Theorien zu entwickeln, die einen gewissen Grad an Tiefe aufweisen. Es gibt jedoch viele Fragen, von denen wir nicht wissen, wie wir sie überhaupt ernsthaft angehen sollen, wie zum Beispiel Fragen, die mit der Willens- und Entscheidungsfreiheit zu tun haben.

In Wirklichkeit ist das ja eine klassische Beobachtung. Viele Philosophen des 17. und 18. Jahrhunderts waren der Auffassung, der entscheidende Unterschied zwischen Mensch und Maschine - so die Terminologie jener Zeit - bestehe darin, daß Maschinen gezwungen seien, auf bestimmte Art zu agieren, während Menschen dazu nur angeregt oder geneigt, nicht aber gezwungen sind. Diese Unterscheidung berührt einen sehr wesentlichen Punkt. Wenn wir nämlich anfangen, über Dinge zu sprechen wie die Frage, warum wir letztlich so handeln, wie wir es tun, oder wie die Tatsache, daß wir zu unseren Handlungen nur angeregt oder geneigt, aber nicht gezwungen sind, begeben wir uns meines

Erachtens in einen Bereich, wo ich nicht glaube, daß es irgend-welche Kandidaten für eine Theorie oder eine Erklärung gibt. Ob wir auch nur die richtige Art von Intelligenz haben, um diese Fragen zu erforschen oder ob ein solches Projekt für uns einfach zu schwierig ist oder was sonst, weiß ich nicht. Aber so oder so scheint es mir hier heute genauso wenig sinnvolle Antworten zu geben wie im Verlauf der letzten paar tausend Jahre.

Richard Beckwith: Könnte es bei einem System, das wir mittels der Input/Output-Relation und mentaler Repräsentationen charak-terisieren, nicht verschiedene mentale Repräsentationen geben, die als Zwischenstation zwischen Input und Output fungieren?

Noam Chomsky: Nun, die interessanten Theorien sprechen mitt-lerweile von vielen Repräsentations- und Verarbeitungsebenen. Das gilt unter anderem für David Marrs Theorie des Sehens, die meines Erachtens ein sehr erfolgreiches Beispiel für eine nichttri-viale psychologische Theorie ist. Eine repräsentationale Theorie der Sprache zieht ebenfalls eine Anzahl verschiedener Kandida-ten als mögliche eigenständige Repräsentationsebenen in Be-tracht, um dann die zwischen diesen Ebenen stattfindenden In-teraktionen zu erforschen. Es ist übrigens zu einfach und führt in die Irre, das ein Input/Output-Systeme zu nennen. Ein Großteil der Erforschung der Sprache besteht im Studium der Organisati-on eines Wissenssystems, und dieses Wissenssystem als solches ist kein Input/Output-System. Aber es spielt eine Rolle bei In-put/Output-Systemen wie der Sprachverarbeitung. Außerdem be-handelt die Erforschung der Universalgrammatik die Daten, die dem Kind zur Verfügung stehen als Input und die aufgrund der Daten konstruierten Wissenssysteme als Output, wobei sie ver-sucht, die Beziehung zu bestimmen, die zwischen beidem be-steht. Tatsächlich scheinen wir nur insoweit, wie man Probleme in Begriffen von In- und Output formulieren kann, zu wissen, wie man sie auf eine Weise behandeln kann, die halbwegs einer wissenschaftlichen Methodik entspricht.

Richard Beckwith: Eine angemessene Psychologie würde dem-nach nicht versuchen, einen möglichst weiten Bereich abzudek-ken, sondern sie würde eher nach Erklärungen auf eng um-schriebenen Gebieten suchen, für die sie spezielle Forschungs-strategien entwickeln würde.

Noam Chomsky: So habe ich das vorhin nicht gemeint. Ich vermute, daß Sie, wenn Sie von einer angemessenen Psychologie sprechen, wissenschaftliche Psychologie im Auge haben. Es könnte jedoch durchaus sein, daß man sich, was die Psychologie betrifft, besser an die Literatur hielte. Wenn man etwas über die Persönlichkeiten und Beweggründe der Menschen lernen möchte, sind dazu Romane wahrscheinlich besser geeignet als Psychologiebücher. Vielleicht gelangt man so am besten zu einem Verständnis menschlicher Wesen und der Art, wie sie handeln und fühlen, aber das ist nicht Wissenschaft. Wissenschaft ist nicht das einzige auf der Welt, sie ist was sie ist. Wenn wir uns fragen, wie eine angemessene wissenschaftliche Psychologie aussehen würde, dann wäre die Antwort: nicht anders als eine angemessene wissenschaftliche Physik. Es wäre eine Theorie, die eine bestimmte innere Strenge hat und Erklärungen für empirische Phänomene und Einsichten in die für diese Phänomene verantwortlichen Prinzipien bietet, Prinzipien, die nicht offen auf der Hand liegen und daher geeignet sind, rätselhafte Phänomene zu erklären. Aber Wissenschaft ist nicht der einzige Weg, zu einem Verständnis von Dingen zu kommen.

Richard Beckwith: Also besteht möglicherweise ein großer Unterschied zwischen einer erkenntnistheoretisch geleiteten Wissenschaft und dem, was wir vielleicht als geeignete Form von Psychologie bezeichnen würden.

Noam Chomsky: Ja. Wenn wir unter einer geeigneten Form von Psychologie etwas verstehen, das uns hilft zu begreifen, was Menschen tun, wie sie fühlen, und wie sie sich für ihre Handlungen entscheiden, kann es sein, daß die Psychologie, die das alles am genauesten beschreiben kann, nicht die wissenschaftliche Psychologie ist. Tatsächlich hat die Psychologie als Wissenschaft über diese Themen sehr wenig zu sagen. Aber es gibt andere Mittel und Wege, die ein wenig Einblick in diese Fragen vermitteln können, zum Beispiel die Literatur. Wolfgang Köhler behauptete einmal, einer der Gründe dafür, daß es so schwer ist, der Psychologie einen wissenschaftlichen Charakter zu verleihen, bestehe darin, daß die Menschen schon so viel intuitives Wissen über diesen Gegenstand haben, daß all die Dinge, die eine wissenschaftliche Psychologie entdecken kann, bereits offensichtlich sind, während man im Fall der Physik diese Art von Wissen eben nicht hat und daher selbst an sich einfache Resultate schon überraschend sind. Er vertrat die Auffassung, einer der Gründe dafür, daß es der Psychologie kaum einmal gelingt, irgend etwas Interessantes zu sagen, sei darin zu suchen, daß sie lediglich Dinge rekonstruiert, die wir die ganze Zeit gewußt haben, obwohl wir uns ihrer vielleicht nicht in den Begriffen wohlformulierter Prinzipien bewußt waren. Damit wollte er darauf hinweisen, daß die Psychologie, um eine Wissenschaft mit überraschenden Ergebnissen zu werden, beträchtlich über die Tiefe von anderen Wissenschaften hinausgehen muß.

Ich vermute, daß das stimmt, obwohl ich gleichzeitig denke, daß es einige Bereiche gibt, in denen wir mit den uns zur Verfügung stehenden Methoden der wissenschaftlichen Untersuchung Resultate erzielen können. Ich denke, wir sollten uns demgegenüber eine offene Einstellung bewahren. Aber unser gegenwärtiger Erkenntnisstand legt zumindest nahe, daß der menschliche Intellekt für die Lösung bestimmter Fragen einfach nicht ausgerüstet ist, und dazu gehören sehr wahrscheinlich auch viele Fragen hinsichtlich des menschlichen Verhaltens. Das wäre ja schließlich nicht allzu überraschend. Wenn wir die Menschen lediglich als einen Organismus unter anderen betrachten, die es in der Welt noch gibt, dann müssen wir auch sehen, daß unsere geistigen und physischen Fähigkeiten genau wie die jedes anderen Organismus beschränkt sind. Organismen können einige Dinge gut, andere schlecht - diese beiden Seiten sind untrennbar miteinander verbunden. Ein Organismus von endlicher Größe kann nicht alles gleich gut können - dann würde er überhaupt nichts können. Er muß gut an bestimmte Arten von Aufgaben und Problemen angepaßt sein, wenn er etwas erreichen soll, was über gänzlich triviale Dinge hinausgeht. Genau diese Anpassung wird dann andere Dinge ausschließen. Wenn ein Organismus gut zum Schwimmen geeignet ist, wird er dafür nicht gut fliegen können. Dasselbe gilt für das mentale Leben. Wenn man fähig ist, in bestimmten Bereichen Probleme zu lösen, dann liegt das an spezifischen Anpassungen, hochspezifischen genetischen Anweisungen, die dafür aber den Zugang zu anderen Bereichen blockieren. Wenn die Menschen Teil der physikalischen Welt sind, wovon wir ja wohl ausgehen können, und wenn Menschen ganz bestimmte Aufgaben sehr gut lösen können, wie es im Bereich des Spracherwerbs oder (auf einer anderen Ebene der Untersuchung) der Konstruktion von Theorien wie etwa der Quantentheorie der Fall ist, dann werden genau die Strukturen, die sie in diesen Bereichen erfolgreich machen, dazu führen, daß sie auf Gebieten, die nun einmal nicht so geordnet oder aufgebaut sind, daß sie ihrer Intelligenz entsprechen, fortwährend versagen. Wir können vernünftigerweise davon ausgehen, daß die Geschichte erfolgreicher Wissenschaft irgendwie die Natur der menschlichen Intelligenz widerspiegelt. Innerhalb des großen Bereichs all der Fragen, über die wir gerne etwas wüßten, gibt es hier und da Gebiete, wo die Menschen in der Lage sind, Antworten zu finden, wo sie fähig sind, die Probleme so zu formulieren, daß sie sie untersuchen und manchmal auch Antworten finden können. Ich gehe davon aus, daß das Bild, das sich dann ergibt, den besonderen Charakter der Struktur der menschlichen Intelligenz widerspiegelt. Manche Fragen kann man lösen, und dann gibt es wieder andere Fragen, die vielleicht gar nicht so weit davon entfernt sind und die vom Standpunkt irgendeines anderen Organismus oder einer anderen Intelligenz genauso leicht aussehen würden - aber wir werden einfach nicht mit ihnen fertig.

Richard Beckwith: Meinen Sie denn auch, daß die Geschichte der Ideen innerhalb einer bestimmten Wissenschaft die Natur unserer Intelligenz widerspiegelt?

Noam Chomsky: Ich glaube, daß das sogar in hohem Maß zutrifft. So finden Sie in jedem Fach, das überhaupt gewisse Fortschritte vorzuweisen hat, daß es bestimmte Zeiten gibt, wo sich die Entwicklungen überschlagen. Man hat dann ein bestimmtes Niveau des Verständnisses erreicht und steht vor einem gewissen Bereich brennender und herausfordernder Probleme, und plötzlich kommen dann viele Leute auf dieselbe Idee oder ähnliche Ideen darüber, wie die Sichtweise geändert werden muß, um das Verständnis auf eine neue Ebene zu heben. Das ist gelegentlich als wissenschaftliche Revolution bezeichnet worden. Das Auffallende daran ist, daß hinterher sehr weitgehend anerkannt wird, daß es der richtige Schritt war, obwohl keineswegs jeder einzelne Forscher in der Lage wäre, so einen Schritt durchzuführen. Wir sind uns vollkommen klar darüber, daß Theorien vom Datenmaterial sehr stark unterbestimmt sind. Aber dennoch finden wir, daß bestimmte Schritte von den Daten zur Theorie als vernünftig betrachtet werden, während man andere Schritte als lächerlich ansieht. Offenbar legt die spezifische Struktur unseres Geistes fest, daß wir die jeweiligen Problemsituationen, vor denen wir stehen, in eine scharf begrenzte Unterklasse möglicher Theorien abbilden. Die ganze Geschichte der Wissenschaft deutet darauf hin, daß es so ist. Aber natürlich ist genau dieselbe Beschränkung, die zur Auswahl bestimmter Theorien und zur Ablehnung von anderen führt, auch eine von vornherein gegebene Beschränkung dessen, was unsere Intelligenz leisten kann. Und es ist möglich, daß diese Beschränktheit uns in die falsche Richtung führt. Es gibt keine Garantie, daß die Welt so aufgebaut ist, daß sie mit der Struktur unserer Intelligenz übereinstimmt. Es ist eine Art Wunder, wenn das überhaupt je der Fall ist.

Richard Beckwith: Würden Sie also sagen, daß wir so strukturiert sind, daß wir zu zutreffenden Charakterisierungen einiger Merkmale unserer Umgebung in der Lage sind?

Noam Chomsky: Wir sind fähig, einige der in möglichen Welten vorkommenden Strukturen zu erfassen. Wenn wir Glück haben, entspricht die wirkliche Welt in mancher Hinsicht unseren Entdeckungen. Es ist einfach purer Zufall, wenn die Struktur unserer Intelligenz und die Natur der Welt auf irgendeinem Gebiet ungefähr übereinstimmen. Charles Sanders Peirce schlug vor etwa einem Jahrhundert einen *deus ex machina* vor, der das Problem lösen sollte: die Evolution. Er argumentierte, wir hätten uns eben so entwickelt, daß wir an die reale Struktur der Welt angepaßt seien. Aber dieses Argument funktioniert überhaupt nicht. Wir haben die Fähigkeit, Fragen der Zahlentheorie zu lösen und die Quantentheorie zu entdecken, aber diese Fähigkeiten waren kein Faktor in der Evolution. Die Evolution führte zu einer Anpassung an den Umgang mit Problemen, bei denen es um mittelgroße Gegenstände unter normalen Bedingungen geht. Wenn Menschen zum Beispiel nicht fähig wären, die Flugbahn eines Gegenstandes zu berechnen, der auf sie zukommt, würden sie in Schwierigkeiten kommen. Solche Arten von Fähigkeiten haben einfach keinen Bezug zu den Problemen, vor denen wir im Bereich der Wissenschaft stehen. Demnach liefert auch die Evolution keine magische Lösung für die Frage, weshalb wir die Fähigkeiten besitzen, die für uns spezifisch sind. Es ist einfach so, daß nur dann, wenn ein Aspekt der Welt zufälligerweise mit der Struktur unserer Intelligenz, so wie diese sich entwickelt hat, übereinstimmt, eine Wissenschaft das Ergebnis sein wird; wenn nicht, dann haben unsere Aussagen darüber nichts mit Wissenschaft zu tun.

Die instinktive Basis der Moral

Richard Beckwith: Wenn wir an Peirces Ideen hinsichtlich einer eins-zu-eins Abbildung der Welt auf unsere Erfahrung von ihr festhielten, würden wir Kants Unterscheidung zwischen der Welt, wie wir sie wahrnehmen und der Welt, so wie sie ist, verlieren. Dem Kantschen Idealismus wird oft eine zentrale Stellung in Kants Auffassungen über moralische Urteile eingeräumt. Sie selbst haben einmal davon gesprochen, daß das Konzept der vorgeformten Struktur und der Modularität des menschlichen Geistes auf eine bestimmte Sichtweise der Moral verweisen. Könnten Sie das ein wenig ausführen?

Noam Chomsky. Ich möchte gleich feststellen, daß vieles von dem, was ich gerade sagte, in Kantsche Begriffe umformuliert werden könnte. Man könnte sagen, daß die Struktur unserer Erfahrung und unser Verständnis der Erfahrung eine Widerspiegelung der Natur unseres Geistes sind, und daß wir zu dem, was die Welt wirklich ist, nicht vordringen können. Wir können lediglich versuchen, Erklärungen zu entwickeln, und wenn sie dann manchmal mehr oder weniger funktionieren und zu einem Resultat führen, das wir als Erkenntnisgewinn und Verständnis ansehen könnten, sind wir zufrieden mit ihnen.

Was moralische Urteile angeht, denke ich, daß wir uns auf ziemlich schwankendem Boden befinden. Wenn man sich jedoch von den Fingerzeigen leiten läßt, die uns von Anthropologie, Geschichte, eigener Intuition und ähnlichem mehr geliefert werden, scheint mir, daß es Grund für die Annahme gibt, daß es biologisch verwurzelte Prinzipien gibt, die in moralische Urteile eingehen. Wir wissen nicht genau, was diese Prinzipien sind; nur durch Erfahrung können wir mehr über sie lernen. Unsere moralischen und ethischen Urteile erwachsen zum Teil aus diesen Prinzipien, obwohl sie natürlich auch stark von unterschiedlichen, in Gesellschaft und Geschichte verankerten ideologischen Systemen und den Entscheidungsmöglichkeiten und Interpretationsmustern, die dem Bewußtsein der innerhalb einer bestimmten gesellschaftlichen und historischen Situation Handelnden zur Verfügung stehen, geprägt werden. Ohne eine solche Annahme wäre es ziemlich schwierig, all das, was wir tatsächlich tun, überhaupt zu verstehen. Ich denke, es ist ganz natürlich, daß die Geschichte von einer Zeit, wo Sklaverei als legitim betrachtet wird, zu einer Zeit fortschreitet, wo das nicht mehr so ist. Überraschend fände ich dagegen, wenn sich die Geschichte über lange Zeit hinweg in die andere Richtung bewegen würde. Wir können doch im Verlauf der gesamten Geschichte Dinge finden, die früher einmal als vollkommen vernünftig, ethisch und akzeptabel betrachtet wurden, später aber mit heftiger Verachtung und Widerwillen bedacht wurden. Das gilt auch sehr stark für unsere eigenen Traditionen. Wenn Sie zum Beispiel die Bibel lesen, finden Sie, daß sie einer der bluttriefendsten Texte unserer Literatur ist. Gott selbst ist es, der seinem auserwählten Volk befiehlt, die Amalekiten noch bis auf das allerletzte Kind auszurotten. Heutige religiöse Texte würden Menschen nicht mehr dazu auffordern, so etwas zu tun; heutzutage würden Menschen so etwas nicht mehr bereitwillig als die Worte ihres Gottes akzeptieren. Das ist ein Zeichen für einen gewissen moralischen Fortschritt. Auf der anderen Seite kann man an den Nazismus denken, der nicht gerade ein Anzeichen für moralischen Fortschritt ist, um es gelinde auszudrücken.

Richard Beckwith: Wie sieht demnach die Beziehung zwischen der Modularitätsthese und moralischen Urteilen aus?

Noam Chomsky: Ich möchte noch einmal betonen, daß sie nicht offensichtlich ist. Die Beweise dafür sind dünn und beruhen großenteils auf Intuition. Dennoch neige ich zu der Annahme, daß es eine Komponente unseres intellektuellen Systems gibt, die für moralische Urteile zuständig ist - Urteile darüber, was richtig und falsch ist, oder über die Art, wie Menschen behandelt werden sollten, über das, was anständig und gerecht ist. Ich würde annehmen oder zumindest hoffen, daß es in irgend einer Form das gibt, was Bakunin einmal den „Freiheitsinstinkt" nannte, das heißt, ein Bestreben, frei von den Einschränkungen äußerer Autorität zu sein, außer insoweit diese im jeweiligen Stadium der Geschichte irgendwie für das Überleben erforderlich sind. Also sollten wir im Verlauf der gesamten Geschichte beständige Anstrengungen finden, autoritäre Strukturen zu überwinden und den Bereich der Freiheit zu erweitern. Wenn das zutrifft, und ich denke, in bestimmten Maß tut es das, spiegeln sich darin wahrscheinlich instinktive Muster wider, die einfach Teil unserer moralischen Natur sind. Im Verlauf der geschichtlichen Weiterentwicklung lernen wir beständig mehr über sie. So wurde zum Beispiel vor etwas mehr als einem Jahrhundert die Sklaverei als nicht nur nicht falsch, sondern sogar als höchst ethische Angelegenheit betrachtet. Wenn man die Rechtfertigungen für die Sklaverei liest, findet man, daß sie sich oft auf ethische Gründe beriefen. Das Argument lautete, es sei vollkommen falsch, den Sklaven zu erlauben, frei zu sein. Es gehe ihnen viel besser, wenn ihre Eigentümer sich um sie kümmern könnten. Die Leute, die das vorbrachten, waren zivilisierte Menschen, aber von unserem heutigen Standpunkt aus sind sie in moralischer Hinsicht Ungeheuer. Und vom Standpunkt einer natürlichen Moralität waren sie das auch, nur daß die moralische und kulturelle Evolution noch nicht den Punkt erreicht hatte, wo sie sich darüber klar werden konnten. Ich bin sicher, daß dasselbe auch für uns heute gilt. Falls wir, was leider keineswegs sicher ist, noch weitere hundert Jahre Geschichte vor uns haben, würde ich vermuten, daß die Menschen dann auf viele Praktiken, die wir akzeptieren und gutheißen, zurückschauen werden und sie als moralische Ungeheuerlichkeit betrachten werden. Es ist ja nicht sonderlich schwierig, auf einige von ihnen hinzuweisen. Zum Beispiel betrachten wir es jetzt als moralische Niedertracht, wenn eine Person eine andere versklavt, aber wir betrachten es als richtig und gerecht, wenn Menschen gezwungen sind, sich an andere zu vermieten, um leben zu können - das, was man früher „Lohnsklaverei" genannt hat. Eines Tages kommen wir vielleicht soweit, einzusehen, daß auch das eine Verletzung grundlegender Menschenrechte ist - wie es ja seitens der libertär-sozialistischen Tradition seit langem behauptet wird. Ganz ähnlich basiert auch das Staatssystem auf Prinzipien von Kontrolle, Herrschaft und Zwang, die man hoffentlich eines Tages als moralisch unerträglich betrachten wird. Dasselbe kann über viele Bereiche der menschlichen Existenz gesagt werden.

Gleichheit[*]

Sprachliche Entwicklung, menschliche Intelligenz und soziale Organisation

Ich möchte in diesem Vortrag über drei verschiedene Begriffe von „Gleichheit" sprechen: über Gleichheit der Rechte, Gleichheit der Bedingungen und Gleichheit der natürlichen Anlagen. Bei dem letztgenannten Thema geht es um die Frage, worin diese natürlichen Anlagen bestehen, oder kurz gesagt, um die menschliche Natur und die von ihr determinierten Unterschiede zwischen den Menschen. Dabei geht es im wesentlichen um Tatsachen, und zwar um solche, von denen wir bisher wenig verstehen, die aber eindeutig im Bereich der Naturwissenschaften liegen und die wir nach bestem Wissen und Gewissen und vorurteilsfrei zu erforschen versuchen sollten. Die beiden ersten Themenkomplexe konfrontieren uns mit wichtigen Fragen des Werturteils. Alle drei Begriffe erfordern eine sorgfältige Analyse, die weit über das hinaus geht, was ich hier leisten kann.

Gerade wenn sie für die Richtung unseres eigenen Handelns von Bedeutung sein soll, wird sich jede ernsthafte Diskussion über die Gleichheit der Rechte und der Bedingungen unvermeidlich mit den real bestehenden Tatsachen beschäftigen müssen, denn wenn wir die relevanten Fakten nicht in unsere Analyse einbeziehen, wird die Debatte gesellschaftlich irrelevant, ganz gleich, wie interessant sie in intellektueller Hinsicht sein mag. In einem großen Teil der gegenwärtigen Diskussion über Probleme der Gleichheit werden diese Fakten aber außer acht gelassen.

Nehmen wir zur Veranschaulichung die Artikelreihe über „Egalitarismus", die John Cobbs im Dezember 1975 in *Business Week* veröffentlicht hat. Sie ist für die gegenwärtige Debatte über solche Fragen nicht untypisch. Cobbs geht von der Tatsachenannahme aus, „sämtliche Sozialprogramme des Staates" seien „in der ein oder anderen Weise Gleichmacher", wobei er indes einräumt, die Bundesprogramme würden „dieses Resultat nicht im-

* Dieser Essay geht auf einen Vortrag auf der „Konferenz über Versprechen und Probleme der menschlichen Gleichheit" der University of Illinois im März 1976 zurück und wurde in der vorliegenden Form zuerst in dem von Walter Feinberg herausgegebenen Sammelband *Equality and Social Policy* abgedruckt (Champaign: University of Illinois Press, 1978). Hier entnommen aus *The Chomsky Reader* (New York: Pantheon, 1987), S. 183 - 202.

mer erreichen". Kommt diese faktische Voraussetzung der Wahrheit überhaupt auch nur annähernd nahe? Man kann ziemlich starke Beweise für das Gegenteil anführen. So ist zum Beispiel die Höhe der Subventionen für die höhere Bildung mehr oder weniger proportional zum Familieneinkommen. Das riesige Bundesprogramm zum Ausbau der Autobahnen ist seit seinen Anfängen weitgehend nichts anderes gewesen als eine Subventionierung des kommerziellen LKW-Verkehrs und der großen Kapitalgesellschaften, die aus dem Verkauf von Benzin und gesellschaftlich gesehen enorm kostspieligen Formen des Transports ihre Profite ziehen. Es ist durchaus wahrscheinlich, daß dieses Programm die Lebenshaltungskosten letztlich in die Höhe getrieben hat. Die staatlichen Wohnungsbauprogramme der letzten dreißig Jahre können ebenfalls kaum als „Gleichmacher" beschrieben werden. So sind zum Beispiel die Programme, die in Boston, der Stadt, in der ich lebe, „eine von Wenigverdienern, darunter in erster Linie Italienern, bewohnte Nachbarschaft" am Beacon Hill zerstört und sie durch „aus Darlehen mit Regierungsgarantie finanzierte Appartementtürme für Bezieher hoher Einkommen" ersetzt haben, schwerlich zur „Gleichmacherei" geeignet. Ich zitiere hier aus der Beurteilung des Architekturprofessors am MIT Robert Goodman von Wohnbauprogrammen des Bundes, die er als eine „wirksame Art, die Armen auszubeuten", beschreibt.[1] Oder nehmen wir die staatliche Subventionierung von Waffenfirmen und des Agrobusiness, wobei letzteres teilweise durch Bezuschussung von Forschungsprojekten unterstützt wird, die sich mit der Entwicklung von landwirtschaftlichen Technologien im Interesse der Großkonzerne befassen und an staatlich unterstützten Universitäten betrieben werden. Oder nehmen wir die gewaltigen Staatsausgaben, die das Ziel verfolgen, ein günstiges internationales Klima für Wirtschaftsoperationen sicherzustellen. In einer hochgradig von Ungleichheit geprägten Gesellschaft ist es sehr unwahrscheinlich, daß staatliche Programme als „Gleichmacher" wirken. Viel eher ist zu erwarten, daß die in solchen Gesellschaften bestehenden Zentren privater Macht diese Programme selbst ausarbeiten und manipulieren werden, um ihre eigenen Zwecke zu befördern; und genau diese Erwartung sehen wir in beträchtlichem Maß bestätigt. Solange es keine Massenorganisationen gibt, die bereit sind, für die Rechte

---

[1] Robert Goodman, *After the Planners* (New York: Simon & Schuster, 1971).

und Interessen der Bevölkerung zu kämpfen, kann dies auch schwerlich anders sein. Eine Bemühung, staatliche Programme, die wirklich zu sozialer Gleichheit führen würden, zu entwickeln und in die Tat umzusetzen, würde zu einer Form des Klassenkrieges führen, und beim gegenwärtigen Organisationsgrad der Bevölkerung und der daraus resultierenden tatsächlichen Verteilung der Macht kann es kaum einen Zweifel darüber geben, wer gewinnen würde - eine Tatsache, die einige „Populisten" manchmal ignorieren, wenn sie ganz zu Recht die staatlichen Programme, die nur der Privatwirtschaft nutzen, beklagen.

Eine Diskussion der Rolle des Staates in einer Gesellschaft, die auf dem Prinzip privater Macht basiert, darf die Tatsache nicht ignorieren, daß „der Kapitalismus ganz allgemein als eine Wirtschaft der unbezahlten Kosten betrachtet werden muß, 'unbezahlt', insofern ein wesentlicher Teil der tatsächlichen Produktionskosten in der unternehmerischen Bilanz niemals auftaucht; statt dessen werden diese Kosten auf dritte Personen oder die Gemeinschaft insgesamt abgewälzt und letztlich von ihnen getragen".[2] Eine ernsthafte Analyse der gesellschaftlichen Projekte des Staates - und erst recht der staatlichen Programme zur Wirtschaftsintervention, zur Ausübung militärischer Macht und ähnlichem mehr - muß versuchen, die Funktion solcher Programme für die Frage einzuschätzen, wer denn bestimmte der Gesamtgesellschaft entstehende Kosten, die man nur unter Verleugnung der Realität in eine Fußnote abschieben kann, letztlich bezahlen muß. Der Gedanke, der Staat diene als Instrument sozialen Ausgleichs, mag insofern eine gewisse Berechtigung haben, als ohne die Intervention des Staates die destruktiven Kräfte des Kapitalismus sowohl die Gesellschaft selbst als auch die natürliche Umwelt vernichten würden, eine Tatsache, die die Herrscher über die private Wirtschaft schon seit langem begriffen haben. Nicht umsonst haben sie vom Staat immer wieder verlangt, diese Destruktionskräfte zu beschränken und organisatorischen Formen zu unterwerfen. Aber die gängige Idee, derzufolge der Staat in erster Linie als Instrument sozialen Ausgleichs dient, kann kaum als allgemein gültiges Prinzip gelten.

Betrachten wir nun als zweites Beispiel für die Art, wie über die uns hier interessierenden Fragen diskutiert wird, die weithin

---

[2] K. William Kapp, *The Social Cost of Private Enterprise, 1950* (New York: Schocken Books, 1971), S. 231.

vertretene Doktrin, Schritte in Richtung auf die Gleichheit der Bedingungen zögen verringerte wirtschaftliche Effizienz und Beschränkungen der Freiheit nach sich. Die angeblich negative Beziehung zwischen Gleichheit und Effizienz beruht auf empirischen Annahmen, und diese können natürlich richtig oder falsch sein. Falls diese Beziehung tatsächlich besteht, würde man erwarten, daß Gewerbezweige, die sich im Rahmen egalitärer Gemeinschaften im Besitz der Arbeiter befinden und von den Arbeitern selbst verwaltet werden, weniger effizient arbeiten als vergleichbare Gegenstücke, die privatem Besitz und privater Verwaltung unterstehen und sich ihre Arbeitskräfte auf dem freien Markt mieten. Die Forschung zu dieser Frage ist nicht sehr umfangreich, aber das Wenige, was vorliegt, scheint eher zu zeigen, daß das Gegenteil der Fall ist.[3] Der Harvard-Ökonom Stephen Marglin zum Beispiel behauptet, daß in den frühen Stadien des industriellen Systems harte Maßnahmen erforderlich gewesen seien, um die natürlichen Vorteile kooperativer Unternehmen, in denen es keinen Platz für Befehlshaber gibt, wettzumachen, und es gibt eine Reihe von Arbeiten, die die empirische Schlußfolgerung nahelegen, daß „die Produktivität dramatisch steigt, wenn die Arbeiter die Kontrolle über die Entscheidungen und die Zielsetzungen erhalten".[4] Von einem anderen Standpunkt aus hat der Wirtschaftswissenschaftler der Cambridge University J. E. Meade die Auffassung vertreten, Effizienz und egalitäre Verteilung des Einkommens könnten miteinander versöhnt werden, indem man Maßnahmen „zum Ausgleich in der Verteilung des privaten Besitzes und zur Erhöhung des Nettoanteils des in gesellschaftlichem Besitz befindlichen Eigentums" ergreift.[5] Ungeachtet vieler leicht dahin gesagter Behauptungen sind wir bislang nicht imstande, über die Beziehung zwischen

---

[3] Cf. Seymour Melman, „Industrial Efficiency Under Managerial Versus Cooperative Decision-Making", *Review of Radical Political Economics*, Frühling 1970; abgedruckt in B. Horvat, M. Marcovic und R. Supek, eds., *Self-Governing Socialism*, vol. 2 (White Plains, N.Y.: International Arts and Sciences Press, 1975). Siehe auch Melman, *Decision-Making and Productivity* (Oxford; Blackwell, 1958) und Paul Blumberg, *Industrial Democracy: The Sociology of Participation* (New York: Schocken Books, 1969).

[4] Stephen A. Marglin, „What Do Bosses Do?", *Review of Radical Political Economics*, Sommer 1974; Herbert Gintis, „Alienation in Capitalist Society", in R.C. Edwards, M. Reich und T. Weiskopf, *The Capitalist System* (Englewood Cliffs, N.J.: Prentice-Hall, 1972).

[5] J.E. Meade, *Efficiency, Equality and the Ownership of Property* (Cambridge, Mass.: Harvard University Press, 1965).

Gleichheit und Effizienz eindeutige oder wohlbegründete Aussagen zu machen.

Wenn wir uns der angeblich gegensätzlichen Beziehung zwischen Gleichheit und Freiheit zuwenden, stoßen wir ebenfalls auf interessante Fragen. So erweitert die Arbeiterkontrolle über die Produktion ganz gewiß in einigen - meines Erachtens höchst wichtigen Aspekten - die Freiheit, wobei sie zugleich die grundlegende Ungleichheit zwischen der Person, die gezwungen ist, ihre Arbeitskraft zu verkaufen, um zu überleben und der Person, die das Privileg genießt, Arbeitskraft zu kaufen oder auch nicht zu kaufen, beseitigt. Dabei sollten wir zumindest die traditionelle Beobachtung in die Diskussion einbeziehen, derzufolge Freiheit nur Illusion und Betrug ist, solange die Bedingungen für ihre Ausübung nicht bestehen. Wir treten erst dann das Marxsche „Reich der Freiheit" ein, wenn die Arbeit nicht länger „durch Not und äußere Zweckmäßigkeit bestimmt ist",[6] eine Einsicht, die keineswegs ausschließlich die Auffassung von Radikalen und Revolutionären wiedergibt. So kam auch Vico zu dem Schluß, daß es keine Freiheit gibt, wenn die Menschen „in einem Meer des Wuchers ertrinken" und „ihre Schulden durch Arbeit und Schinderei abbezahlen" müssen.[7] David Ellerman formuliert die zugrundeliegende Frage in einem wichtigen Essay sehr gut:

In einer der wichtigsten Grundannahmen des kapitalistischen Denkens (und erst recht des sogenannten „rechtslibertären Denkens") wird behauptet, die moralischen Mängel der Leibeigenschaft seien im Kapitalismus beseitigt, weil die Arbeiter im Unterschied zu Sklaven und Knechten freie Menschen seien, die freiwillige Verträge über ihren Lohn abschließen. In Wirklichkeit verhält es sich jedoch lediglich so, daß im Fall des Kapitalismus die Negation der natürlichen Rechte weniger vollständig ist, so daß der Arbeiter als „freier Warenbesitzer" ein Stück weit eine rechtlich anerkannte Person bleibt. Ihm ist daher gestattet, sein Arbeitsleben freiwillig auf dem Markt anzubieten. Wenn ein Räuber einer anderen Person das Recht auf unendlich viele Entscheidungsmöglichkeiten nimmt, außer der einen, entweder sein Geld oder sein Leben zu verlieren, und wenn diese Negation durch einen Revolver unter-

---

[6] Karl Marx, *Das Kapital*, Band 3, (Berlin: Ullstein, 1971), S. 765.
[7] Giambattista Vico, *The New Science*, übersetzt von T.G. Bergin und M.H. Fisch (Garden City, N.Y.: Anchor Books, 1961).

stützt wird, dann handelt es sich hier ganz klar um Raub, selbst wenn man sagen könnte, daß das Opfer eine „freiwillige Wahl" zwischen den ihm verbleibenden Optionen trifft. Wenn es dagegen das Rechtssystem selbst ist, das im Namen der Vorrechte des Kapitals die natürlichen Rechte arbeitender Menschen verneint, und wenn die Verneinung dieses Rechts durch die legale Gewalt des Staates sanktioniert wird, dann sprechen die Theoretiker des „libertären" Kapitalismus nicht von institutionellem Raub, sondern feiern statt dessen die „natürliche Freiheit" der auf Arbeit angewiesenen Menschen, zwischen den verbleibenden Optionen, nämlich dem Verkauf ihrer Arbeit als Ware und dem Zustand der Arbeitslosigkeit zu wählen.[8]

Wenn wir uns mit Fragen wie diesen beschäftigen, können wir uns nicht einfach mit der Annahme zufriedengeben, daß die Freiheit abnimmt, sobald die Gleichheit - zum Beispiel in Bezug auf die Kontrolle über Ressourcen und Produktionsmittel - zunimmt. Unter den im Kapitalismus herrschenden gesellschaftlichen Bedingungen mag es durchaus zutreffen, daß Gleichheit in umgekehrter Beziehung zu der Freiheit steht, Eigentum zu besitzen und zu gebrauchen, aber diese gesellschaftlichen Bedingungen dürfen nicht einfach mit „Freiheit" schlechthin in eins gesetzt werden.

Dabei spreche ich noch nicht einmal von dem unermeßlichen Verlust, der in Kauf genommen wird, wenn ein Mensch in ein Werkzeug der Produktion verwandelt wird, so daß er, in den Worten von Adam Smith, „keine Gelegenheit hat, sein Verständnis zu Geltung zu bringen oder seinen Erfindergeist zu betätigen" und „daher natürlich die Gewohnheit verliert, diese ins Werk zu setzen und überhaupt so dumm und unwissend wird, wie ein menschliches Wesen es nur werden kann", da sein Geist „in jene stumpfe Dummheit" verfällt, „die in den zivilisierten Gesellschaften das Verständnis praktisch des gesamten niederen Volkes zu betäuben scheint".[9] Wie soll man den Verlust an „Effizienz" und an „Sozialprodukt" bezeichnen, der sich aus dieser erzwungenen Dummheit ergibt? Was bedeutet es zu sagen, daß ein

---

[8] David Ellerman, „Capitalism and Workers' Self-Management", in G. Hunnius, G. D. Garson und J. Case, eds., *Workers' Control* (New York: Random House, 1973), S. 10-11.
[9] Adam Smith, *Wealth of Nations*, zitiert von Marglin, „What Do Bosses Do?"

Mensch, der von seinen Arbeitsbedingungen in eine derartig „stumpfe Dummheit" getrieben wird, trotz alledem „frei" bleibt?

Wenn wir uns fragen, wie eine gerechte und menschenwürdige Gesellschaft aussehen würde, sehen wir uns widersprüchlichen Intuitionen, ungenauen und schlecht formulierten Normen und wichtigen Tatsachenfragen gegenüber. Wenn wir uns dabei darauf beschränken, nur einigen dieser Intuitionen nachzugehen und andere beiseitelassen, mögen wir dem Anschein nach den komplexeren Fragen und Konflikten entkommen, riskieren aber dabei, lediglich eine Übung in Logik vorzunehmen, die noch dazu nicht sehr interessant ist. Einige Aspekte der gegenwärtigen Diskussion machen dieses Risiko sehr deutlich. Nehmen wir etwa die zur Zeit in Umlauf befindliche „Anspruchstheorie der Gerechtigkeit". Nach dieser Theorie hat eine Person auf alles ein Anrecht, was sie durch gerechtfertigte Mittel erworben hat. Wenn eine Person durch Glück oder Arbeit oder Erfindungsgeist dies oder jenes erwirbt, hat sie einen Anspruch darauf, es zu behalten und damit nach eigenem Gutdünken zu verfahren, und eine gerechte Gesellschaft wird dieses Recht nicht beschneiden.

Es ist leicht zu sehen, wohin ein solches Prinzip führen könnte. Es ist sehr leicht möglich, daß jemand durch legitime Mittel - zum Beispiel Glück in Verbindung mit Vertragsbeziehungen, die unter dem Druck von Not „frei eingegangen" werden - die Kontrolle über alle lebensnotwendigen Ressourcen gewinnen könnte. Die anderen sind dann frei, sich an jenen Menschen als Sklaven zu verkaufen, falls er sie überhaupt haben will. Ansonsten haben sie die Freiheit, zu sterben. Solange wir keine weiteren, in diesem System aber nicht vorgesehenen Bedingungen einführen, wäre eine solche Gesellschaft gerecht.

Das Argument hat alle Kennzeichen eines Beweises, daß zwei plus zwei fünf ergibt. Wenn jemand uns einen derartigen Beweis präsentierte, würde uns das vielleicht neugierig genug machen, um zu versuchen, die gedanklichen Fehler und verkehrten Annahmen aufzuspüren, die zu diesem Irrtum geführt haben könnten, oder wir würden das Argument ignorieren und uns Wichtigerem zuwenden. Auf einem Gebiet von wirklicher intellektueller Substanz wie der Mathematik mag es interessant sein, solchen Fragen nachzugehen, und tatsächlich hat sich das dort schon des öfteren als fruchtbar erwiesen. Wenn wir uns dagegen mit Problemen der Gesellschaft und des menschlichen Lebens beschäftigen, ist dieses Unternehmen von zweifelhaftem Wert. Wenn nun ein Konzept einer „gerechten Gesellschaft" vorgeschlagen wird, das die soeben beschriebene Situation nicht ohne Rücksicht auf die Frage, wie sie zustandekam, als äußerst ungerecht beschreibt, bleiben uns nur zwei Schlußfolgerungen. Wir können den Schluß ziehen, daß das vorgebrachte Konzept einfach unwichtig und für die Orientierung unseres Denkens und Handelns uninteressant ist, da es nicht einmal für elementare Fälle wie diesen taugt. Oder wir kommen zu dem Ergebnis, daß das vorgebrachte Konzept falsch sein muß, da es ihm nicht gelingt, den prätheoretischen Begriff von Gerechtigkeit, den es doch zumindest für klare Fälle umreißen will, zum Ausdruck zu bringen. Wenn unser intuitives Konzept der Gerechtigkeit klar genug ist, soziale Verhältnisse der beschriebenen Art als krasse Ungerechtigkeit zurückzuweisen, dann liegt das einzige Interesse eines Nachweises, daß eine bestimmte „Theorie der Gerechtigkeit" solche Verhältnisse als gerecht bezeichnen würde, in dem durch *reductio ad absurdum* gezogenen Schluß, daß die Theorie offenbar hoffnungslos unangemessen ist. Die Theorie mag dann zwar gewisse Teilaspekte unserer Intuitionen in Bezug auf die Gerechtigkeit erfassen, aber sie tut dies offensichtlich nur, indem sie andere Aspekte vernachlässigt.

Angesichts der Popularität von Theorien, die auf so offensichtliche Weise ungeeignet sind, das Konzept der Gerechtigkeit in einem bedeutsamen und intuitiven Sinn zu erfassen, sollte man besser fragen, weshalb sie auf solches Interesse stoßen. Weshalb beschäftigt man sich überhaupt mit ihnen, wo sie doch schon in so klaren Fällen so eklatant versagen? Vielleicht ist die Antwort darauf teilweise die, die Edward Greenberg in seiner Diskussion einiger jüngerer Arbeiten zur Anspruchstheorie der Gerechtigkeit gegeben hat. Nach einem Überblick über deren empirische und begriffliche Mängel bemerkt er, derartige Theorien spielten „eine wichtige Rolle dabei..., 'dem Opfer die Schuld zu geben' und das Eigentum gegen egalitäre Angriffe durch diverse besitzlose Gruppen zu beschützen".[10] Eine ideologische Verteidigung von Privilegien, Ausbeutung und privater Macht ist immer willkommen, ganz gleich, was für Gründe sie vorweisen kann.

---

[10] Edward S. Greenberg, „In Defence of Avarice", *Social Policy*, Januar-Februar 1976, S. 63.

Diese Fragen sind für die Armen und Unterdrückten in unserem Land und anderswo von nicht geringer Bedeutung. Formen der sozialen Kontrolle, die zur Zeit einer expandierenden Wirtschaft ausreichten, den Gehorsam zu sichern, haben während der jetzigen Stagnation ihre Wirkungskraft verloren. Ideen, die in den Fakultätsklubs der Universitäten und den Chefetagen der Manager gängige Münze sind, können in ideologische Instrumente der Verwirrung und Demoralisierung verwandelt werden. Ferner können wir im Jahr 1976 kaum die Tatsache ignorieren, daß die Macht des amerikanischen Staates seit vielen Jahren dazu eingesetzt worden ist, unwilligen und widerspenstigen Opfern auf der ganzen Welt die sozialen Formen und ideologischen Prinzipien des Kapitalismus aufzunötigen. Die akademischen Ideologen und die politischen Kommentatoren in den Medien mögen die Geschichte auf andere Art interpretieren. Die Wirtschaftspresse beschreibt die Realität jedoch viel genauer, wenn sie feststellt, daß die „unseren Geschäftsoperationen förderliche stabile Weltordnung" und „die internationale Wirtschaftsstruktur, innerhalb derer die US-Unternehmen seit dem Ende des Zweiten Weltkrieges floriert haben", auf der organisierten Gewalttätigkeit des Staates basierten: „Ganz gleich, wie negativ eine Entwicklung auch sein mochte, es gab immer den Schutzschirm der amerikanischen Macht, um sie einzudämmen", obwohl man in diesen Kreisen jetzt befürchtet, daß es damit in der Welt nach Vietnam vielleicht vorbei sein könnte.[11]

Ich besuchte einmal ein Dorf in Laos, in dessen Mitte sich ein hübscher See befand, der den Dorfbewohnern früher als Wasserquelle und als Möglichkeit, ihre Freizeit zu verbringen, gedient hatte. In der Zwischenzeit war es einer mächtigen Einzelperson gelungen, alle anderen von der Nutzung des Sees auszuschließen, der nunmehr eingezäunt war. Um an Wasser zu kommen, mußten die Dorfbewohner jetzt mehrere Meilen laufen. Die Dorfbewohner konnten den See jenseits des Zaunes sehen, aber sie konnten ihn nicht mehr für sich nutzen. Nehmen wir nun an, der Besitz an diesem See sei durch „gerechte" Mittel erlangt worden, was im Prinzip sicherlich der Fall gewesen sein könnte.[12] Würden wir dann schließen, das Dorf sei in dieser Hinsicht eine „gerechte Gesellschaft"? Würden wir ernsthaft von den Dorfbewoh-

---

[11] „The Fearful Drift of Foreign Policy", Kommentar, *Business Week*, 7. April 1975.
[12] In Wirklichkeit ist in diesem Fall simpler, staatlich unterstützter Raub die wahrscheinlichere Erklärung.

nern verlangen, dieses Ergebnis als richtig und gerecht zu akzeptieren? Die von den USA unterstützte - richtiger wäre es zu sagen: eingesetzte - laotische Regierung nahm genau diese Position ein, indem sie nichts gegen solche Entwicklungen unternahm, während ihre Widersacher, die Pathet Lao, die laotischen Bauern organisierten, um solche Formen der „Gerechtigkeit" zu überwinden. Ihr Erfolg dabei war so groß, daß die US-Regierung sich daran machte, einen Großteil des bäuerlichen Laos zu zerstören. Das war der sogenannte „Geheimkrieg" der US-Regierung in Laos, der indes nur insofern „geheim" war, als die freie Presse in unserer freien Gesellschaft sich frei dafür entschied, die Berichterstattung über ihn lange Zeit zu unterdrücken, während Tausende von Bauern getötet und um ihr Eigentum gebracht wurden. Und heute entscheiden wir uns frei dafür, zu vergessen, was damals geschah und die Geschehnisse aus der Geschichte zu tilgen, oder sie als einen zwar unglücklichen, aber minder wichtigen Zwischenfall abzutun, als ein weiteres Beispiel für unsere „stümperischen Bemühungen, Gutes zu tun", unsere „guten Absichten", die sich durch unsere Unwissenheit, unsere Irrtümer und unsere Naivität mysteriöserweise in „schlechte Politik" verwandeln.[13] In entscheidend wichtigen Fällen wie diesem ist das Konzept der „Gerechtigkeit", das man sich zu eigen macht, eben keineswegs eine abstrakte und ungreifbare Sache, und wir täten gut daran, ernsthaft darüber nachzudenken.

Ähnliche Fragen stellen sich sehr deutlich auch in unserer eigenen Gesellschaft, in der gemessen am Rest der Welt ein beträchtlicher Grad an Freiheit herrscht. In unserer Gesellschaft haben wir freien Zugang zu Informationen, jedenfalls im Prinzip. Im Fall des Geheimkrieges in Laos war es möglich, sich - wenn auch viel zu spät - über die Tatsachen zu informieren, indem man das Land besuchte, mit Flüchtlingen sprach und Berichte in der ausländischen und schließlich sogar auch in Teilen unserer eigenen Presse las. Aber diese Sorte von Freiheit ist gesellschaftlich gesehen recht bedeutungslos, auch wenn es wichtig ist, daß wenigstens die Privilegierten sie genießen. Für die Masse der Bevölkerung der Vereinigten Staaten gab es in der Praxis keine

---

[13] Über die von akademischen Wissenschaftlern und liberalen Kommentatoren am Ende des Kriegs und danach gezogenen „Lehren aus Vietnam", siehe meine Artikel „Remaking History", Ramparts, September 1975 (abgedruckt in *Towards a New Cold War* [New York: Pantheon Books, 1982]) und „The United States in Vietnam", *Vietnam Quarterly*, Nr. 1 (Winter 1976).

Möglichkeit, Zugang zu diesen Informationen zu erhalten und schon gar nicht, ihre Bedeutung zu verstehen. Die Verteilung von Macht und Privileg begrenzt auf wirkungsvolle Weise den Zugang zu Informationen und die Möglichkeiten, die jemand hat, über den Rahmen der von den ideologischen Institutionen, den Massenmedien, den meinungsbildenden Zeitschriften, der Schule und den Universitäten verbreiteten Doktrin hinauszublicken. Und für die anderen gesellschaftlichen Bereiche gilt dasselbe. Im Prinzip haben wir eine Reihe wichtiger gesetzlich verbriefter Rechte. Aber wir wissen auch, wieviel diese in der Praxis für Menschen bedeuten, die nicht in der Lage sind, den geforderten Preis dafür zu entrichten. Wir haben das Recht auf freie Meinungsäußerung, obwohl einige aufgrund ihrer Macht, ihres Reichtums und ihrer Privilegien eine lautere Stimme haben als andere. Wir können unsere gesetzlichen Rechte vor Gericht verteidigen - aber nur, wenn wir sie kennen und die Kosten dafür aufbringen können. All das ist offensichtlich und verdient kaum einen Kommentar. In einer perfekt funktionierenden kapitalistischen Demokratie ohne irgendwelchen illegitimen Machtmißbrauch wird die Freiheit im Endeffekt eine Art Ware sein; eine Person wird demnach letztlich so viel davon haben, wie sie sich kaufen kann. Es ist daher nicht schwer zu verstehen, weshalb die Mächtigen und Privilegierten sich oft für die Verteidigung der persönlichen Freiheit stark machen, da sie doch in der Praxis selbst deren hauptsächliche Nutznießer sind, während es ihnen zugleich überhaupt nichts ausmacht, die Augen zu verschließen, wenn die nationale Polizei sich an politischen Morden und der Zerstörung politischer Gruppen beteiligt, die versuchen, die Armen zu organisieren, wie es vor nicht allzu langer Zeit - 1969 - begleitet vom dröhnenden Schweigen der nationalen Presse und der meinungsbildenden Zeitschriften in Chicago geschah.[14]

Ich habe bisher lediglich einige der Fragen grob skizziert, die sich stellen, wenn wir uns mit den Problemen von Freiheit und Gleichheit befassen. Nichts gesagt habe ich bis jetzt über den dritten Begriff der Gleichheit, nämlich die „Gleichheit der Begabung". Auch hier gibt es eine weitverbreitete Doktrin, die eine genauere Untersuchung verdient. Dazu können wir ein weiteres Mal auf die klaren Formulierungen von John Cobbs in der er-

---

[14] Für eine Diskussion dieses Themas, siehe meine Einführung zu dem Buch Nelson Blackstock, ed., *Cointelpro* (New York: Vintage Books, 1976).

wähnten Artikelserie zurückgreifen. Er bringt ein Thema ins Spiel, das er zum „großen intellektuellen Dilemma unserer Zeit" deklariert, nämlich die Tatsache, daß „ein Blick auf die Welt, wie sie nun einmal ist, demonstriert, daß einige Menschen klüger sind als andere". Ist es fair, so fragt er, darauf zu bestehen, daß „die Schnellen und die Langsamen ... allesamt und gleichzeitig dieselben Bedingungen erreichen sollten?" Ist es fair, eine Gleichheit der Bedingungen herstellen zu wollen, wenn doch die natürlichen Begabungen und Anlagen so offenkundig unterschiedlich sind?

Es ist aller Wahrscheinlichkeit nach richtig, daß in unserer „Welt, wie sie nun einmal ist", eine gewisse Kombination menschlicher Eigenschaften zum Erfolg führt, da sie „den Anforderungen des ökonomischen Systems" entspricht. Gehen wir einfach einmal davon aus, daß diese Kombination von Eigenschaften zum Teil auf angeborenen Anlagen beruht. Warum stellt diese (behauptete) Tatsache für Vertreter einer egalitären Position ein „intellektuelles Dilemma" dar? Halten wir fest, daß wir uns kaum größerer Erkenntnisse darüber rühmen können, wie die entsprechende Kombination solcher Eigenschaften wohl aussehen könnte. Ich wüßte keinen Grund für die Annahme, daß „Klugheit" viel damit zu tun hat, und ich persönlich glaube das auch nicht. Man könnte annehmen, daß eine Mischung aus Habgier, Selbstsucht, mangelnder Sorge um andere, Aggressivität und ähnlichen Charakterzügen für das Vorankommen und den „Erfolg" in einer auf kapitalistischen Prinzipien basierenden Konkurrenzgesellschaft eine Rolle spielen. Was immer die zutreffende Ansammlung notwendiger Charaktereigenschaften sein mag, können wir uns doch fragen, was aus der Tatsache (wenn es denn eine Tatsache ist) folgt, daß eine teilweise erbliche Ansammlung von Charaktereigenschaften tendenziell zu materiellem Erfolg führt? Soweit ich sehen kann, folgt daraus nicht mehr als ein Kommentar zu unseren spezifischen gesellschaftlichen und wirtschaftlichen Verhältnissen und Institutionen. Man kann sich leicht eine Gesellschaft vorstellen, in der körperliche Tüchtigkeit, die Bereitschaft, zu töten, die Fähigkeit zum Betrug und ähnliches den Erfolg befördern; was das betrifft, brauchen wir leider kaum unsere Phantasie zu bemühen. Ein Verfechter des Egalitarismus könnte bei allen derartigen Fällen antworten, daß die Gesellschaftsordnung so geändert werden sollte, daß die Ansammlung von Charakterzügen, die bis dahin zum Erfolg geführt hat, dies nicht mehr tun wird. Er könnte sogar argumentieren, daß man die Charakterzüge, die im Augenblick zum Erfolg führen, in einer menschenwürdigeren Gesellschaft als pathologisch betrachtet würde, und daß man den Menschen, die von dieser unglückseligen Krankheit befallen sind, auf dem Wege vorsichtiger Überzeugungstätigkeit dabei helfen sollte, sie zu überwinden. Auch hier sind wir wieder auf die Frage zurückverwiesen: Wie sähe eine gerechte und menschenwürdige Gesellschaft aus? Ein „Verfechter des Egalitarismus" steht keinerlei „intellektuellem Dilemma" gegenüber, das irgendwie andersgeartet wäre als die Fragen, mit denen Verfechter einer anderen Gesellschaftsordnung sich auseinanderzusetzen haben.

Eine Standardantwort lautet, daß es eben einfach in der „menschlichen Natur" liegt, mit allen Mitteln nach Macht und der Befriedigung materieller Interessen zu streben, solange man damit durchkommt. Nehmen wir an, die menschliche Natur ist tatsächlich so angelegt, daß unter bestimmten gesellschaftlichen Bedingungen diese bewundernswerten Charakterzüge zum Vorschein kommen, oder genauer gesagt, daß Menschen mit solchen Neigungen erfolgreich sein werden. Nehmen wir weiter an, daß Reichtum und Macht, sobald man sie einmal erworben hat, dazu verwendet werden können, um diese Privilegien zu erweitern und zu schützen, wie es unter dem industriellen Kapitalismus der Fall gewesen ist. Aber dann liegt doch die Frage auf der Hand, ob man nicht andere gesellschaftliche Bedingungen schaffen könnte, in denen diese Tendenzen nicht ermutigt würden und die statt dessen das Aufblühen anderer Charakterzüge fördern würden, die nicht weniger Teil unserer gemeinsamen Natur sind, zum Beispiel Solidarität, Sorge um andere, Mitgefühl und Freundlichkeit.

Die Diskussion über egalitäre Ansichten ist oft irreführend, insofern sich die Kritik an solchen Ansichten oft gegen ein selbst erdachtes Schreckgespenst richtet, und die Verfechter des Egalitarismus haben darauf auch sofort hingewiesen.[15] Tatsächlich ist die „Gleichheit der Bedingungen", vor der die Ideologen unserer Zeit so heftig warnen, nur äußerst selten das ausdrückliche Ziel linksgerichteter Reformer oder Revolutionäre gewesen. In der Marxschen Utopie wird „die Entwicklung der menschlichen

---

[15] Siehe zum Beispiel Herbert J. Gans, „About the Equalitarians", *Columbia Forum*, Frühling 1975.

Energien" als „ein Ziel an sich" genommen, das verwirklicht werden kann, sobald die Menschen dem „Reich der Notwendigkeit" entkommen, so daß Fragen der Freiheit ernsthaft gestellt werden können. Das oftmals wiederholte und fast schon zum Klischee gewordene Grundprinzip lautet: „Jeder nach seinen Fähigkeiten, jedem nach seinen Bedürfnissen", während das Prinzip der „Gleichheit der Bedingungen" nirgends bemüht wird. Wenn der eine medizinische Behandlung braucht und der andere diese glücklicherweise nicht benötigt, dann soll ihnen auch nicht das gleiche Maß an medizinischer Fürsorge zuteil werden, und genau dasselbe gilt auch für die anderen menschlichen Bedürfnisse.

Die libertären Sozialisten, die die Theorie der Diktatur des Proletariats ablehnten, sahen außerdem wenig Erstrebenswertes am „Egalitarismus" als solchem; statt dessen verurteilten sie den „autoritären Sozialismus" für sein Unverständnis der Tatsache, daß „der Sozialismus entweder frei sein oder gar nicht sein wird":

> Im Gefängnis, im Kloster oder in den Baracken findet man ein ziemlich hohes Maß an ökonomischer Gleichheit, da alle Insassen dieselbe Unterbringung, dasselbe Essen, dieselbe Uniform und dieselben Aufgaben zugeteilt bekommen. Der alte Inkastaat und der Staat der Jesuiten in Paraguay hatten aus der gleichen wirtschaftlichen Versorgung für jeden ihrer Einwohner ein festes System gemacht, aber nichtsdestoweniger herrschte dort der niederträchtigste Despotismus, und der Mensch war dort lediglich der Automat eines höheren Willens, auf dessen Entscheidungen er nicht den geringsten Einfluß hatte. Es hatte durchaus seine Gründe, wenn Proudhon in einem „Sozialismus" ohne Freiheit die schlimmste Form der Sklaverei sah. Das Streben nach sozialer Gerechtigkeit kann sich nur dann richtig entwickeln und entfalten, wenn es aus dem Gefühl der Menschen für Freiheit und Verantwortung erwächst und auf ihm basiert.[16]

Für Rudolf Rocker war der Anarchismus „freiwilliger Sozialismus", denn „Freiheit ist kein abstraktes philosophisches Konzept, sondern die lebendige, konkrete Möglichkeit für jeden

---

[16] Rudolf Rocker, „Anarchism and Anarcho-Syndicalism", in P. Eltzbacher, ed., *Anarchism* (London: Freedom Press, 1960), S. 234-35.

Menschen, sämtliche Fähigkeiten und Talente, mit denen die Natur ihn ausgestattet hat, voll zu entfalten und in die Gesellschaft einzubringen". Dem hätte auch Marx nicht widersprochen, und die grundlegende Konzeption geht auf libertäre Gedanken noch weit vor Marx und Rocker zurück.[17] Diese Ideen verdienen, daß man sich intensiv mit ihnen auseinandersetzt. Ich zumindest halte sie für den ernsthaftesten Versuch, ein Konzept einer gerechten und menschenwürdigen Gesellschaft zu formulieren, das wesentliche, nicht zu ignorierende Prinzipien mit einbezieht und gleichzeitig wichtige soziale und geschichtliche Tatsachen berücksichtigt.

Für Sozialisten wie Marx, Bakunin, Rocker und andere Linke ergibt sich aus der Ungleichheit der natürlichen Anlagen keineswegs ein „intellektuelles Dilemma". Das gilt insbesondere für die libertären Sozialisten, die für eine „Föderation freier Gemeinschaften" kämpften, Gemeinschaften, „die durch ihre gemeinsamen wirtschaftlichen und sozialen Interessen miteinander verbunden sind und ihre Angelegenheiten durch gegenseitiges Einvernehmen und freie Verträge regeln". So entstünde „eine freie, auf kooperativer Arbeit beruhende Assoziation aller produktiven Kräfte, deren einziger Zweck die Erfüllung der unabdingbaren Bedürfnisse jedes einzelnen Mitglieds der Gesellschaft sein würde".[18] In einer solchen Gesellschaft gäbe es keinen Grund, weshalb Belohnungen von einer spezifischen Kombination persönlicher Charakterzüge abhängig sein sollte, ganz gleich, wie eine solche Kombination aussehen könnte. Die Ungleichheit der Anlagen und Begabungen gehört einfach zum Wesen des Menschen - eine Tatsache, für die wir dankbar sein sollten, denn eine Gesellschaft, die aus untereinander austauschbaren Teilen besteht, käme einer Vision der Hölle sehr nahe. Aus dieser Ungleichheit

---

[17] Ich habe einige der Wurzeln dieser Doktrinen an anderer Stelle diskutiert, z. B. in *For Reasons of State* (New York: Pantheon Books, 1973).

[18] Rocker, *op. cit.*, S. 228. Rocker charakterisiert hier die „Ideologie des Anarchismus". Darüber, ob Marx eine solche Konzeption gutgeheißen hätte, kann man nur mutmaßen. Da er in erster Linie ein Theoretiker des Kapitalismus war, hatte er über das Wesen einer sozialistischen Gesellschaft nicht sehr viel zu sagen. Dementsprechend arbeiteten die Anarchisten, die zumeist die Ansicht vertraten, die Organisationen der Arbeiter müsse schon innerhalb der kapitalistischen Gesellschaft „nicht nur die Ideen, sondern auch die Tatsachen der Zukunft selbst" schaffen (Bakunin), eine viel umfassendere Theorie der nachrevolutionären Gesellschaft aus. Für eine Diskussion dieser Fragen aus linksmarxistischer Sicht, siehe Karl Korsch, „On Socialization", in Horvat *et al.*, *op. cit.*, vol. I.

läßt sich keineswegs ableiten, nach welchen Kriterien eine Gesellschaft ihr System von Anreiz und Belohnung gestaltet.

In einer sozialistischen Gesellschaft, wie sie von der authentischen Linken ins Auge gefaßt wird,[19] wird die Befriedigung der unverzichtbaren Bedürfnisse jedes Mitglieds der Gesellschaft eines der zentralen Ziele sein. Wir können davon ausgehen, daß diese „notwendigen Bedürfnisse" zum Teil historisch bedingt sind und sich zusammen mit der Erweiterung und Bereicherung der materiellen Kultur entwickeln werden. Wenn wir versuchen, uns dem Marxschen „Reich der Freiheit" anzunähern, geht es dabei gewiß nicht um die „Gleichheit der Bedingungen". Die Bestrebungen, Fähigkeiten und persönlichen Ziele der einzelnen Menschen werden immer unterschiedlich sein. Für den einen mag es ein überwältigendes Bedürfnis sein, zehn Stunden am Tag Klavier spielen zu können, für den anderen dagegen nicht. Diese unterschiedlichen Bedürfnisse sollten in einer menschenwürdigen Gesellschaft, soweit die materiellen Umstände es erlauben, befriedigt werden, genau wie es ja in gesunden Familien schon heute der Fall ist. Die Frage, wie dies konkret geschehen kann, stellt sich in funktionierenden sozialistischen Gemeinschaften wie den israelischen Kibbuzim ununterbrochen. Dabei glaube ich kaum, daß es möglich ist, weitreichende allgemeine Prinzipien für die Lösung von Konflikten und die Abwägung zwischen den Möglichkeiten des Einzelnen und den Ansprüchen der Gesellschaft aufzustellen. Unterschiedliche Menschen werden über diese Dinge auch unterschiedliche Ansichten haben; sie müssen dann versuchen, durch Diskussion und solidarische Einbeziehung der Bedürfnisse der jeweils anderen eine Einigung zu erzielen. Die Probleme, die hier entstehen, sind in keiner Weise exotisch; sie entstehen in allen funktionierenden Gemeinschaften, wie zum Beispiel der Familie, ununterbrochen. Aufgrund der inhumanen und pathologischen Voraussetzungen des Konkurrenzkapitalismus und seiner perversen Ideologie sind wir es einfach nicht gewohnt, über den Rahmen solch kleiner Gruppen hinauszudenken. Es ist kein Zufall, daß neben den Worten „Freiheit" und „Gleichheit" immer auch das Wort „Brüderlichkeit" auf dem Banner revolutionärer Bewegungen stand. Ohne Bande der Solidarität, des Mitgefühls und der Sorge um andere ist eine

---

[19] Indem ich von „*authentischer* Linker" spreche, treffe ich natürlich ein Werturteil, für das ich mich nicht entschuldige.

sozialistische Gesellschaft undenkbar. Wir können nur hoffen, daß die menschliche Natur tatsächlich so ist, daß diese Elemente unseres menschlichen Wesens sich entfalten und unser Leben bereichern können, sobald die sozialen Bedingungen, durch die sie unterdrückt werden, einmal überwunden sind. Sozialisten setzen auf die Überzeugung, daß wir nicht dazu verdammt sind, in einer Gesellschaft zu leben, die auf Gier, Neid und Haß beruht. Ich wüßte nicht, wie man beweisen könnte, daß sie recht haben, aber es gibt auch keinerlei Grund für den gängigen Glauben, daß sie zwangsläufig unrecht haben.

Bei näherem Hinsehen verliert die Unterscheidung zwischen der Gleichheit der Bedingungen und der Gleichheit der Rechte ihre scheinbare Schärfe. Nehmen wir an, wir legen fest, daß jedem Einzelnen in jedem Stadium seines persönlichen Lebens seine unveräußerlichen Menschenrechte zugestanden werden; in dieser Hinsicht muß die „Gleichheit der Rechte" aufrechterhalten werden. Dann müssen aber auch die Bedingungen derart sein, daß die Menschen diese Rechte auch genießen können. Soweit die Ungleichheit der Bedingungen die Ausübung dieser Rechte verletzt, ist sie illegitim und sollte in einer menschenwürdigen Gesellschaft beseitigt werden. Worin bestehen diese Rechte? Wenn sie das Recht jedes Menschen einschließen, seine Fähigkeiten so weit wie möglich entwickeln und das entfalten zu können, was Marx das „Speziesmerkmal" der „freien, bewußten Aktivität" und des „produktiven Lebens" in freien, auf konstruktiver, kreativer Arbeit basierenden Gemeinschaften nennt, dann müssen die Bedingungen in beträchtlichem Maß, zumindest aber so stark aneinander angeglichen werden, daß dieses Recht garantiert ist, denn andernfalls kann von einer Gleichheit der Rechte keine Rede sein. Insgesamt besagt also die Sicht der Linken, daß eine scharfe Unterscheidung zwischen der Gleichheit der Rechte und der Gleichheit der Bedingungen nicht möglich ist, daß die Ungleichheit der Begabungen keine entsprechende Ungleichheit der Belohnung erfordert oder rechtfertigt, daß die Gleichheit der Bedingungen kein eigenständiges Prinzip sein kann und daß der Konflikt zwischen richtig verstandenen egalitären Prinzipien und der Unterschiedlichkeit der menschlichen Anlagen und Begabungen kein unlösbares Dilemma darstellt. Statt an dieser Stelle ausweglose Probleme zu postulieren, sollten wir uns den Problemen einer repressiven und ungerechten Gesellschaft stellen, die klarer und klarer zu Tage treten, je mehr wir uns über das Reich der Notwendigkeit hinausbewegen.

Die Kritik am Egalitarismus geht also, zumindest was den libertären Teil der Linken betrifft, in die Irre. Es lassen sich jedoch durchaus andere legitime Fragen aufwerfen. So könnte man zum Beispiel argumentieren, daß die Intuitionen, von denen sich diese Vision einer menschenwürdigen und gerechten Gesellschaft leiten läßt, mit anderen Intuitionen in Konflikt stehen, so zum Beispiel der Überzeugung, daß man für seine Sünden und Irrtümer bezahlen muß. Oder es könnte jemand behaupten, daß all das utopischer Unsinn ist, und daß Lohnsklaverei und autoritäre Strukturen in einer komplexen Gesellschaft unentrinnbare Notwendigkeiten sind. Oder man könnte eine begrenztere Zeitspanne ins Auge fassen und sich für „mehr Gleichheit" und „mehr Gerechtigkeit" einsetzen und die Frage weitergehender Ziele und der Prinzipien, die solche Ziele inspirieren, beiseite lassen. Hier betreten wir den Boden legitimer und produktiver Auseinandersetzung. Wenn zum Beispiel tatsächlich jemand ein Argument dafür vorlegen kann, daß fortgeschrittene Gesellschaften nur dann überleben können, wenn ein Teil der Menschen sich an andere vermietet und wenn nur einige wenige die Befehle geben, während der Rest im Gleichschritt hinterhermarschiert, sollte dieses Argument ernst genommen werden. Wenn dieses Argument zutreffend ist, stellt es die sozialistische Vision in Frage. Aber den Beweis dafür müssen dann schon jene antreten, die auf der unverzichtbaren Notwendigkeit einiger der grundlegenden Voraussetzungen für Unterdrückung, Ausbeutung und Ungleichheit bestehen. Dazu lediglich zu sagen, es sei schließlich noch nie anders gewesen, ist nicht sonderlich überzeugend. Mit derselben Begründung hätte man im achtzehnten Jahrhundert „demonstrieren" können, daß die kapitalistische Demokratie ein unmöglicher Traum ist.

Was wissen wir Ernsthaftes zu der Frage: „Was ist die menschliche Natur?" zu sagen? Besteht die Möglichkeit, daß wir wenigstens hier und da Fortschritte im Verständnis der menschlichen Natur machen können? Können wir eine Theorie der tiefsten menschlichen Bedürfnisse, der Natur der menschlichen Fähigkeiten und ihrer Variation innerhalb der Spezies und der Form, die diese Bedürfnisse unter unterschiedlichen sozialen Bedingungen annehmen, entwickeln, eine Theorie, die gewisse Folgen im Hinblick auf Fragen von menschlicher und gesellschaftlicher Bedeutung hat oder zumindest bestimmte Schlußfolgerungen nahelegt? Im Prinzip begeben wir uns hier in den Bereich der wissenschaftlichen Forschung, obwohl dies bisher eher eine potentielle als eine wirkliche Wissenschaft ist.

Die Feststellung, daß sich die Menschen grundlegend von anderen Organismen der natürlichen Welt unterscheiden, kann kaum ernstlich bestritten werden. Wenn ein Wissenschaftler vom Mars das Leben auf der Erde studieren würde, käme er mit hoher Wahrscheinlichkeit zum selben Schluß, besonders dann, wenn er die Veränderungen im Leben der betreffenden Organismen über eine längere Periode hinweg beobachten würde. Die genetische Konstitution heutiger Menschen unterscheidet sich nur sehr geringfügig von der ihrer Vorfahren vor vielen tausend Jahren, aber die menschliche Lebensweise hat sich, besonders in den letzten Jahrhunderten, sehr beträchtlich verändert. Das ist bei keinem der anderen Organismen der Fall - es sei denn als Resultat menschlichen Eingreifens. Ein Beobachter vom Mars käme ferner gar nicht an der Tatsache vorbei, daß es in jedem einzelnen geschichtlichen Augenblick Überreste früherer, selbst steinzeitlicher Lebensweisen gibt, obwohl sich die Menschen, die ein solches Leben führen, genetisch praktisch nicht von denen unterscheiden, deren Leben sich höchst radikal verändert hat. Kurz, er würde feststellen, daß Menschen insofern einzigartig sind, als sie eine Geschichte haben, in der es kulturelle Varianz und kulturelle Entwicklung gibt. Angesichts dessen würde sich unser hypothetischer Marsbewohner wohl die Frage stellen: „Warum ist das so?"

Eben diese Frage haben sich die Menschen natürlich seit Anbeginn der geschichtlichen Zeit in der ein oder anderen Form immer wieder gestellt. Und das ist ja auch nicht verwunderlich. Es ist ein spontanes Bedürfnis der Menschen, ihren Platz in der natürlichen Welt zu definieren. Die Frage „Worin besteht die Natur des Menschen?", das heißt, die Frage nach der Kombination von Merkmalen, die die menschliche Spezies so radikal vom Rest der organischen Welt unterscheiden, ist eine tiefe und im wesentlichen bis heute unbeantwortete wissenschaftliche Frage. Es ist verschiedentlich behauptet worden, sie entziehe sich dem Bereich möglicher wissenschaftlicher Forschung, da das spezifische Merkmal, das Menschen vor anderen Organismen auszeichnet, der Besitz einer unsterblichen Seele sei, die sich durch die Methoden der Wissenschaft nicht genauer erforschen lasse.

Dabei sollten wir aber festhalten, daß aus der dualistischen Theorie von Körper und Geist durchaus nicht unabdingbar folgt, daß die Seele für die wissenschaftliche Forschung unzugänglich ist. Man könnte sich den von den Cartesianern angeführten Gründen anschließen und wie sie behaupten, der Mensch und nur der Mensch allein sei im Besitz der nichtmateriellen Qualität des cartesianischen Geistes, und dennoch, wie es angesichts späterer Entwicklungen wohl auch die Cartesianer getan hätten, darauf bestehen, daß es eine Wissenschaft des Geistes geben kann. Aber wenn wir von der Frage der wissenschaftlichen Erforschbarkeit einmal absehen, so steht doch fest, daß die menschliche Intelligenz höchst einzigartige Merkmale aufweist, die Elemente einer speziestypischen menschlichen Natur bilden. Wenn wir den Bereich der Untersuchung nicht von vornherein dogmatisch beschränken wollen, ist es eine empirische Frage, eine Frage der Wissenschaft, herauszufinden, worin die menschliche Natur wohl bestehen mag.

Das Staunen unseres hypothetischen Marsbewohners über die Einzigartigkeit der menschlichen Spezies würde vielleicht noch größer, wenn er ein wenig von moderner Biologie verstünde. So scheinen sich zum Beispiel die Mengen der DNA im befruchteten Ei einer Maus, eines Rinds, eines Schimpansen oder eines Menschen kaum voneinander zu unterscheiden. Statt dessen sind es offenbar nur durch eine komplizierte Analyse aufzudeckende strukturelle Unterschiede, die für den jeweiligen genauen Verlauf und Charakter der embryonalen Entwicklung verantwortlich sind. In einem komplexen und verwickelten System können kleine Unterschiede in den Ausgangsbedingungen bedeutende Unterschiede hinsichtlich Form, Größe, Struktur und Funktion des resultierenden Organismus und seiner einzelnen Komponenten zur Folge haben. Auf dieses Phänomen stößt man in den Naturwissenschaften sehr häufig. Es läßt sich zum Beispiel anhand der Untersuchung des komplizierten Systems der menschlichen Sprache leicht demonstrieren. Wenn wir erst einmal eine linguistische Theorie haben, die aussagekräftig und komplex genug ist, ist es leicht, zu zeigen, daß schon geringfügige Modifikationen der allgemeinen Bedingungen, denen sprachliche Regeln gehorchen müssen, zu mannigfaltigen und merkwürdigen Veränderungen im Bereich der von der Theorie vorausgesagten Tatsachen führen. Dieses Ergebnis basiert auf den komplexen Interaktionen, die notwendig sind, um mittels eines solchen allgemeinen

Bedingungen unterliegenden Regelsystems Sätze zu erzeugen. Falls sich die moderne Biologie im wesentlichen auf der richtigen Spur befindet, muß die natürliche Selektion irgendwie eine besondere, genetisch höchst komplexe Eigenschaft hervorgebracht haben, die „eine neue Kraft" erzeugte: „den menschlichen Geist", ein „einzigartiges Werkzeug, [das] zum ersten Mal einer biologischen Spezies die Macht gab, durch bewußte Manipulation der äußeren Welt ... ihre Beziehung zur Umwelt zu verändern". Dieses neue Instrument bildete außerdem ein Mittel zum Ausdruck von Gedanken und Gefühlen, zur Schaffung von Kunst und Wissenschaft und für die Planung von Handlungen und die Einschätzung ihrer Konsequenzen, das alles im Tierreich Vorhandene weit in den Schatten stellt. Es wird oft die plausible Vermutung geäußert, daß „der entscheidende Schritt" in der Entwicklung dieses einzigartigen Instruments, des menschlichen Geistes, „die Erfindung der Sprache gewesen sein muß".[20] Auf eine bisher kaum verstandene Weise veränderte sich die genetische Ausstattung des Vormenschen, was schließlich zur Entstehung eines Lebewesens führte, in dem zusammen mit einem ganzen System „mentaler Organe" auch die menschliche Sprache wächst, und dieses Wesen konnte dann in einem, so weit wir wissen, in der natürlichen Welt nie dagewesenen Ausmaß dazu übergehen, selbst die Bedingungen zu schaffen, unter denen es lebt.

Die Bedeutung der Frage „Was ist die menschliche Natur?" geht über den Bereich der Wissenschaft hinaus. Wie wir bereits festgestellt haben, ist sie zugleich auch eine Kernfrage des sozialen Denkens. Was ist eine gute Gesellschaft? Vermutlich doch eine, die, soweit die materiellen Bedingungen es erlauben, zur Befriedigung der im Wesen des Menschen verankerten Bedürfnisse führt. Um Aufmerksamkeit und Respekt zu verdienen, sollte eine soziale Theorie in einem Konzept der menschlichen Bedürfnisse und der Menschenrechte wurzeln, aber dann ist sie zugleich eine Theorie über die menschliche Natur, da ansonsten der Ursprung und Charakter dieser Bedürfnisse und Rechte vollkommen im Dunkeln bliebe. Dementsprechend werden die sozialen Strukturen und Beziehungen, die ein Reformer oder Revolutionär zu erreichen versucht, auf einem Konzept der mensch-

---

[20] Zitate aus Salvador E. Luria, Life: *The Unfinished Experiment* (New York: Scribner's Sons, 1973).

lichen Natur basieren, selbst wenn dieses vielleicht vage und unpräzis ist.

Nehmen wir einmal mit Adam Smith an, die Neigung zu Schacher und Tauschhandel sei ein Kernelement der menschlichen Natur. Dann werden wir uns für die Schaffung einer frühkapitalistischen Gesellschaft von Kleinhändlern einsetzen, deren Wirken keiner Einschränkung durch Monopole, staatliche Intervention oder sozial kontrollierte Produktion unterliegt. Wir können aber auch die Konzepte eines anderen Denkers des klassischen Liberalismus, Wilhelm von Humboldts, übernehmen, der dem entgegenhält: „Forschen und Schaffen - darum drehen und darauf beziehen sich wenigstens, wenngleich mittelbarer oder unmittelbarer, alle Beschäftigungen des Menschen" und ferner darauf besteht, daß wahre Schöpfung nur unter der Voraussetzung freier Entscheidungen jenseits von „Einschränkung und Leitung" stattfinden kann, das heißt, in einer Gesellschaft, in der die sozialen Fesseln durch frei geschaffene soziale Bande ersetzt worden sind. Und wir könnten weiter mit Marx der Meinung sein, daß „jedes Individuum nur in einem Zustand der Gemeinschaft mit anderen die Mittel hat, seine Neigungen in alle Richtungen zu entwickeln, also nur in einem Zustand der Gemeinschaft persönliche Freiheit möglich werden wird" - wobei persönliche Freiheit die Beseitigung der Entfremdung der Arbeit voraussetzt, die schon Humboldt verurteilte, nämlich einer Arbeitssituation, die „einen Teil der Arbeiter zu einer barbarischen Arbeit zurückwirft und den anderen Teil zur Maschine macht".[21] Wenn wir von solchen Annahmen über die menschlichen Bedürfnisse ausgehen, erhalten wir ein ganz anderes Konzept der sozialen Ordnung, für deren Zustandekommen wir uns einsetzen sollten.

Einige Marxisten haben die Position vertreten, daß es „abgesehen von der historischen Existenz des Menschen keine Natur des Menschen gibt"[22] und daß „die menschliche Natur nichts *von der Natur Festgelegtes* ist, sondern im Gegenteil eine 'Natur', die *vom Menschen* in den Akten seiner 'Selbsttranszendierung' als Naturwesen *selbst geschaffen* wird".[23] Diese Interpretation

---

[21] Für Quellen und Diskussion, siehe Fußnote 17; ferner auch Frank E. Manuel, „In Memoriam: Critique of the Gotha Program, 1875-1975", *Daedalus*, Winter 1976.

[22] Fredy Perlman, *Essay on Commodity Fetishism*, 1968, abgedruckt aus *Telos*, Nr. 6 (Somerville, Mass.: New England Free Press, 1968).

[23] István Mészáros, *Marx's Theory of Alienation* (London: Merlin Press, 1970).

stützt sich auf die Marxsche Äußerung, daß „die Natur, die in der menschlichen Geschichte - der Genesis der menschlichen Gesellschaft - entsteht, die wirkliche Natur des Menschen ist",[24] sowie auf einige andere Bemerkungen, die in eine ähnliche Richtung gehen. Selbst wenn wir uns dieser Meinung anschließen sollten, bliebe es dennoch dabei, daß der nächste Schritt der sozialen Veränderung Bedingungen schaffen sollte, die der „wirklichen Natur" in einem gegebenen Stadium der historischen und kulturellen Entwicklung erlauben, sich maximal zu entfalten.

Stimmt es überhaupt, daß die Natur des Menschen in keiner Weise „von der Natur festgelegt" ist? Für die körperlichen Komponenten der menschlichen Natur gilt dies ja ganz offensichtlich nicht. Wenn etwa ein moderner marxistischer Denker wie Antonio Gramsci argumentiert, daß „die durch den Marxismus in die Politik und die Geschichtswissenschaften eingebrachte fundamentale Innovation in dem Beweis besteht, daß es keine abstrakte, festgelegte und unwandelbare 'menschliche Natur' gibt, ... sondern daß die menschliche Natur in der Totalität der geschichtlich determinierten gesellschaftlichen Beziehungen besteht",[25] spricht er natürlich nicht von den physischen Organen des Menschen überhaupt, sondern von einem spezifischen Organ, nämlich dem menschlichen Gehirn und dessen Schöpfungen. Der Inhalt dieser Doktrin läuft darauf hinaus, daß das menschliche Gehirn, zumindest soweit es die höheren geistigen Funktionen angeht, unter den uns bekannten organischen Systemen der natürlichen Welt insofern einzigartig ist, als es keine genetisch determinierte Struktur hat, sondern letztlich eine *tabula rasa* ist, in die die Totalität der historisch bedingten gesellschaftlichen Beziehungen eingeschrieben wird. Diese Doktrin hat auf einen Teil der Linken immer eine fast magische Anziehungskraft ausgeübt. In seinem Bericht über eine Diskussion, die kürzlich von der American Association for the Advancement of Science veranstaltet wurde, schreibt Walter Sullivan:

Der extremsten Auffassung zufolge, die hier von einigen Diskussionsteilnehmern vorgebracht wurde, sind menschliche Gehirne von jeglichen genetischen Einflüssen 'abgekoppelt' -

---

[24] István Mészáros, *Marx's Theory of Alienation.*
[25] Siehe mein Buch *Reflections on Language* (New York: Pantheon Books, 1975) für Quellen und Diskussion.

ihre jeweiligen Outputs sind wie bei Standardcomputern vollkommen durch die Programmierung bestimmt.[26]

Als wissenschaftliche Hypothesen scheinen mir diese bereits vom radikalen Behaviorismus bekannten Annahmen wenig für sich zu haben. Solche Annahmen machen es so gut wie unmöglich, den Reichtum und die Komplexität der kognitiven Systeme des Menschen, die Uniformität ihres Wachstums und die bemerkenswerten qualitativen Unterschiede, die zwischen dem Menschen und anderen Arten bestehen, zu erklären. Jedenfalls sind bisher weder Beweise noch Argumente zur Unterstützung des Glaubens vorgebracht worden, daß das menschliche Gehirn sich so sehr von jeder anderen uns bekannten Struktur der natürlichen Welt unterscheidet, und es liegt vielleicht eine gewisse Ironie darin, daß solche Ansichten - nicht nur von Seiten der Linken - vorgebracht werden, als seien sie das direkte Ergebnis irgend einer Form von wissenschaftlichem Naturalismus. Mir scheint genau das Gegenteil der Fall zu sein. Das menschliche Gehirn ist tatsächlich in vielerlei Hinsicht einzigartig, und die mentalen Strukturen, die sich unter den durch äußere Erfahrung gegebenen Grenzbedingungen heranbilden - die kognitiven Strukturen, die „gelernt" werden, um einen gebräuchlichen und, wie ich meine, recht irreführenden Terminus zu gebrauchen -, rüsten den Menschen tatsächlich mit einem „einzigartigen Werkzeug" aus. Aber es ist schwer vorstellbar, daß diese „Einzigartigkeit" auf dem völligen Fehlen von Struktur beruhen soll, auch wenn diese Überzeugung sehr alt ist und weiterhin eine bemerkenswerte Macht über die moderne Vorstellungskraft ausübt. Das wenige, was wir über das menschliche Gehirn und die kognitiven Strukturen des Menschen wissen, deutet auf etwas völlig anderes hin, nämlich darauf, daß ein hochgradig festgelegtes genetisches Programm die grundlegenden strukturellen Eigenschaften unserer „mentalen Organe" bestimmt und uns auf diese Weise ermöglicht, auf einheitliche Art und auf der Basis sehr begrenzter Erfahrung reiche und verwickelte Wissens- und Glaubenssysteme zu erwerben. Ich könnte hinzufügen, daß eine solche Sicht der Dinge, besonders in Bezug auf die menschliche Sprache, für Biologen keine Überraschung

---

[26] Walter Sullivan, „Scientists Debate Questions of Race and Intelligence", *New York Times*, 23. Februar 1976, S. 23. Sein Bericht könnte durchaus zutreffend sein; ich habe oft ähnliche Kommentare von linksgerichteten Wissenschaftlern gehört und gelesen.

sein wird.[27] Und ich denke, daß sie von Neurophysiologen wohl meist als etwas sehr Naheliegendes, wenn nicht gar Offensichtliches angesehen würde.

Wir müssen uns mit globalen und vagen Bemerkungen wie diesen nicht zufriedengeben. Zumindest im Bereich der Erforschung der menschlichen Sprache gibt es mittlerweile reichhaltige Hypothesen über den generellen Charakter des genetischen Programms, das für das Wachstum der Sprachfähigkeit und die besonderen Formen, die dieses Wachstum annimmt, sorgt, Hypothesen, die meines Erachtens beträchtliche Überzeugungs- und Erklärungskraft besitzen. Ich sehe keinen Grund, weshalb wir nicht auch in anderen Bereichen zu vergleichbaren Ergebnissen kommen sollten, sobald wir einmal beginnen, die Struktur der kognitiven Fähigkeiten des Menschen zu verstehen. Wenn das, was ich bis jetzt gesagt habe, richtig ist, können wir uns die menschliche Natur als ein System vorstellen, wie wir es auch sonst in der biologischen Welt finden: ein System „mentaler Organe", das auf physischen Mechanismen beruht, die bis jetzt noch weitgehend unbekannt sind, aber im Prinzip untersucht werden können. Dieses System ermöglicht eine einzigartige Form der Intelligenz, die sich in sehr unterschiedlichen Teilbereichen manifestiert: in der menschlichen Sprache, in unserem einzigartigen Vermögen zur Entwicklung der Konzepte von Zahl und abstraktem Raum,[28] in der Fähigkeit, für bestimmte Bereiche der Welt wissenschaftliche Theorien zu konstruieren und in anderen Bereichen bestimmte Systeme der Kunst, des Mythos und des Rituals zu schaffen, der Fähigkeit, menschliche Handlungen zu interpretieren, bestimmte Systeme sozialer Institutionen zu entwickeln und zu verstehen und anderem mehr.

Wenn wir von der Hypothese eines „leeren Organismus" ausgehen, sind die Menschen natürlich mit Sicherheit in ihren in-

---

[27] Vgl. zum Beispiel die Bemerkungen zur Sprache in Luria, *op. cit.*; Jacques Monod, *Chance and Necessity* (New York: Alfred A. Knopf, 1971); ferner François Jacob, *The Logic of Life*, (New York: Pantheon Books, 1973). Für eine Diskussion des Themas aus jüngerer Zeit, siehe mein Buch *Reflections on Language*.

[28] Es ist äußerst irreführend, wenn manchmal behauptet wird, bestimmte Vögel verfügten über ein elementares „Konzept von Zahl", was sich an ihrer Fähigkeit zeige, bis zu einer gewissen Grenze (ungefähr bis 7) ordinale Systeme zu verwenden, die visuell [in Formen wie I, I I, ... I I I I I I I, *A.d.Ü.*] präsentiert werden. Die Konzepte eins, zwei, ... sieben dürfen nicht mit dem Konzept der natürlichen Zahl, wie es z.B. durch die Dedekind-Peano-Axiome formal als unendliches System charakterisiert und von normalen Menschen intuitiv verstanden wird, verwechselt werden.

tellektuellen Anlagen gleich. Genauer gesagt, sie sind sich dann gleich in ihrer Unfähigkeit, komplexe kognitive Strukturen der für den Menschen typischen Art zu entwickeln. Wenn wir jedoch annehmen, daß dieser biologische Organismus genau wie jeder andere seine spezifischen Fähigkeiten hat, und daß sich unter diesen Fähigkeiten auch die Fähigkeit zur Entwicklung der menschlichen kognitiven Strukturen mit ihren spezifischen Eigenschaften befindet, dann ergibt sich daraus die Möglichkeit, daß es bezüglich der höheren geistigen Funktionen unter den einzelnen Menschen Unterschiede gibt. Tatsächlich wäre es, wenn die kognitiven Fähigkeiten wirklich so etwas wie „mentale Organe" sind, überraschend, wenn es solche Unterschiede nicht gäbe. Daß die Menschen sich in ihren körperlichen Merkmalen und Fähigkeiten unterscheiden, ist ja ganz offensichtlich; warum sollte es also im Charakter ihrer geistigen Organe und der physischen Strukturen, auf denen diese basieren, keine solchen genetisch festgelegten Unterschiede geben?

Die Erforschung spezifischer kognitiver Fähigkeiten wie des Sprachvermögens führt zu spezifischen und, wie ich meine, aussagekräftigen Hypothesen über den genetisch programmierten Schematismus der Sprache, sagt uns aber nichts über die Bandbreite der individuellen Variation. Vielleicht liegt das an der Unangemessenheit unseres analytischen Vorgehens. Es könnte aber durchaus sein, daß die grundlegenden sprachlichen Fähigkeiten, von schwer pathologischen Fällen abgesehen, tatsächlich so gut wie invariant sind. Zumindest finden wir in einem sehr weiten Bereich bis in viele Einzelheiten hinein keine Unterschiede in der Fähigkeit zum Erwerb und effizienten Gebrauch der menschlichen Sprache, obwohl es durchaus gewisse Unterschiede sowohl hinsichtlich des Systems, das erworben wird, als auch hinsichtlich der Gewandtheit, mit der es gebraucht wird, geben mag. Im letzteren Fall ist das ja ziemlich offensichtlich. Ich sehe keinen Grund dafür, hier irgendwelche Dogmen aufzustellen. Über andere kognitive Fähigkeiten ist so wenig bekannt, daß wir kaum auch nur spekulieren können. In der Praxis deutet alles darauf hin, daß die Menschen sich in ihren intellektuellen Fähigkeiten und deren Spezialisierung tatsächlich voneinander unterscheiden. Das wäre auch kaum weiter überraschend, wenn wir davon ausgehen, daß wir es hier mit ganz normalen biologischen Strukturen zu tun haben, auch wenn sie im vorliegenden Fall sehr verwickelt und bemerkenswert sind.

Viele Leute, besonders solche, die sich selbst innerhalb des linken oder liberalen Spektrums ansiedeln würden, finden derartige Schlußfolgerungen anrüchig. Möglicherweise ist die Hypothese vom leeren Organismus zum Teil deswegen so attraktiv für die Linke, weil sie die erwähnten Möglichkeiten ausschließt; wenn es keinerlei Anlagen gibt, gibt es auch keine Varianz. Aber ich begreife nicht ganz, weshalb Schlußfolgerungen wie die genannte überhaupt irgendwie beunruhigend sein sollten. So bin ich zum Beispiel fest davon überzeugt, daß keinerlei Übung oder Ausbildung mir die Fähigkeit hätten verschaffen können, Mittelstreckenmeister in der Leichtathletik zu werden, die Gödelschen Theoreme zu entdecken oder ein Beethoven-Quartett zu komponieren; dasselbe gilt für den allergrößten Teil der anderen unendlich vielen Gipfelpunkte dessen, was Menschen vollbringen können. Aber ich fühle dadurch, daß ich all das nicht kann, in keiner Weise herabgesetzt. Es genügt mir vollkommen, daß ich, genau wie wahrscheinlich jeder andere Mensch mit normalen Anlagen, fähig bin, das, was andere erreicht haben, zu schätzen und zum Teil zu verstehen, und gleichzeitig, soweit und auf die Art, wie ich das kann, meine eigenen, persönlichen Beiträge zu diesen Leistungen beizusteuern.

Innerhalb eines für die menschliche Art charakteristischen Rahmens, der weiten Raum für schöpferische Arbeit - einschließlich der schöpferischen Betätigung, die darin liegt, das Werk anderer zu genießen - läßt, variieren die Talente einzelner Menschen ganz beträchtlich. Darüber sollten wir uns freuen, statt es als schrecklichen Fluch zu betrachten. Diejenigen, die hier anderer Meinung sind, gehen offenbar von der stillschweigenden Voraussetzung aus, daß die Rechte oder die gesellschaftlichen Belohnungen der Menschen in irgendeiner Weise von ihren Fähigkeiten abhängen. Was die Rechte der Menschen angeht, liegt, wie bereits erwähnt, insofern (und nur insofern) eine gewisse Plausibilität in dieser Annahme, als in einer menschenwürdigen Gesellschaft die Möglichkeiten so weit wie möglich den Bedürfnissen entsprechen sollten, und solche Bedürfnisse können nun einmal sehr speziell sein und mit ganz persönlichen Talenten und Fähigkeiten zu tun haben. Aber meine Freude am Leben wird durch die Tatsache, daß andere viele Dinge tun können, zu denen ich nicht fähig bin, bereichert, und ich sehe keinen Grund, diesen Menschen die Möglichkeit zu verweigern, ihre Talente im Einklang mit den Bedürfnissen der Gesellschaft als Ganzer zu entfalten. Natürlich werden sich dabei in jeder funktionierenden sozialen Gruppe in der Praxis schwierige Fragen stellen, ein prinzipielles Problem sehe ich hier jedoch nicht.

Was die sozialen Belohnungen betrifft, wird oft behauptet, in unserer Gesellschaft korreliere die Entlohnung teilweise mit dem IQ. Aber insoweit das stimmt, handelt es sich hier einfach um eine soziale Krankheit, die überwunden werden sollte, genau wie in einem früheren Stadium der menschlichen Geschichte die Sklaverei beseitigt werden mußte. Es wird manchmal argumentiert, alle konstruktive und kreative Arbeit werde aufhören, wenn sie nicht zu materieller Belohnung führt, so daß die gesamte Gesellschaft gewinnt, wenn die Talentierteren besondere Belohnungen erhalten. Für die Masse der Bevölkerung lautet die Botschaft also: „Ihr seid besser dran, wenn ihr arm bleibt." Man sieht leicht, weshalb diese Doktrin den Privilegierten gefällt, aber man kann sich schwer vorstellen, daß irgend jemand sie ernsthaft vorbringen könnte, der die kreative Arbeit von Leuten kennengelernt hat, die in der Kunst, der Wissenschaft, dem Handwerk oder ähnlichen Bereichen tätig sind. Die Standardargumente für die sogenannte „Meritokratie" basieren meines Wissens weder auf Tatsachen noch auf logischen Erwägungen; sie beruhen auf apriorischen Überzeugungen, die noch dazu nicht sonderlich plausibel sind. Ich habe diese Frage an anderer Stelle diskutiert und werde sie hier nicht weiterverfolgen.[29]

Nehmen wir an, bei der Erforschung der menschlichen Natur stellt sich heraus, daß die kognitiven Systeme des Menschen durch unser genetisches Programm hochgradig strukturiert sind, und daß es innerhalb dieses gemeinsamen Rahmens Variationen unter den einzelnen Individuen gibt. Das scheint mir eine vollkommen vernünftige Erwartung und darüber hinaus sehr wünschenswert zu sein. Soweit ich sehen kann, hat sie abgesehen von dem, was bereits skizziert wurde, keine Implikationen im Hinblick auf die Gleichheit der Rechte und Bedingungen.

Betrachten wir schließlich die Frage der „Rasse" und der intellektuellen Begabung. Halten wir noch einmal fest, daß nichts von dem, was man in dieser Frage an Entdeckungen machen könnte, in einer menschenwürdigen Gesellschaft irgendwelche soziale Konsequenzen hätte. Einzelne Menschen sind das, was sie sind; nur aufgrund von rassistischen Annahmen könnte ge-

---

[29] Siehe mein Buch *For Reasons of State*, Kapitel 7.

folgert werden, daß sie als Beispiele ihrer rassischen Kategorie betrachtet werden müssen, so daß aus der bloßen Entdeckung, daß die durchschnittliche Begabung einer rassischen Kategorie im Hinblick auf die und die Fähigkeit so und so groß ist, eine andere gesellschaftliche Behandlung des einzelnen Angehörigen dieser Gruppe folgen würde. Wenn wir rassistische Annahmen fallenlassen, haben die Tatsachen, wie immer sie aussehen mögen, keine sozialen Konsequenzen und sind zumindest unter diesem Gesichtspunkt keiner weiteren Forschung wert. Wenn es irgend einen Grund für die Untersuchung der Beziehung zwischen der Rasse und einer bestimmten Fähigkeit geben soll, muß er sich also aus der wissenschaftlichen Bedeutung der Frage ableiten. Hier ist es schwer, einen genauen Maßstab aufzustellen. Die Erforschung einer Frage hat grob gesagt dann wissenschaftlichen Wert, wenn ihre Resultate uns vielleicht etwas über irgendwelche allgemeinen Prinzipien der Wissenschaften sagen können. Man stellt keine Untersuchungen über die Dichte der Grashalme auf verschiedenen Rasenflächen oder über unzählige andere triviale und sinnlose Fragen an. Aber die Untersuchung von Fragen wie der Beziehung zwischen Rasse und IQ scheint praktisch keinerlei wissenschaftliche Bedeutung zu haben. Man könnte sich vorstellen, daß in der Erforschung der Korrelation zwischen teilweise erblichen Merkmalen ein gewisses Interesse liegen könnte, aber wenn jemand an einer derartigen Frage interessiert wäre, würde er sich gewiß nicht solche Charakteristika wie Rasse und IQ aussuchen, von denen jedes ein unverstandenes Amalgam komplexer Eigenschaften darstellt. Statt dessen würde er fragen, ob es eine Korrelation zwischen meßbaren und klar definierbaren Merkmalen gibt, wie etwa der Farbe der Augen und der Länge des großen Zehs. Von daher ist schwer zu sehen, wie die Untersuchung von Rasse und IQ mit wissenschaftlichen Gründen gerechtfertigt werden kann.

Da diese ganze Untersuchung weder wissenschaftlich noch sozial von Interesse ist, abgesehen von der rassistischen Annahme, daß der Einzelne nicht als das betrachtet werden sollte, was er ist, sondern als der Durchschnitt seiner rassischen Kategorie, folgern wir, daß es eigentlich gar keinen vernünftigen Grund für sie gibt. Also stellt sich die Frage, weshalb sie mit einem solchen Eifer betrieben wird. Warum wird sie überhaupt ernst genommen? Hier richtet sich die Aufmerksamkeit ganz von selbst auf die erwähnten rassistischen Annahmen, die, wenn sie akzeptiert

werden, der Untersuchung sehr wohl eine Bedeutung zuschrei-
ben.

In einer rassistischen Gesellschaft kann man davon ausgehen,
daß eine Untersuchung der Beziehung zwischen Rasse und IQ
Vorurteile verstärken wird, ganz gleich, was bei der Untersuchung schließlich herauskommt. Wenn man schon mit Konzep-
ten wie „Rasse" und „IQ" anfängt, steht zu erwarten, daß die Resultate jedweder Untersuchung vage und widersprüchlich und die
Argumente komplex und für Laien schwierig nachvollziehbar
sein werden. Für einen Rassisten wird das Urteil „nicht bewiesen" die Bedeutung annehmen: „wahrscheinlich wahr". Ein Rassist wird genügend Anlaß finden, sich in seinen Vorurteilen zu
suhlen. Die bloße Tatsache, daß man sich mit der Frage beschäftigt, legt dem Publikum den Schluß nahe, das Ergebnis sei doch
immerhin von einiger Bedeutung, und da es dies nur ist, wenn
man von vornherein von rassistischen Annahmen ausgeht, stek-
ken diese Annahmen implizit schon im ganzen Unternehmen
selbst, selbst wenn sie nicht offen ausgesprochen werden. Aus
Gründen wie diesen wäre zum Beispiel eine Untersuchung der
genetischen Merkmale von Juden in Nazideutschland ein ab-
scheuliches Projekt gewesen. Es kann kein Zweifel daran bestehen, daß die Erforschung von Rasse und IQ den Opfern des amerikanischen Rassismus enorm geschadet hat. Ich habe schon erlebt, wie schwarze Pädagogen lebhaft das Leid und die Verletzung beschrieben haben, die Kindern zugefügt werden, denen
man zu verstehen gibt, die „Wissenschaft" habe dieses oder jenes
über ihre Rasse bewiesen oder habe es zumindest für nötig be-
funden, diese Frage aufzuwerfen.

Wir können nicht einfach die Tatsache ignorieren, daß wir in
einer zutiefst rassistischen Gesellschaft leben, auch wenn wir das
nur zu gerne vergessen würden. Wenn die Herausgeber der *New
York Times* und der amerikanische UN-Botschafter Moynihan
den ugandischen Diktator Idi Amin - vielleicht zutreffenderweise
- als „rassistischen Mörder" geißeln, führt das postwendend zu
einem Aufwallen von Stolz im ganzen Land, und sie werden für
ihren Mut und ihre Aufrichtigkeit gepriesen. Natürlich würde
niemand so vulgär sein, darauf hinzuweisen, daß dieselben Leute
in nicht allzu fern zurückliegender Vergangenheit rassistischen
Mord in einer Dimension unterstützt haben, die weit jenseits der
wildesten Phantasien Amins liegt. Daß solche heuchlerischen
Verlautbarungen fast nirgends Ekel und Entsetzen auslösen,

spiegelt in erster Linie die extrem machtvollen ideologischen Kontrollen wider, die uns davon abhalten, uns mit unseren Handlungen und ihren Konsequenzen auseinanderzusetzen, und darüber hinaus die tiefe Verwurzelung unserer Nation in rassistischen Prinzipien. Die Opfer unserer Kriege in Asien wurden nie als vollwertige Menschen betrachtet, eine Tatsache, die zu unserer bleibenden Schande nur allzu leicht demonstriert werden kann. Was den Rassismus in den USA selbst betrifft, ist wohl kaum ein Kommentar nötig.

Als Wissenschaftler ist man wie jeder andere auch für die vorhersehbaren Konsequenzen seines Handelns verantwortlich. Das liegt auf der Hand und wird im allgemeinen auch anerkannt; denken wir nur an die Beschränkungen für Experimente an menschlichen Versuchsobjekten. Im vorliegenden Fall wird eine Untersuchung der Beziehung zwischen Rasse und IQ in einer rassistischen Gesellschaft aus den gerade erwähnten Gründen ganz unabhängig von ihrem Ergebnis einen hohen sozialen Preis fordern. Ein Wissenschaftler, der sich dennoch mit solcher Forschung befaßt, muß daher zeigen, daß ihre Bedeutung derart groß ist, daß sie diese Kosten aufwiegt. Wenn zum Beispiel jemand behauptet, wie es der Präsident der Bostoner Universität John Silber (*Encounter*, August 1974) getan hat, diese Untersuchung sei durch die Möglichkeit gerechtfertigt, daß sie zu einer Verfeinerung der Methodologie der Sozialwissenschaften führen könne, gibt er uns einen Einblick in sein moralisches Kalkül: der mögliche Beitrag zur Forschungsmethodologie wiegt die sozialen Kosten des Studiums der Beziehung zwischen Rasse und IQ in einer rassistischen Gesellschaft auf. Vertreter derartiger Auffassungen scheinen häufig zu glauben, sie verteidigten damit die akademische Freiheit, aber damit verwirren sie die Dinge vollends. Das Thema der Freiheit der Forschung stellt sich hier in seiner ganz normalen Form: bringt die fragliche Forschung Kosten mit sich, und wenn ja, werden diese durch die Bedeutung der Forschung aufgewogen? Wissenschaftler haben kein besonderes Privileg, die wahrscheinlichen Konsequenzen ihres Tuns zu ignorieren.

Sobald die Frage von Rasse und IQ aufgeworfen wird, befinden sich die Menschen, die die schwerwiegenden sozialen Folgen solcher Forschung in einer rassistischen Gesellschaft erkennen und darüber besorgt sind, in gewisser Weise bereits in einer Falle. Sie können solche Forschungsprojekte aus den angeführten Gründen ablehnen, und das sollten sie auch. Aber sie tun dies in einer rassistischen Gesellschaft, in der die Menschen noch dazu gewohnt sind, Fragen von menschlicher und sozialer Bedeutung „technischen Experten" zu überlassen, die sich dann oft als Experten der Verschleierung und Verteidigung von Privilegien erweisen - „Experten der Legitimation", wie Gramsci sie nannte. Die Konsequenzen sind offensichtlich. Oder sie können in die Arena von Argument und Gegenargument hinsichtlich der Frage eintreten und so implizit die Überzeugung stärken helfen, es sei furchtbar wichtig, welche Ergebnisse diese Untersuchung zeitigt, womit sie stillschweigend die rassistische Annahme, auf der diese Überzeugung letztlich basiert, unterstützen. Indem man angebliche Korrelationen zwischen Rasse und IQ (oder Rasse und X, was immer dieses X dann sein mag) bestreitet, wird man also unvermeidlich rassistische Annahmen zementieren. Das Dilemma ist nicht auf dieses eine Thema beschränkt. Ich habe es an anderer Stelle in Bezug auf die Debatte über Mord und Aggression diskutiert.[30] In einer hochgradig ideologisierten Gesellschaft kann es sich kaum anders verhalten, eine unangenehme Tatsache, die wir bedauern mögen, der wir uns aber schwerlich entziehen können.

Wir leben und arbeiten unter gegebenen historischen Bedingungen. Wir können versuchen, sie zu verändern, aber ignorieren können wir sie nicht, weder in unserer beruflichen Arbeit, noch in den von uns verfochtenen Strategien für soziale Veränderung, noch in den direkten politischen Handlungen, an denen wir teilnehmen oder von denen wir Abstand nehmen. Bei der Diskussion von Freiheit und Gleichheit ist es sehr schwierig, Tatsachen von Werturteilen zu trennen. Wir sollten versuchen, das zu tun und der empirischen Forschung ohne dogmatische Vorurteile in die Richtung zu folgen, in die sie führt, ohne dabei die Konsequenzen dessen, was wir tun, außer acht zu lassen. Wir dürfen nie vergessen, daß unser Tun durch die Ehrfurcht vor dem Expertentum, das die sozialen Institutionen als eines der Mittel zur Durchsetzung von Passivität und Gehorsam verbreiten, verfälscht und verdreht wird. Was wir als Wissenschaftler, als Gelehrte, als Verfechter einer Sache tun, hat Konsequenzen, genau wie unsere Ablehnung, uns zu Wort zu melden oder zu handeln, definitiv Konsequenzen hat. In einer auf der Konzentration von Macht

---

[30] *American Power and the New Mandarins* (New York: Pantheon Books, 1969), Einführung.

und Privileg basierenden Gesellschaft kommen wir an dieser Tatsache nicht vorbei. Daraus resultiert eine schwerwiegende Verantwortung, die der Wissenschaftler oder Gelehrte in einer menschenwürdigen Gesellschaft, in der die Einzelnen die Entscheidungen über ihr Leben und ihre Überzeugungen nicht an irgendwelche Autoritäten delegieren würden, so nicht zu tragen hätte. Wir können - und sollten - uns an die ganz einfachen Werte halten: Aufrichtigkeit und Wahrhaftigkeit, Verantwortlichkeit und innere Beteiligung an den Angelegenheiten der Welt. Aber nach diesen Richtlinien zu leben ist oft alles andere als einfach.

II. Notwendige Illusionen

3. *Demokratie und Medien*[*]

Unter der Überschrift „Brasilianische Bischöfe unterstützen Plan zur Demokratisierung der Medien" beschreibt eine kirchliche südamerikanische Zeitschrift einen in der verfassunggebenden Versammlung Brasiliens diskutierten Vorschlag „zur Öffnung der mächtigen und hochgradig konzentrierten Medien Brasiliens für eine Teilnahme der Bürger". „Die katholischen Bischöfe Brasiliens gehören zu den prominentesten Unterstützern [dieser] ... Gesetzesvorlage zur Demokratisierung der Massenmedien des Landes", berichtet der Artikel weiter, und weist dann darauf hin, daß „das brasilianische Fernsehen sich in den Händen von fünf großen Sendern befindet, [während] ... der größte Teil der Werbung in den Medien von acht großen multinationalen Konzernen sowie diversen Staatsunternehmen bestritten wird". Der Vorschlag „sieht die Schaffung eines Nationalen Medienrats vor, der aus Vertretern der Bürger und des Staates zusammengesetzt sein [und] ... eine demokratische Medienpolitik ausarbeiten sowie Lizenzen für den Radio- und Fernsehbetrieb vergeben soll". „Die Konferenz der Katholischen Bischöfe Brasiliens hat wiederholt die Bedeutung der Massenmedien hervorgehoben und sich für eine größere Basisbeteiligung eingesetzt. Die Medienkommunikation soll auch Thema der diesjährigen ... Gemeindekampagne zur Reflexion über bestimmte soziale Themen" sein, einer Institution, die ebenfalls von der Bischofskonferenz ins Leben gerufen worden ist.[1]

Über die von den brasilianischen Bischöfen aufgeworfenen Fragen gibt es in vielen Teilen der Welt eine ernsthafte Diskussion. In mehreren Ländern Lateinamerikas und anderswo sind Projekte in Gang gebracht worden, die sich mit diesen Fragen beschäftigen. Es haben Diskussionen über eine „Neue Weltinformationsordnung" stattgefunden, die den Zugang zu den Medien

---

[*] Im November 1988 hielt Noam Chomsky im Rahmen der Massey-Vorlesungen fünf Vorträge über „Gedankenkontrolle in demokratischen Gesellschaften", die im kanadischen Radio gesendet wurden und zusammen mit umfangreichem Begleitmaterial in seinem Buch *Necessary Illusions. Thought Control in Democratic Societies* (Boston: South End Press, 1989) erschienen sind. Bei „Demokratie und Medien" handelt es sich um den Eröffnungsvortrag der Vorlesungsreihe; er ist dem angegebenen Buch (S. 1 - 20) entnommen.

[1] José Pedro S. Martins, *Latinamerica Press* (Lima), 17. März 1988.

auf breitere Schichten der Bevölkerung ausdehnen und Alternativen zu dem von den westlichen Industriemächten dominierten globalen Mediensystem schaffen soll. Eine Studie der UNESCO, die sich mit solchen Möglichkeiten befaßte, hat in den Vereinigten Staaten extrem feindselige Reaktionen ausgelöst,[2] die angeblich von der Sorge um die Pressefreiheit inspiriert waren. Ich möchte im folgenden untersuchen, wie ernsthaft diese Sorge in Wirklichkeit ist und worin ihr eigentlicher Inhalt besteht. Ferner möchte ich mich ein wenig mit den Möglichkeiten einer demokratischen Medienpolitik beschäftigen: Wie könnte eine solche Politik aussehen, sollten wir etwas derartiges anstreben, und wenn ja, ist das überhaupt durchführbar? Und das führt automatisch zu der allgemeineren Frage: Welche Art von demokratischer Ordnung sollten wir anstreben?

Das Konzept einer „Demokratisierung der Medien" hat in der politischen Debatte in den Vereinigten Staaten eigentlich gar keinen Platz. Schon die Worte selbst haben einen paradoxen, irgendwie sogar subversiven Klang. Eine Partizipation der Bürger an den Medien würde als Beschneidung der Pressefreiheit, als Schlag gegen die Unabhängigkeit der Medien betrachtet, der diese nur bei der Erfüllung der von ihnen übernommenen Mission, unerschrocken und unparteiisch die Öffentlichkeit zu informieren, behindern würde. Diese Reaktion gibt zu denken. Sie beruht nicht nur auf gewissen Überzeugungen darüber, wie die Medien in unseren demokratischen Systemen funktionieren und was ihr Ziel sein sollte, sondern auch auf einigen impliziten Vorstellungen über das Wesen der Demokratie. Wenden wir uns nun der Reihe nach diesen Fragen zu.

In seinem Kommentar zu dem abschlägigen Gerichtsbeschluß zu den Bemühungen der Regierung, die Veröffentlichung der *Pentagon Papiere* zu verhindern, zeichnete Richter Gurfein ein Bild von der Rolle der Medien, das als typisch gelten kann. Danach haben wir nun einmal „eine streitbare, halsstarrige, eine allgegenwärtige Presse", während „die Vertreter der Autorität" diese wortgewaltigen Sprecher des Volkes „ertragen müssen, damit die noch höheren Werte der Meinungsfreiheit und des Rechts des Volkes auf die Wahrheit bewahrt werden". In seinem Kommentar zu dieser Entscheidung stellt Anthony Lewis fest, die Medien seien

---

[2] Siehe Philipp Lee, ed., *Communication for All* (Orbis, 1985); William Preston, Edward S. Herman und Herbert Schiller, *Hope and Folly: the United States and UNESCO, 1945-1985* (University of Minnesota, 1989).

nicht immer so unabhängig, wachsam und widerspenstig gegen die Autorität gewesen wie heute, hätten jedoch in der Ära Vietnams und Watergates gelernt, ohne Rücksicht auf äußeren Druck oder die Wünsche staatlicher und privater Macht ihre eigene „Macht, tief in unserem nationalen Leben herumzuwühlen" zu gebrauchen und alles „zu enthüllen, was ihres Erachtens enthüllt werden muß". Auch das ist eine weit verbreitete Überzeugung.[3]

Noch heute wird viel über die Rolle debattiert, die die Medien damals spielten, aber diese Debatten befassen sich nicht mit dem Problem der „Demokratisierung der Medien" und der Befreiung der Medien von den Einschränkungen durch staatliche und private Macht. Statt dessen wird heiß darüber gestritten, ob die Medien nicht doch die angemessenen Grenzen überschritten haben, indem sie diese Einschränkungen hinter sich ließen und durch ihre arrogante und unverantwortliche Herausforderung der Autoritäten vielleicht sogar die Existenz der demokratischen Institutionen in Gefahr gebracht haben. Eine 1975 erschienene Studie der Trilateralen Kommission über die „Regierbarkeit der Demokratien" zog den Schluß, die Medien seien zu einer „bemerkenswerten neuen Quelle nationaler Macht" geworden; auch sie seien ein Aspekt des von der Kommission diagnostizierten „Übermaßes an Demokratie", das „zur Reduzierung der staatlichen Autorität" im Inneren und daher auch zu einem „Niedergang des Einflusses der Demokratie im Ausland" führe. Diese allgemeine „Krise der Demokratie" resultiere aus den Bemühungen vormals marginalisierter Sektoren der Bevölkerung, sich zu organisieren und für ihre Forderungen einzutreten. Dies führe zu einem Stau, der ein angemessenes Funktionieren des demokratischen Prozesses verhindere. Früher, so räsonierte der amerikanische Berichterstatter Samuel Huntington von der Harvard University, „war Truman in der Lage gewesen, zusammen mit einer relativ kleinen Zahl von Anwälten und Bankiers der Wall Street das Land zu regieren". Zu jener Zeit gab es noch keine Krise der Demokratie, aber in den sechziger Jahren entwickelte sie sich und nahm ernste Ausmaße an. Die Studie forderte daher mehr „Mäßigung in der Demokratie", um das Übermaß an Demokratie zu zügeln und die Krise zu überwinden.[4]

---

[3] „Freedom of the Press - Anthony Lewis distinguishes between Britain and America", *London Review of Books*, 26. November 1987.

[4] M. P. Crozier, S. J. Huntington und J. Watanuki, *The Crisis of Democracy: Report on the Governability of Democracies to the Trilateral Commission* (New York University, 1975).

Das bedeutet nichts anderes, als daß die Gesamtbevölkerung in ihre traditionelle Apathie und ihren traditionellen Gehorsam zurückgedrängt und aus der Arena der politischen Debatte und des politischen Handelns vertrieben werden muß, wenn die Demokratie überleben soll.

In der Studie der Trilateralen Kommission spiegeln sich die Wahrnehmungen und Werte der liberalen Eliten der Vereinigten Staaten, Europas und Japans sowie der führenden Figuren der Carter-Administration wider. Die politische Rechte ist dagegen der Auffassung, die Demokratie werde durch jene bedroht, die sich zugunsten angeblicher „Sonderinteressen" organisieren. Dabei bezeichnet dieser Begriff der politischen Rhetorik nichts anderes als die Forderungen der Arbeiter, der Farmer, der Frauen, der Jugend, der Alten, der Behinderten, der ethnischen Minoritäten und ähnlicher Gruppen - kurz, praktisch der gesamten Bevölkerung. Während der US-Präsidentschaftswahlen der achtziger Jahre wurden die Demokraten beschuldigt, Instrument jener Sonderinteressen zu sein und somit das „nationale Interesse" zu untergraben, von dem stillschweigend angenommen wird, es werde von dem einzigen Sektor repräsentiert, der auf der Liste der Sonderinteressen bemerkenswerterweise fehlt: den Konzernen, Finanzinstitutionen und sonstigen wirtschaftlichen Eliten.

Dabei ist die Beschuldigung, die Demokraten verträten die Sonderinteressen, durchaus ungerecht. In Wirklichkeit vertreten sie einfach andere Elemente des „nationalen Interesses" als die Rechte und haben sich ohne sonderliche Gewissenspein am Rechtsschwenk der Eliten in der Ära nach dem Vietnamkrieg beteiligt. Dazu gehörten der Abbau der kümmerlichen staatlichen Programme zum Schutz der Armen und Benachteiligten, die massive Umverteilung der Mittel von unten nach oben, die Verwandlung des Staates in einen Wohlfahrtsstaat für die Privilegierten in noch höherem Maß als zuvor und die Erweiterung der Staatsmacht und des staatlich geschützten Sektors der Wirtschaft durch das Militärsystem - das die innenpolitische Funktion hat, die Bevölkerung zur Subventionierung der Hightech-Industrie zu zwingen und dieser einen staatlich garantierten Markt für ihre Produktion von Hochtechnologiemüll zur Verfügung zu stellen. Ein mit dem Rechtsschwenk verbundenes Element war eine „aktivistischere" Außenpolitik, die darauf abzielt, die Macht der USA durch Subversion, internationalen Terrorismus und Aggression weiter zu verstärken: die Reagan-Doktrin, die von den Medien als energische Verteidigung der Demokratie auf der ganzen

Welt dargestellt wird, wobei die Medien allerdings die Reagan-leute manchmal wegen ihrer Exzesse bei der Verfolgung dieses edlen Anliegens kritisieren. Die Oppositionspartei der Demokraten hat diese Programme der Reagan-Administration zumeist mehr oder weniger unterstützt, Programme, die in Wirklichkeit nichts anderes waren als eine Fortsetzung von Initiativen der Carterjahre und, wie die Meinungsumfragen ganz klar zeigen, mit nur wenigen Ausnahmen von der Gesamtbevölkerung scharf abgelehnt werden.[5]

Die Organisation zur Medienbeobachtung FAIR kritisierte die Berichterstattung der Journalisten über den Parteitag der Demokraten im Juli 1988, weil sie den demokratischen Kandidaten Michael Dukakis ständig als „zu liberal" für einen möglichen Sieg bezeichnet hatten, und zitierte dabei eine *New York Times*-CBS-Umfrage vom Dezember 1987. Diese Umfrage zeigte eine überwältigende Unterstützung der Bevölkerung für staatliche Maßnahmen in den Bereichen Beschäftigung, medizinische Versorgung und Kinderbetreuung, und bei den 50 % der Befragten, die an den Militärausgaben etwas ändern wollen, eine 75-prozentige Mehrheit zugunsten einer Verringerung. Dessen ungeachtet löste die Wahl einer Anhängerin der Reaganlinie als Vizepräsident-schaftskandidatin der Demokratischen Partei bei den Medien nichts als Lob für den Pragmatismus der Demokraten aus, hatten diese doch damit den „Linksextremisten" widerstanden, die dreist eine Politik gefordert hatten, die von der großen Mehrheit der Bevölkerung unterstützt wird. Die Haltung der Bevölkerung bewegte sich während der achtziger Jahre weiterhin auf eine Art Liberalismus im Stil des New Deal zu, während der Ausdruck „liberal" in der politischen Rhetorik zu einem Unwort wurde. Umfragen zeigen, daß fast die Hälfte der Bevölkerung der Ansicht ist, der Marxsche Satz „Jeder nach seinen Fähigkeiten, jedem nach seinen Bedürfnissen" stamme aus der US-Verfassung, die bei uns immerhin als heiliges Dokument gilt - so offenkundig richtig scheint diese Maxime vielen Menschen zu sein.[6]

---

[5] Siehe meine Bücher *Turning the Tide* (South End, 1985, Kapitel 5) und *On Power and Ideology* (South End, 1987, Vorlesung 5). Für eine detaillierte Untersuchung dieser Themen, siehe Thomas Ferguson und Joel Rogers, *Right Turn* (Hill & Wang, 1986). Für eine Zusammenfassung der Konsequenzen in den USA, siehe Emma Rothschild, „The Real Reagan Economy" und „The Reagan Economic Legacy", *New York Review of Books*, 30. Juni, 21. Juli 1988.

[6] FAIR, Presseveröffentlichung, 19. Juli 1988. Umfrage zur Verfassung, *Boston Globe Magazine*, 13. September 1987, zitiert von Julius Lobel, in Julius Lobel, ed., *A Less than Perfect Union* (Monthly Review, 1988, S. 3).

Man sollte sich von den angeblich erdrutschartigen Wahlsiegen Reagans nicht in die Irre führen lassen. Reagan wurde von weniger als einem Drittel der Wahlberechtigten gewählt; von denen, die an den Wahlen teilnahmen, hoffte eine klare Mehrheit, seine Gesetzgebungsprogramme würden nicht in die Tat umgesetzt, während die Hälfte der Bevölkerung auch weiterhin der Ansicht ist, die Regierung werde „von einigen mächtigen Interessengruppen beherrscht, die sich nur um sich selber kümmern".[7] Angesichts einer Wahl zwischen dem Reaganschen Programm eines von hurrapatriotischem Flaggenschwenken begleiteten keynesianischen Nach-mir-die-Sintflut-Wachstums auf der einen und der demokratischen Alternative steuerlichen Konservatismus und der Aussage „Wir stimmen deinen Zielen zu, fürchten aber, daß es zu viel kosten wird" auf der anderen Seite zogen viele von denen, die sich überhaupt die Mühe machten, wählen zu gehen, ersteres vor - was nicht allzu überraschend ist. Die verschiedenen Zirkel der Elite haben die Aufgabe, Enthusiasmus zu verbreiten und die brillanten Erfolge unseres Systems zu verkünden, denn schließlich handelt es sich dabei um „eine Modelldemokratie und eine Gesellschaft, die außergewöhnlich gut für die Bedürfnisse ihrer Bürger sorgt", wie Henry Kissinger und Cyrus Vance in einem gemeinsamen Artikel über die „Überparteilichen Ziele der Außenpolitik" in der Ära nach Reagan proklamieren. Aber jenseits der gebildeten Eliten scheint die Masse der Bevölkerung Staat und Regierung als ein Machtinstrument zu betrachten, das sie weder beeinflussen noch kontrollieren kann; und wenn ihre eigene Erfahrung noch nicht ausreicht, genügt ein Blick auf einige vergleichende Statistiken, um zu zeigen, wie wunderbar die reichste Gesellschaft der Welt mit ihren unvergleichlichen Vorteilen „für die Bedürfnisse ihrer Bürger sorgt".[8]

Das „Reaganphänomen" könnte tatsächlich einen Vorgeschmack der Richtung bieten, in die die kapitalistische Demokratie sich bewegt: die fortschreitende Eliminierung von Gewerkschaften, unabhängigen Medien, politischen Vereinigungen und

---

[7] *New York Times*/CBS-Umfrage; Adam Clymer, *New York Times*, 19. November 1985.

[8] Kissinger und Vance, *Foreign Affairs*, Sommer 1988. Eines der Beispiele dafür ist die Tatsache, daß die USA im Bereich der Verhütung der Kindersterblichkeit unter zwanzig Industriestaaten auf dem 20. Platz liegen, wobei die USA hier noch hinter Ländern wie Ostdeutschland, Irland, Spanien usw. liegen. *Wall Street Journal*, 19. Oktober 1988. Für einen Überblick über die immer schlimmer werdende Armut, besonders unter der Reagan-Administration, siehe Fred R. Harris und Roger Wilkins, eds., *Quiet Riots* (Pantheon, 1988).

überhaupt jeder Form der Massenorganisationen, die der Herrschaft privater Machtkonzentrationen über den Staat im Wege steht. In einem Großteil der Welt außerhalb der USA mag man Reagan als „seltsamen Cowboyheld" angesehen haben, der (um aus Editorials der *Toronto Globe and Mail* zu zitieren) neben anderen Seltsamkeiten „verrückte" Aktionen wie die Organisierung einer „Bande von Halsabschneidern" zum Angriff auf Nicaragua in die Wege leitete,[9] aber die US-Bevölkerung scheint in ihm kaum mehr als ein Symbol der nationalen Einheit gesehen zu haben, etwa in der Art der Flagge oder der Königin von England. Die Königin eröffnet das Parlament durch Verlesen eines politischen Programms, aber niemand fragt danach, was sie von diesem Programm hält oder ob sie es überhaupt versteht. Dementsprechend schien die Bevölkerung gänzlich unberührt von den kaum zu verheimlichenden Beweisen dafür, daß Reagan nur eine höchst nebulöse Vorstellung von der Politik hatte, die in seinem Namen betrieben wurde, oder von der Tatsache, daß der Präsident, wann immer sein Stab ihn nicht ordentlich präpariert hatte, regelmäßig höchst obskure Verlautbarungen von sich gab, die peinlich gewesen wären, wenn man sie ernst genommen hätte.[10] Das Abblocken der Einmischung der Bevölkerung in allen bedeutenden Angelegenheiten geht noch einen Schritt weiter, wenn Wahlen der Öffentlichkeit nicht einmal mehr die Möglichkeit bieten, unter Programmen, die von anderen ausgearbeitet werden, auszuwählen, sondern nur noch eine Prozedur zur Bestimmung einer symbolischen Figur darstellen. Insofern ist es von einigem Interesse, daß die Vereinigten Staaten acht Jahre lang praktisch ohne einen gewählten obersten Amtsträger funktionierten.

Was die Medien betrifft, die beschuldigt werden, die unheilkündenden Flammen eines „Übermaßes an Demokratie" angefacht zu haben, zog die Trilaterale Kommission den Schluß, für den Fall, daß die Journalisten nicht selbst „professionelle Standards" etablieren, ergebe sich aus den „höheren Interessen von Gesellschaft und Staat", daß „die Alternative durchaus in einer Regulierung durch den Staat bestehen könnte", um „das Gleichgewicht zwischen Staat und Medien wiederherzustellen". Ganz ähnliche Sorgen brachte der geschäftsführende Direktor von

---

[9] *Globe and Mail*, 28., 18. und 5. März 1986
[10] Für eine Auslese, siehe Mark Green und Gail MacColl, *Reagan's Reign of Error* (Pantheon).

Freedom House Leonard Sussman zum Ausdruck, der die Frage aufwarf: „Dürfen wir erlauben, daß freie Institutionen gerade aufgrund der Freiheit, die sie garantieren, gestürzt werden?" Und John Roche, der amtlich bestallte Intellektuelle während der Johnson-Administration, antwortete, indem er den Kongreß zu einer Untersuchung der „Mechanismen dieser Privatregierungen" aufforderte, die in ihrer „Anti-Johnson-Mission" die Wahrheit so grob verzerrten, obwohl er befürchtete, der Kongreß werde viel zu „eingeschüchtert von den Medien" sein, um sich dieser dringlichen Aufgabe zu widmen.[11]

Die Bemerkungen Sussmans und Roches entstammen Kommentaren zu Peter Braestrups von Freedom House finanzierter zweibändiger Studie der Medienberichterstattung über die Tet-Offensive von 1968.[12] Diese Studie wurde weithin als bahnbrechender Beitrag gefeiert, der den definitiven Beweis für die Unverantwortlichkeit dieser „wichtigen neuen Quelle nationaler Macht" liefere. Roche bezeichnete die Studie als „eines der großen Beispiele der letzten 25 Jahre für Enthüllungsjournalismus und erstklassige Wissenschaft", eine „minutiöse Fallstudie über die Inkompetenz, um nicht zu sagen Böswilligkeit der Medien". Dieser Klassiker der modernen Wissenschaft hatte angeblich demonstriert, daß es letztlich die Medien mit ihrer inkompetenten, parteiischen, von der „Widerstandskultur" der sechziger Jahre infizierten Berichterstattung waren, die die US-Niederlage im Vietnamkrieg zu verantworten hatten, womit sie der Sache von Demokratie und Freiheit, für die die Vereinigten Staaten vergeblich gekämpft hatten, schweren Schaden zufügten. Die Studie zog dann das Fazit, in dieser mangelhaften Berichterstattung spiegele sich „der unverantwortliche - durch Ermutigung oder Tolerierung durch das Management noch angestachelte - journalistische Stil, der seit Ende der sechziger Jahre so populär geworden ist". Der neue Journalismus sei „von einer oft hirnlosen Bereitschaft" gekennzeichnet, „nach Konflikten zu suchen, von Staat und Autorität überhaupt immer nur das Schlimmste zu denken und dementsprechend die Beteiligten immer in die 'Guten' und die 'Bösen' aufzuteilen". Die „Bösen" seien in diesem Fall die US-Streitkräfte in Vietnam, der „militärisch-industrielle Komplex", die CIA und die US-Regierung gewesen; die „Guten" in den Augen der Medien waren dann vermutlich die Kommuni-

---

[11] John P. Roche, *Washington Star*, 26. Oktober 1977.
[12] Peter Braestrup, *Big Story* (Westview, 1977).

sten, die der Studie zufolge beständig mit Lob überhäuft und vor Kritik in Schutz genommen wurden. Die Studie befürchtete „eine Fortsetzung des gegenwärtigen unverantwortlichen Stils, was immer auch die düstere Möglichkeit beinhaltet, daß Außenstehende - die Gerichte, die Bundesmedienkommission oder der Kongreß - versuchen werden, eigene Heilmittel in Anwendung zu bringen, falls die Medienmanager nicht selbst zur Tat schreiten".

Es gilt mittlerweile als gesicherte Wahrheit, daß „wir als Amerikaner die Tendenz zur Selbstgeißelung haben, was bestimmte Aspekte der Politik und der Handlungen unseres Landes betrifft, denen wir nicht zustimmen", und daß es - wie das Beispiel Vietnam gezeigt habe - „fast unvermeidlich ist, daß eine solch breite Berichterstattung die Kriegsanstrengungen schwächen wird", insbesondere „die oft extrem plastische Bildberichterstattung im Fernsehen" (so Landrum Bolling auf einer von ihm geleiteten Konferenz über die Frage, ob es tatsächlich „keine Möglichkeit gibt, eine Art Balance zwischen den Vorteilen, die eine totalitäre Regierung genießt, weil sie unvorteilhafte Nachrichten während eines Krieges kontrollieren oder unterdrücken kann, und den Nachteilen einer freien Gesellschaft herzustellen, die dieser daraus erwachsen, daß sie eine offene Berichterstattung aller Kriegsereignisse zuläßt").[13] Die Watergateaffäre, in der die Praxis des Enthüllungsjournalismus „dazu beitrug, einen Präsidenten aus dem Amt zu befördern" (Anthony Lewis), verstärkte ebenso wie einige Jahre danach der Iran-Contra-Skandal diese düsteren Visionen einer bevorstehenden Zerstörung der Demokratie durch außer Rand und Band geratene, unabhängige und feindselige Medien. Wohlklingende Verteidigungen der Pressefreiheit wie die von Richter Gurfein und Anthony Lewis sind Reaktionen auf Versuche, die Exzesse der Medien zu kontrollieren und den Medien gewisse Standards der Verantwortlichkeit aufzuerlegen.

Angesichts dieser heftigen Debatten über Medien und Demokratie stellen sich zweierlei Fragen: zum einen nach den Tatsachen, und zum anderen nach den zugrundeliegenden Werten. In Bezug auf die Tatsachen lautet die grundlegende Frage: Haben die Medien tatsächlich eine „feindselige" Haltung eingenommen und dabei vielleicht auch noch übermäßigen Eifer an den Tag

---

[13] Landrum Bolling, ed., *Reporters under Fire: U.S. Media Coverage of Conflicts in Lebanon and Central America* (Westview, 1985, S. 35, 2-3).

gelegt? Tragen sie mit ihrer „Geißelung der eigenen Nation" und der Machthaber tatsächlich dazu bei, unsere freien Institutionen zu bedrohen und die Verteidigung unseres Landes in Kriegszeiten zu schwächen? Sollte dies der Fall sein, können wir weiter fragen, ob es dann richtig wäre, ihnen äußere Beschränkungen aufzuerlegen, um dafür zu sorgen, daß sie sich innerhalb der Grenzen des Verantwortbaren halten, oder ob wir uns dem in einem klassischen Minderheitenvotum von Richter Holmes zum Ausdruck gebrachten Prinzip anschließen sollten, daß „der beste Prüfstein für die Wahrheit die Kraft eines Gedankens ist", sich durch „freien Handel der Ideen" „im Wettbewerb des Marktes zu behaupten".[14]

Was die Tatsachen betrifft, wird selten auch nur ein Argument vorgebracht; es wird einfach angenommen, die Fakten stünden bewiesenermaßen fest. Einige Analytiker haben jedoch die Meinung geäußert, daß die allgemein über die autoritätsfeindliche Haltung der Medien vertretenen Ansichten schlichtweg falsch sind. Um einen allgemeinen Rahmen abzustecken, sollten wir uns zuerst der Funktionsweise des freien Marktes der Ideen zuwenden. In seiner Studie über die Mobilisierung der Volksmeinung zur Förderung staatlicher Macht vertritt Benjamin Ginsberg die Auffassung, daß

die westlichen Regierungen sich oft der Mechanismen des Marktes bedienen, um die Sichtweisen und Gefühle der Bevölkerung zu manipulieren. Der „Marktplatz der Ideen", der während des neunzehnten und zwanzigsten Jahrhunderts geschaffen wurde, verbreitet sehr wirksam die Überzeugungen und Gedanken der Oberklassen, während er die ideologische und kulturelle Unabhängigkeit der niederen Klassen untergräbt. Durch die Schaffung dieses Marktes haben die Regierungen des Westens feste und dauerhafte Verbindungen zwischen Positionen sozioökonomischer Natur und ideologischer Macht geschmiedet und so den Oberklassen ermöglicht, jeden dieser Machtpole zur Förderung des jeweils anderen zu benutzen ... Besonders in den Vereinigten Staaten hat die beherrschende Macht der Oberklassen und der oberen Mittelklassen über den Markt der Ideen diesen Schichten im allgemeinen erlaubt, das Bild zu gestalten, das die gesamte Gesellschaft von der politischen Realität und der Bandbreite reali-

---

[14] Richter Holmes, Minderheitenvotum im Fall *Abrams vs. United Staates*, 1919.

stischer politischer und sozialer Möglichkeiten hat. Während westliche Analytiker zumeist besagten Marktplatz mit der Freiheit der Meinungen gleichsetzen, kann die verborgene Hand des Marktes ein beinahe ebenso mächtiges Werkzeug der Kontrolle sein wie die eiserne Faust des Staates.[15]

Wenn man von Annahmen über die Funktionsweise eines gelenkten freien Marktes ausgeht, die nicht sonderlich umstritten sind, hat Ginsbergs Schlußfolgerung von vornherein einiges für sich. Die Teile der Medien, die ein großes Publikum erreichen können, sind selbst Großunternehmen und außerdem eng mit noch größeren Wirtschaftsimperien verflochten. Ganz wie andere Geschäftszweige verkaufen sie Kunden ein Produkt. Ihr Markt besteht aus Werbekunden, und ihr Produkt ist das Publikum (nämlich die Medienkonsumenten). Dabei werden sie eher zu einem reichen Publikum tendieren, da ein solches Publikum die Werbeeinnahmen steigert.[16] Bereits vor mehr als einem Jahrhundert stellten britische Liberale fest, der Markt werde jene Zeitungen begünstigen, „die vom inserierenden Teil des Publikums bevorzugt werden"; und in unseren Tagen stellt Paul Johnson in einem Kommentar zum Niedergang einer neuen linken Zeitschrift klipp und klar fest, sie habe ihr Schicksal verdient: „Der Markt hat gleich zu Anfang das angemessene Verdikt gesprochen, indem er sich weigerte, das erforderliche Kapital zu liefern", und

---

[15] Benjamin Ginsberg, *The Captive Public* (Basic Books, 1986, S. 86, 89). Ginsbergs Studie bringt wenig empirisches Material und weist oft logische Mängel auf; ein Beispiel dafür ist seine Überzeugung, es bestünde ein Widerspruch zwischen der Ansicht, das Star-War-Programm Reagans „könne die Vereinigten Staaten nicht vor einem Nuklearangriff schützen" und der Ansicht, Star Wars könne „die Wahrscheinlichkeit, daß es zu einem solchen Angriff kommt, erhöhen", ein Widerspruch, der Teil seines Arguments dafür ist, das Eintreten „liberaler politischer Kräfte" für politische Anliegen sei durch ihre „politischen Interessen" motiviert; tatsächlich gibt es hier aber gar keinen Widerspruch, wie immer es um Ginsbergs Schlußfolgerung über liberale politische Kräfte bestellt sein mag. Er glaubt ferner, daß „studentische Demonstranten und ähnliche Kräfte", insbesondere Protestdemonstranten gegen den Vietnamkrieg, „kaum Schwierigkeiten haben, sich und ihren Anliegen eine vorteilhafte Publizität zu sichern", und akzeptiert außerdem neben einigen weiteren unhaltbaren Annahmen unkritisch die gängigen Behauptungen über „die autoritätsfeindliche Haltung, die von den Medien während der sechziger und siebziger Jahre eingenommen wurde".

[16] In einer etwas anderen Formulierung stellt V. O. Key fest, daß „Zeitungsverleger im wesentlichen Leute sind, die leeren Platz auf Zeitungsseiten an Werbekunden verkaufen". Zitiert von Jerome A. Barron, „Access to the Press - a New First Amendment Right", Harvard Law Review, vol. 80, 1967; aus Key, *Public Opinion and American Democracy*.

natürlich kann kein rechtdenkender Mensch daran zweifeln, daß der Markt den öffentlichen Willen repräsentiert.[17]

Kurz, die großen Medien - und besonders die Elitemedien, die die Agenda festlegen, der die übrigen Medien weitgehend folgen - sind Konzerne, die den Zugang zu einem privilegierten Publikum an andere Wirtschaftsunternehmen „verkaufen". Es sollte kaum überraschend sein, wenn das von ihnen präsentierte Weltbild die Perspektiven und Interessen der Verkäufer, der Käufer und des Produkts widerspiegeln würde. Die Eigentumskonzentration im Medienbereich ist stark ausgeprägt und wächst beständig weiter.[18] Darüber hinaus gehören diejenigen, die Managerposten in den Medien innehaben oder die es als Kommentatoren zu Ruf und Ansehen bringen, ebenfalls zu den privilegierten Eliten, und so werden auch sie aller Wahrscheinlichkeit nach die Wahrnehmungen, Bestrebungen und Haltungen ihrer Geschäftspartner teilen, da diese doch zugleich ihre eigenen Klasseninteressen widerspiegeln. Journalisten, die innerhalb dieses Systems arbeiten, werden dort höchstwahrscheinlich nicht vorankommen, wenn sie sich diesem ideologischen Druck nicht beugen, im allgemeinen, indem sie die entsprechenden Werte verinnerlichen; es ist nicht leicht, das eine zu sagen und selbst etwas ganz anderes zu glauben. Diejenigen dagegen, die sich nicht konform verhalten, werden durch die üblichen Mechanismen aussortiert werden.

Der Einfluß der Werbekunden ist manchmal noch weitaus direkter. „Projekte, die sich nicht für Sponsoring durch Konzerne eignen, sind meist von vornherein Totgeburten", stellt der Londoner *Economist* fest und bemerkt weiter, daß „die Sender inzwischen gelernt haben, den höchst delikaten Wünschen der Unternehmen aufgeschlossen gegenüberzustehen". Das Blatt zitiert den Fall des öffentlichen Fernsehsenders WNET, der „zur Strafe für einen Dokumentarfilm mit dem Titel 'Hunger und Profit' über multinationale Konzerne, die große Landstriche in der Dritten Welt aufkaufen, seine Unternehmensförderung durch Gulf+Western verlor". Die Ausstrahlung dieses Programmes sei

[17] Sir George Lewis, zitiert in James Curran und John Seaton, *Power without Responsibility* (Methuen, 1985, S. 31); Paul Johnson, *Spectator*, 28. November 1987.
[18] Eine Gruppe von Medienkritikern, die jährlich von Carl Jensen versammelt wird und die „zehn meistzensierten Geschichten" des Jahres auswählt, gab als ersten Preis für das Jahr 1987 einer Studie von Ben Bagdaikian über diese Fragen. Die Preisverleihung bezog sich natürlich nicht auf regelrechte Staatszensur, sondern auf die Vermeidung oder Verdrehung wichtiger Themen durch die Medien.

„kein freundlicher Akt gewesen", schrieb der Vorstandsvorsitzende von Gulf an den Sender, und fügte hinzu, der Dokumentarfilm sei „extrem wirtschaftsfeindlich, wenn nicht sogar antiamerikanisch". „Die meisten Beobachter glauben, daß WNET denselben Fehler heute nicht mehr machen würde", schließt der *Economist*.[19] Dasselbe gilt auch für andere Sender. Es reicht, wenn die Warnung unausgesprochen im Raum steht.

Es gibt noch eine Reihe weiterer Faktoren, die die Medien dazu drängen, sich konform zu den Bedürfnissen des Komplexes aus staatlicher und unternehmerischer Macht zu verhalten.[20] Mächtigen Interessen die Stirn zu bieten ist kostspielig und schwierig; die Standards für Beweismaterial und Argumentation sind hoch, und kritische Analyse stößt bei gesellschaftlichen Kräften, die Macht genug haben, energisch zu reagieren und außerdem über eine reiche Skala von Belohnungen und Bestrafungen verfügen, im allgemeinen nicht auf Gegenliebe. Konformität gegenüber einer „patriotischen Agenda" bringt dagegen keine solchen Kosten mit sich. Anschuldigungen gegen offiziell zu Feinden erklärte Kräfte unterliegen kaum einem Beweiszwang; darüber hinaus ist eine Korrektur falscher Beschuldigungen praktisch unmöglich und wird meist als Rechtfertigung des verbrecherischen Treibens der Feinde oder als Methode, die vor lauter Bäumen den Wald nicht sieht, abgetan. So schützt sich das System pikiert vor einer Infragestellung des Rechts auf Betrug im Dienst der herrschenden Macht, und schon der bloße Gedanke, das ideologische System einer rationalen Untersuchung zu unterziehen, ruft Unverständnis oder Empörung hervor, auch wenn diese sich oft hinter anderen Vorwänden verbergen. Wenn jemand der US-Regierung die besten Absichten unterstellt und dabei vielleicht diverse Fehler und Ungeschicktheiten beklagt, verlangt man von ihm nicht, diese Haltung zu begründen, wie zum Beispiel, wenn wir uns fragen, weshalb uns im Nahen Osten oder Mittelamerika „nie Erfolg beschieden war", weshalb „eine Nation, die so reich und mächtig ist und so gute Absichten verfolgt, ihre Ziele nicht rascher und effizienter erreichen kann" (Landrum Bolling). Die von einer ernstzunehmenden Analyse geforderten Standards ändern sich allerdings sofort radikal, sobald jemand feststellt, daß „gute Absichten" nicht zu den Eigenschaf-

---

[19] *Economist*, 5. Dezember 1987.
[20] Für eine ausführlichere Diskussion dieser Frage, siehe Edward S. Herman und Noam Chomsky, *Manufacturing Consent. The Political Economy of the Mass Media* (Pantheon, 1988), Kapitel 1.

ten von Staaten gehören, und daß die Vereinigten Staaten, genau wie jeder andere Staat in Vergangenheit und Gegenwart, eine Politik verfolgen, die die Interessen jener widerspiegelt, die aufgrund ihrer Macht im Lande selbst den Staat kontrollieren. Das sind Binsenwahrheiten, die im Mainstream in der Regel nicht einmal ausgesprochen werden können, so überraschend diese Tatsache auch sein mag.

Um die Sowjetunion wegen ihrer Aggression in Afghanistan und ihrer Unterstützung der Unterdrückung in Polen verurteilen zu dürfen, muß man keine Beweise vorlegen; ganz anders verhält es sich dagegen, wenn wir uns den US-Aggressionen in Indochina oder den langjährigen Bemühungen der USA zuwenden, eine politische Lösung des arabisch-israelischen Konflikts zu verhindern, die leicht zu dokumentieren, aber unwillkommen und daher eine Nichttatsache sind. Für eine Verdammung des Iran oder Libyens wegen staatlicher Unterstützung des Terrorismus werden keine Argumente verlangt; eine Diskussion der prominenten - vermutlich sogar dominanten - Rolle der Vereinigten Staaten und ihrer Klienten bei der Organisierung und Durchführung von Staatsterrorismus - dieser Pest der neueren Zeit - löst dagegen nur Entsetzen und Verachtung aus; das Beweismaterial, das diesen Standpunkt unterstützt, wird, ganz gleich, wie zwingend es auch sein mag, als irrelevant abgetan. Die Medien und Intellektuellenmagazine preisen ganz selbstverständlich die US-Regierung für ihr Engagement im Kampf für die Demokratie in Nicaragua, oder sie kritisieren sie für die Mittel, die sie in Verfolgung dieses lobenswerten Ziels angewendet hat, ohne indes irgendwelche Beweise dafür zu liefern, daß dies tatsächlich das Ziel der US-Politik ist. Eine Infragestellung der zugrundeliegenden patriotischen Annahmen ist innerhalb des Mainstream praktisch undenkbar und würde, falls sie überhaupt geäußert werden könnte, als eine Abart des ideologischen Fanatismus und als Absurdität abgetan, selbst wenn ein Berg von Beweismaterial vorgelegt würde - was in diesem Fall nicht besonders schwierig wäre.

Fall für Fall finden wir, daß Konformität nun einmal das Leichteste und außerdem der Weg zu Privilegien und Prestige ist; Dissidenz dagegen bringt persönliche Kosten und Nachteile mit sich, die durchaus ernst sein können, selbst in einer Gesellschaft, die nicht über Kontrollmittel wie Todesschwadronen, psychiatrische Kliniken oder Vernichtungslager verfügt. Die Struktur der Medien selbst erzeugt automatisch Konformität gegenüber der etablierten Doktrin. Es ist unmöglich, in einem dreiminütigen

Intermezzo zwischen zwei Werbesendungen oder mittels sieben-hundert Worten ungewohnte Gedanken oder überraschende Schlußfolgerungen zu präsentieren, und zwar mit den Argumenten und Beweisen, die nötig sind, um diesen Gedanken und Schlußfolgerungen eine gewisse Glaubwürdigkeit zu verleihen. Das Abspulen konventioneller Glaubensbekenntnisse wirft derartige Probleme nicht auf.

Angesichts der oben umrissenen, kaum strittigen Ausgangsannahmen liegt die Erwartung nahe, daß die großen Medien und sonstigen ideologischen Institutionen in der Regel die Perspektiven und Interessen der etablierten Macht widerspiegeln werden. Daß diese Erwartung sich tatsächlich erfüllt, ist denn auch von einer Reihe von Analytikern behauptet worden. Edward Herman und ich haben sowohl einzeln als auch gemeinsam umfassendes dokumentarisches Material veröffentlicht, um eine Konzeption von der Funktionsweise der Medien zu untermauern, die scharf von der Standardversion abweicht.[21] Diesem „Propagandamodell" zufolge - das aus den eben kurz skizzierten Gründen von vornherein eine gewisse Plausibilität haben sollte - dienen die Medien den Interessen staatlicher und unternehmerischer Macht, die beide eng miteinander verflochten sind, und gestalten ihre Berichterstattung und Analyse auf eine Weise, die die etablierten Privilegien unterstützt und dementsprechend Diskussion und Debatte einschränkt. Wir haben eine große Bandbreite von Beispielen untersucht; darunter auch solche, die den härtesten Test für ein Propagandamodell darstellen, nämlich die Fälle, die von den Kritikern angeblicher gegen das Establishment gerichteter Exzesse als ihr stärkstes Material aufgeboten werden: die Berichterstattung über die Indochinakriege, die Watergateaffäre und weitere Beispiele aus der Zeit, als die Medien angeblich ihren früheren Konformismus überwunden und die Rolle von Vorkämpfern für das Recht übernommen hatten. Um das Modell einer angemessenen Prüfung zu unterziehen, haben wir systematisch Fälle miteinan-

[21] Herman und Chomsky, *Manufacturing Consent*; Chomsky, *The Culture of Terrorism* (South End, 1988). Siehe auch unsere zweibändige Studie *The Political Economy of Human Rights* (South End, 1979), die ausführliche Version einer früheren Studie, die von dem Konzern, zu dem der vorgesehene Verleger gehörte, unterdrückt wurde; die Details dieses Vorgangs sind in unserem Vorwort zum ersten Band des Buchs beschrieben. Siehe ferner Herman, *The Real Terror Network* (South End, 1981); mein Buch *Pirates and Emperors* (Claremont, 1986; Amana, 1988) und viele weitere Werke im Verlauf der letzten zwanzig Jahre. Ferner auch James Arionson, *The Press and the Cold War* (Beacon, 1970); Michael Parenti, *Inventing Reality* (St. Martin's, 1986).

der verglichen, die so starke Parallelen miteinander aufweisen, wie es bei geschichtlichen Ereignissen nur möglich ist: Verbrechen, die unseren Feinden zugeschrieben werden können, auf der einen, und Verbrechen, für die die Vereinigten Staaten und ihre Klienten die Verantwortung tragen, auf der anderen Seite; lobenswerte Taten unserer Feinde (insbesondere die Abhaltung von Wahlen) gegenüber vergleichbaren Handlungen der Klientenstaaten der USA. Zusätzlich haben wir uns noch einiger anderer Methoden bedient, die unsere Resultate weiter untermauerten.

Es liegen mittlerweile Tausende von Seiten an Dokumentationsmaterial vor, die die Schlußfolgerungen des Propagandamodells unterstützen. Gemessen an den Standards der Sozialwissenschaften hält es einer empirischen Überprüfung sehr gut stand, und oft werden seine Voraussagen sogar noch beträchtlich übertroffen. Falls es ernstzunehmende Einwände gegen seine Schlußfolgerungen gibt, sind sie mir nicht bekannt. Die Sorte von Argumenten, die bei den seltenen Gelegenheiten, bei denen das Thema im Mainstream überhaupt behandelt wird, gegen das Modell vorgebracht werden, deuten darauf hin, daß das Modell in der Tat die wesentlichen Gesichtspunkte berücksichtigt. Die hochangesehene Freedom-House-Studie, die angeblich den autoritätsfeindlichen Charakter der Medien und die dadurch erzeugte Gefahr für die Demokratie ein für alle Mal demonstriert hat, löst sich bei näherer Analyse, das heißt, wenn ihre unzähligen Irrtümer und Verdrehungen erst einmal korrigiert sind, in Nichts auf und läuft auf wenig mehr als die Klage hinaus, die Medien seien bei ihrem Eintreten für eine gerechte Sache wie den Vietnamkrieg zu pessimistisch in Bezug auf die Erfolgsaussichten gewesen. Mir sind auch keine anderen Studien mit vergleichbaren Zielsetzungen bekannt, die bessere Resultate liefern würden.

Selbstverständlich gibt es noch weitere Faktoren, die die Leistungen und Resultate so komplexer sozialer Institutionen wie der Medien beeinflussen, und man kann Ausnahmen von dem allgemeinen vom Propagandamodell vorhergesagten Muster finden. Dennoch ist meines Erachtens gezeigt worden, daß es eine recht exakte erste Annäherung liefert, die wesentliche Eigenschaften der Medien und der insgesamt vorherrschenden intellektuellen Kultur treffend umreißt.

Eine der Vorhersagen des Modells lautet, daß zu erwarten ist, daß auch das Modell selbst von der Diskussion ausgeschlossen werden wird, da es eine Tatsachenannahme in Frage stellt, die für die Interessen der etablierten Macht höchst nützlich ist: nämlich die, daß die Medien kritisch und streitsüchtig sind, und das vielleicht sogar im Übermaß. Ganz gleich, wie gut das Modell die Tatsachen erklären mag - die Behauptungen, die es aufstellt, sind unzulässig, und von daher läßt sich aus dem Modell selbst die Erwartung ableiten, daß es aus dem Spektrum der Debatte über die Medien ausgeschlossen bleiben wird. Auch diese Schlußfolgerung ist empirisch gut bestätigt. Daraus ergibt sich eine ziemlich entmutigende Prognose für die Aufnahme des Propagandamodells: Das Modell trifft entweder zu oder nicht. Wenn es nicht zutrifft, *braucht* man sich nicht mit ihm zu befassen; wenn es aber zutrifft, *wird* man dies erst recht nicht tun. Wie im Fall der im achtzehnten Jahrhundert bestehenden Doktrin der aufrührerischen Verleumdung stellt die Wahrheit einer Behauptung keinen Verteidigungsgrund dar; das Verbrechen der Anschwärzung der Autorität ist um so ungeheuerlicher, wenn die vorgebrachten Behauptungen wahr sind.

Wenn die im Rahmen des Propagandamodells gezogenen Schlußfolgerungen richtig sind, können die kritischen Anwürfe gegen die Medien wegen ihres widerspenstigen Standpunktes nur so verstanden werden, daß die Medien nicht einmal das Spektrum der innerhalb der herrschenden Eliten über taktische Fragen geführten Debatte widerspiegeln dürfen, sondern ausschließlich jenen Teilen der Eliten dienen sollen, die augenblicklich das Staatsruder in der Hand haben, und daß sie die - per definitionem edlen - Ziele, die die Staatsmacht gerade verfolgt, mit dem angemessenen Grad an Enthusiasmus und Siegesgewißheit zu unterstützen haben. George Orwell wäre wohl kaum darüber überrascht gewesen, daß das der Kern der Medienkritik einer Organisation ist, die sich selbst den Namen „Freedom House" gegeben hat.[22]

---

[22] Über die Rolle von Freedom House als eine Art Propagandaarm der Regierung und der internationalen Rechten, siehe Edward S. Herman und Frank Brodhead, *Demonstration Elections* (South End, 1984, Appendix I) und *Manufacturing Consent.* Laut einem Memorandum des Beamten des Nationalen Sicherheitsrats Walter Raymond gehörte Freedom House zu den Empfängern inoffizieller Gelder des Propagandaapparats der Reagan-Administration (dazu siehe unten, Fn. 41), eine Behauptung, die von Sussman in seiner Funktion als Sprecher von Freedom House bestritten wurde. Siehe Robert Parry und Peter Kornbluh, „Iran-Contra's Untold Story", *Foreign Policy*, Herbst 1988; Korrespondenz, Winter 1988-89. Um die Unparteilichkeit und die guten Absichten von Freedom House zu demonstrieren, stellt Sussman fest, daß „wir über die erbärmliche Menschenrechtsbilanz der Sandinisten gesprochen haben, ebenso wie wir Menschenrechtsverletzer in vielen anderen Ländern, wie in Chile oder Paraguay bloßstellen". Nicaragua, Chile und Paraguay sind die drei Länder Lateinamerikas, die auch die Reagan-Administration offiziell für Menschenrechtsverletzungen verurteilt, und so kann niemand, der die Tätigkeit von Freedom House ein wenig kennt, überrascht sein, daß man dort gerade auf diese drei Beispiele verfällt. Charak-

Journalisten legen in ihrer Arbeit oft ein hohes Maß an Professionalität, Mut, Integrität und Unternehmungsgeist an den Tag; das gilt durchaus auch für viele von denen unter ihnen, die für Medien berichten, die weitgehend so funktionieren, wie es das Propagandamodell vorhersagt. Darin liegt kein Widerspruch. Es geht hier nicht um die Aufrichtigkeit der geäußerten Meinungen oder die Integrität derjenigen, die die Tatsachen recherchieren, sondern um die Auswahl der Themen und Schwerpunkte der Berichterstattung, das Spektrum zur Geltung kommender Meinungen, die unhinterfragten, Berichte und Kommentare prägenden Prämissen und den gesamten Rahmen, der auf die Präsentation einer ganz bestimmten Weltsicht zugeschnitten ist. Wir brauchen uns hier gar nicht erst mit Feststellungen wie der folgenden zu befassen, die während der Libanoninvasion Israels groß aufgemacht den Titel der *New Republic* zierte: „Ein Großteil dessen, was Sie in den Zeitungen und Nachrichtenmagazinen über den Krieg im Libanon gelesen haben - und ein noch größerer Teil dessen, was Sie im Fernsehen gesehen und gehört haben - ist ganz einfach nicht wahr.“[23] Behauptungen wie diese kann man getrost den reichhaltigen Archiven hinzufügen, in denen bereits die Rechtfertigungen für die Greuel sonstiger jeweils favorisierter Staaten ruhen.

Die umfangreichen bisherigen Arbeiten im Rahmen des Propagandamodells haben eine Menge Empörung und viele Verdrehungsversuche ausgelöst (von denen Herman und ich in *Manufacturing Consent* und anderswo einige diskutiert haben) und darüber hinaus zu Mißverständnissen und Befremden geführt. Aber ich weiß von keinem wirklich ernsthaften Versuch, auf unsere und ähnlich lautende Kritik zu antworten. Statt dessen wird die Kritik, genau wie unser Modell es vorhersagt, einfach abgetan. Die im Mainstream geführte Debatte über die Medienberichterstattung umfaßt im allgemeinen eine Kritik an der autoritätsfeindlichen Haltung der Medien und die Antworten derer, die die Medien gegen diesen Vorwurf in Schutz nehmen; eine Kritik

---

teristischerweise spricht Sussman nicht von El Salvador und Guatemala, wo die Menschenrechtsverletzungen weitaus schlimmer sind als irgend etwas, was den Sandinisten zugeschrieben werden könnte, aber eben auch von der Reagan-Administration, die ja einen Großteil der Verantwortung dafür trägt, nicht kritisiert werden. Es ist bestürzend, daß Freedom House angesichts einer solchen Bilanz überhaupt ernstgenommen wird.

[23] Martin Peretz, *New Republic*, 2. August 1982. Mehr über dieses seltsame Dokument und einige andere, ähnliche Machwerke in meinem Buch *The Fateful Triangle* (South End, 1983).

an den Medien, weil deren Tätigkeit den Voraussagen des Propagandamodells entspricht oder zumindest das Zugeständnis, daß dies eine vorstellbare Position sein könnte, sucht man in dieser Debatte jedoch vergebens. Im Fall der US-Kriege in Indochina zum Beispiel brachte das öffentliche Fernsehen 1985 eine Serie zum Rückblick auf den Krieg, auf die dann eine von der rechtsgerichteten Medienüberwachungsorganisation Accuracy in Media produzierte Sendung, in der die Serie verurteilt wurde, und eine Diskussion folgten, an der ausschließlich Kritiker der angeblich staatsfeindlichen Exzesse der Serie und die Verteidiger der Serie beteiligt waren. Niemand machte darauf aufmerksam, daß die Serie den Erwartungen des Propagandamodells entsprach - wobei sie aber genau das tut. Die oben erwähnte Studie von Bolling über die Berichterstattung der Medien über Konflikte in der Dritten Welt folgt einem ähnlichen Muster, einem Muster, das ungeachtet der Tatsache, daß die Bevölkerung die Medien als zu konformistisch betrachtet, fast durchgängig ist.[24]

Dabei ist es so, daß die Medien Verurteilungen ihres „atemberaubenden Mangels an Ausgewogenheit oder zumindest symbolischer Fairneß" und „der Übel und Gefahren der unberechenbaren Presse von heute" bereitwillig Raum geben.[25] Das tun sie indes nur, wenn, wie in diesem Fall, der Kritiker die „Medienelite" für ihr Verharren „in den Fängen liberaler Ansichten über Politik und die menschliche Natur" und für die „offenkundige Schwierigkeit der meisten Liberalen" kritisiert, „selbst bei den flagrantesten Fällen von linker Diktatur das Wort Diktatur zu verwenden"; selbstverständlich würde die Presse des Mainstream Fidel Castro niemals als Diktator bezeichnen, wo sie doch so gerne die eigene Nation geißelt und immer so zahm gegenüber

---

[24] Bolling, *op. cit.* Zu der Fernsehretrospektive zum Vietnamkrieg und für weitere Beispiele, siehe *Manufacturing Consent*. Über die Meinung der Bevölkerung, die die Medien als zu unkritisch gegenüber der Regierung und als zu leicht von den Mächtigen zu beeinflussen einschätzt, siehe Mark Hersgaard, *On Bended Knee* (Farrar Straus Giroux, 1988, S. 84-85).

[25] So der frühere Chefredakteur von *Time* Timothy Foote, der versichert, „jeder aufmerksame Leser" dieser Zeitschrift wisse genau, daß ihre Parteilichkeit manchmal „so klar zu sehen ist wie die gemeißelten Präsidentengesichter auf Mount Rushmore" (Besprechung von William Rusher, *The Coming Battle for the Media, WP Weekly*, 27. Juni 1988). Rusher verurteilt die „Medienelite" für ihre angebliche Verfälschung der Berichterstattung aufgrund ihrer liberalen Parteiischkeit. Der Pressekritiker David Shaw von der Los Angeles Times, der dasselbe Buch in der *New York Times Book Review* bespricht, antwortet mit der ebenso konventionellen Ansicht, daß „Journalisten es lieben, den Status Quo herauszufordern" und „Kritiker, Nestbeschmutzer, Unzufriedene" seien, die „an allem etwas auszusetzen haben".

dem Kommunismus ist.[26] Von solchen Schimpfkanonaden wird nicht erwartet, daß sie auch nur den kleinsten Beweis vorlegen; die vorliegende enthält nur eine einzige Bezugnahme auf etwas, was als Tatsache angesehen werden könnte, nämlich eine vage Anspielung auf eine angebliche statistische Manipulation durch die *New York Times*, mit der das Ziel verfolgt worden sei, „das Sinken der Zinsraten während Reagans erster Amtszeit zu verschleiern", als ob über die Zinsraten nicht lang und breit berichtet worden wäre. Anschuldigungen dieser Art sind oft nicht einmal unwillkommen, erstens, weil eine Antwort auf sie leicht oder unnötig ist; und zweitens, weil Debatten über Themen wie diese den Glauben verankern helfen, die Medien seien entweder unabhängig und objektiv und von hohen Standards professioneller Integrität und der Offenheit für alle vernünftigen Ansichten inspiriert, oder aber, alternativ dazu, parteiisch und modischen linken Auffassungen, die auf die Herabsetzung etablierter Autoritäten hinauslaufen, verpflichtet. Beide Schlußfolgerungen sind für die etablierte Macht und die Privilegierten durchaus akzeptabel - sogar für die Medieneliten selbst, die gar nicht viel gegen die Beschuldigung einzuwenden haben, sie seien in ihrer streitsüchtigen und halsstarrigen Herausforderung von Orthodoxie und etablierter Macht vielleicht sogar zu weit gegangen. Das Spektrum der Diskussion spiegelt genau das wider, was ein Propagandamodell vorhersagen würde: Verurteilung „liberaler Parteilichkeit" auf der einen und Verteidigung gegen diese Beschuldigung auf der anderen Seite. Nicht Bestandteil der Debatte ist die - wie man leicht zeigen könnte, faktisch zutreffende - Möglichkeit, daß „liberale Parteilichkeit" vielleicht nichts weiter als eine der Varianten der höchst einseitigen Ideologie von Staat und Konzernen ist, und zwar eine besonders nützliche Variante, die die implizite Botschaft in sich trägt: bis hierher und nicht weiter.

Wenn wir nun auf die Vorschläge der brasilianischen Bischöfe zurückkommen, besteht ein Grund dafür, daß sie im politischen Kontext der USA überflüssig oder fehl am Platz erscheinen, in der Annahme, die Medien seien dem Dienst am öffentli-

---

[26] Für eine detaillierte Analyse der Medienberichterstattung über Kuba, siehe Tony Platt, ed., *Tropical Gulag* (Global Options, 1987). Der führende Kubaspezialist und frühere Leiter der US-Interessenvertretung in Havanna Wayne Smith beschreibt die Studie als eine „niederschmetternde" Bestätigung der „außerordentlich negativen" Behandlung Kubas in den Medien, die völlig „der Version des Außenministeriums" entspreche, und führt weitere Beispiele für „unausgewogene Berichterstattung" und die Ablehnung an, über wichtiges Material zu berichten, das die Beschuldigungen der Reagananhänger widerlegt; *Social Justice*, Sommer 1988.

chen Wohl verpflichtet und würden ihre Unabhängigkeit von der Obrigkeit vielleicht sogar zu weit treiben. Das hieße, daß sie jene soziale Rolle bereits erfüllen, die Richter Powell vom Obersten Gerichtshof mit den folgenden Worten auseinandersetzte, die später auch von Anthony Lewis in seiner Verteidigung der Presse zitiert wurden: „Kein Einzelner kann für sich allein die Informationen erlangen, die zur intelligenten Ausübung seiner politischen Verantwortlichkeiten notwendig sind ... Indem sie die Öffentlichkeit in die Lage versetzt, eine wirksame Kontrolle über den politischen Prozeß auszuüben, spielt die Presse eine entscheidende Rolle bei der praktischen Realisierung des Ersten Verfassungszusatzes."

Eine andere Ansicht, von der ich glaube, daß sie richtig ist, besagt dagegen, daß die Medien in der Tat einen „gesellschaftlichen Auftrag" erfüllen, nur daß es sich dabei um etwas ganz anderes handelt. Es handelt sich um denselben gesellschaftlichen Auftrag, dem auch die staatliche Erziehung dient und den James Mill anläßlich der Einführung des staatlichen Schulsystems als „die Ausbildung des Geistes der Menschen zu einer tugendhaften Treue zur Regierung" und zur etablierten sozialen, wirtschaftlichen und politischen Ordnung insgesamt beschrieb.[27] Weit davon entfernt, zu der vom liberalen Establishment so gefürchteten „Krise der Demokratie" der oben beschriebenen Art beizutragen, spielen die Medien die Rolle eilfertiger Wächter, die Reichtum und Macht davor schützen, daß die Öffentlichkeit ein Verständnis über sie gewinnt und an ihnen partizipiert. Falls diese Schlußfolgerung richtig ist, basiert der erste Einwand gegen eine Demokratisierung der Medien auf einem Irrtum über die tatsächliche Situation und ihre korrekte Analyse.

Ein zweiter Einwand ist von größerer Bedeutung, denn er ist keineswegs unangebracht: der Ruf nach einer Demokratisierung der Medien könnte zur Tarnung höchst unwillkommener Versuche dienen, durch öffentlichen Druck die intellektuelle Unabhängigkeit einzuschränken, eine Sorge, die in der politischen Theorie recht häufig zum Ausdruck gebracht wird. Das Problem kann nicht einfach von der Hand gewiesen werden, stellt aber kein unlösbares Hindernis für eine Demokratisierung der Medien dar.[28]

---

[27] Zitiert in Ginsberg, *Captive Mind*, S. 34.

[28] Der Widerwille gegen Demokratie ist manchmal derart ausgeprägt, daß als einzig vorstellbare Alternative zur Beherrschung der Medien durch konzentrierten privaten Reichtum manchmal die Kontrolle durch den Staat angesehen wird. Es ist offenbar diese stillschweigende Annahme, die Nicholas Lehmann (*New Republic*, 9. Januar

Das grundsätzliche Problem scheint mir anderswo zu liegen. Das in unserer politischen Kultur herrschende Konzept der Demokratie ist ein anderes als das der brasilianischen Bischöfe. Für letztere bedeutet Demokratie, daß die Bürger die Möglichkeit haben, sich zu informieren, an der Untersuchung und Diskussion aller möglichen Fragen sowie an der politischen Willensbildung teilzunehmen und ihren Forderungen durch politische Aktion Geltung zu verschaffen. Bei uns dagegen ist der Begriff der Demokratie viel enger gefaßt: der Bürger ist ein Konsument, ein Zuschauer, aber kein Mitbeteiligter. Die Bevölkerung hat das Recht, politische Programme zu bestätigen, die von anderen aufgestellt werden, aber wenn die dadurch gezogenen Grenzen überschritten werden, haben wir keine Demokratie mehr, sondern eine „Krise der Demokratie", die man irgendwie wieder in den Griff bekommen muß.

Dieses Konzept stützt sich auf Doktrinen, die schon von den amerikanischen Gründervätern formuliert wurden. Die Föderalisten, schreibt die Historikerin Joyce Appleby, seien davon ausgegangen, daß „die neuen politischen Institutionen Amerikas weiterhin im hergebrachten Rahmen fungieren würden, der eine politisch aktive Elite und eine unterwürfige, gehorsame Wählerschaft voraussetzt", während George Washington gehofft habe, „sein enormes Prestige werde jene große, nüchterne, vom gesunden Menschenverstand beherrschte Bürgerschaft, an die die Politiker sich immer wenden, dazu bringen, die Gefahren basisdemokratisch organisierter Gesellschaften einzusehen".[29] Unge-

---

1989) zu der Behauptung veranlaßt, Edward Herman und ich träten in unserem Buch *Manufacturing Consent* für „mehr Staatskontrolle" ein, wobei er diese Aussage auf unsere Feststellung stützt, daß „eine demokratische politische Ordnung langfristig gesehen weitaus größere Kontrolle und Zugang zu den Medien" auf Seiten der Gesamtbevölkerung erfordert (S. 307). Unmittelbar vor der zitierten Stelle geben wir einen Überblick über einige der Formen, die eine solche Kontrolle annehmen könnte, darunter die Ausweitung von Public-Access-Fernsehkanälen, die „die Macht des Senderoligopols geschwächt haben" und „örtlichen Gruppen erweiterten Zugang bieten" könnten, „nichtprofitorientierte lokale Radio- und Fernsehsender", den Betrieb von Radiosendern durch „kommunale Institutionen" (mit einer kleinen Kooperative in Frankreich als Beispiel), hörerunterstütztes Radio mit regionalem Einzugsgebiet und anderes mehr. Solche Optionen stellen tatsächlich eine Herausforderung für das Unternehmensoligopol und die Herrschaft der Reichen überhaupt dar. Leute, für die die Vorstellung undenkbar ist, daß die Gesamtbevölkerung ihre Angelegenheiten selbst in die Hand nehmen und sich dabei in einem ersten Schritt Zugang zu den Medien verschaffen könnte oder sollte, können diese Optionen daher nur als „Staatskontrolle" auffassen.

[29] Appleby, *Capitalism and a New Social Order* (NYU, 1984, S. 73). Über den absurden Kult um George Washington, der Teil der Bemühung bildet, „die ideologischen Loyalitäten der Bürger zu kultivieren" und so das Gefühl einer „vitalen Na-

achtet der Wahlniederlage der Föderalisten behielt deren Konzeption die Oberhand, auch wenn sich die Form dieser Konzeption änderte, als der industrielle Kapitalismus Gestalt annahm. Sie wurde von John Jay, dem Präsidenten des Kontinentalkongresses und ersten Obersten Richter des Obersten Gerichtshofs der USA in einer Formulierung umrissen, von der sein Biograph schreibt, sie sei eine seiner Lieblingsmaximen gewesen: „Die, die das Land besitzen, sollten es auch regieren." Und sie brauchen dabei keine allzu feinfühligen Methoden anzuwenden. In Anspielung auf die wachsende Unzufriedenheit schrieb Gouverneur Morris 1783 in einem Bericht an John Jay, man müsse sich, „obwohl es wahrscheinlich ist, daß es eine Menge Aufruhr geben wird", keine wirklichen Sorgen machen: „Das Volk ist gut darauf vorbereitet", daß die Regierung „jene Macht [an sich nimmt], ohne die eine Regierung nur dem Namen nach besteht ... Da es des Krieges müde ist, kann man sich auf sein Einverständnis mit absoluter Sicherheit verlassen, und Sie und ich, lieber Freund, wissen aus Erfahrung, daß, wenn nur einige vernünftige und geistvolle Männer sich zusammentun und sich zur Autorität erklären, die wenigen, die anderer Meinung sind, leicht durch das mächtige Argument, das da 'Galgen' heißt, von ihrem Fehler überzeugt werden können". Mit dem „Volk", bemerkt der Verfassungshistoriker Richard Morris, „meinte er eine kleine nationalistische Elite, die kenntlich zu machen er zu vorsichtig war" - die weißen Männer mit Privatbesitz, zu deren Nutzen die verfassungsmäßige Ordnung errichtet wurde. Der „große Exodus von Loyalisten und Schwarzen" nach Kanada und anderswohin spiegelte zum Teil die Tatsache wider, daß sie genau das begriffen hatten.[30]

---

tion" zu stimulieren, siehe Lawrence J. Friedman, *Inventors of the Promised Land* (Knopf, 1975, Kapitel 2). Washington war ein „makelloser Mensch" von „unerreichter Vollkommenheit", der sich „über das Niveau der übrigen Menschheit" erhob usw. Diese Sorte von Kult, die an das Nordkorea Kim Il Sungs erinnert, wird von vielen Intellektuellen immer noch betrieben, zum Beispiel in Form der Verehrung Franklin Delano Roosevelts und seiner „Größe", „Majestät" etc. in der *New York Review of Books* (siehe *The Fateful Triangle*, S. 175 für einige beinahe unglaubliche Beispiele) und in Form des Camelotkults um die Kennedy-Administration. Manchmal steigen auch Führer oder Führerinnen anderer Länder zu diesem halbgöttlichen Status auf, und können dann als „eine promethische Figur" von „kolossaler äußerer Stärke" und „titanischen Fähigkeiten" beschrieben werden, wie während der lächerlicheren Momente der Stalinära oder in der Lobhudelei, mit der Martin Peretz die israelische Premierministerin Golda Meir bedachte und aus der die gerade zitierten Beispiele entnommen sind (*New Republic*, 10. August 1987).

[30] Frank Monaghan, *John Jay* (Bobbs Merrill, 1935); Richard B. Morris, *The Forging of the Union* (Harper & Row, 1987, S. 46-47, 173, 12f.). Über die Flüchtlinge nach der amerikanischen Revolution, darunter „boat people", die in Angst und

An anderer Stelle stellt Morris fest, daß das, was in der nachrevolutionären Gesellschaft „letztlich vorlag, eine von einer Elite manipulierte politische Demokratie war", und daß in Staaten wie Virginia, wo es scheinen mochte, daß eine „egalitäre Demokratie" vorherrschte, in Wirklichkeit „stillschweigend die Vorherrschaft der Aristokratie akzeptiert wurde". In ähnlicher Weise sicherten sich in späteren Perioden, in denen es angeblich zum Triumph der volkstümlichen Demokratie kam, die aufsteigenden Fraktionen der Unternehmerklasse die Vorherrschaft.[31]

John Jays Maxime ist in der Tat das Prinzip, das der Errichtung der Republik zugrunde lag und seither Geltung behielt, und ihrem innersten Wesen nach kann die kapitalistische Demokratie aus leicht begreiflichen Gründen von diesem Muster nicht allzu weit abweichen.[32]

Im Innern des Landes erfordert dieses Prinzip, daß die Politik sich letztlich auf das Wechselspiel zwischen Gruppen von Investoren reduziert, die um die Kontrolle über den Staat konkurrieren, ein Prozeß, den Thomas Ferguson mittels einer „Investitionstheorie der Politik" beschreibt, durch die sich seiner plausiblen Argumentation zufolge ein großer Teil der politischen Geschichte der USA erklären läßt.[33] Für die von uns abhängigen Gebiete bedeutet dasselbe grundlegende Prinzip, daß Demokratie dann erreicht ist, wenn die Gesellschaft von einheimischen Oligarchien, eng mit US-Investoren verbundenen Unternehmern, dem unserer Oberaufsicht unterstehenden Militär und professionellen Fachkräften kontrolliert wird, Kräften, von denen mit Recht erwartet werden kann, daß sie unseren Anordnungen gehorchen und den Macht- und Vorherrschaftsinteressen der USA dienen werden. Wenn es zu irgend einer Gefährdung der Herrschaft dieser Gruppen kommt, sind die USA dazu berechtigt, auf Gewalt zurückzugreifen, um „die Demokratie wiederherzustellen" - um den gängigen, für die Praktizierung der Reagan-Doktrin in Nicaragua verwendeten Ausdruck zu gebrauchen. Die Medien stellen

---

Schrecken aus dem vielleicht reichsten Land der Welt flohen, um mitten im Winter in Neuschottland zu sterben, siehe *The Political Economy of Human Rights*, II, S. 41 ff.; die Flüchtlingszahlen während der amerikanischen Revolution sind, relativ zur jeweiligen Gesamtbevölkerung, mit der Anzahl der Flüchtlinge aus dem vom Krieg verwüsteten Vietnam vergleichbar. Für eine neuere Schätzung, die u.a. von 80.000-100.000 Loyalisten spricht, siehe Morris, S. 13, 17.

[31] *The American Revolution Reconsidered* (Harper and Row, 1967, S. 57-58).

[32] Siehe Joshua Cohen und Joel Rogers, *On Democracy* (Penguin, 1983) für eine hellsichtige Analyse.

[33] Für Diskussion und weitere Quellen, siehe *Turning the Tide*, S. 232 f.

die „Demokraten" den „Kommunisten" gegenüber, wobei erstere diejenigen sind, die den Machtinteressen der USA dienen, letztere dagegen jene, die von der Krankheit befallen sind, als „Ultranationalismus" bezeichnet wird - wie zum Beispiel in einigen Geheimdokumenten der politischen Planer, in denen ganz offen erklärt wird, daß die Bedrohung für unsere Interessen in „nationalistischen Regimes" besteht, die auf den Druck der Bevölkerung in ihren Ländern zugunsten einer Erhöhung des Lebensstandards und sozialer Reformen reagieren und sich nicht in ausreichendem Maß um die Bedürfnisse der US-Investoren kümmern.

Die Medien folgen lediglich den Regeln dieses Spiels, wenn sie die „sich entwickelnden Demokratien" Mittelamerikas unter der Kontrolle der Militärs und der Wirtschaftseliten dem „kommunistischen Nicaragua" gegenüberstellen. Um so besser können wir verstehen, weshalb sie nichts über die 1987 durchgeführte Meinungsumfrage in El Salvador berichteten, die zeigte, daß gerade einmal 10 Prozent der dortigen Bevölkerung „glauben, daß es gegenwärtig einen Prozeß im Land gibt, der zu Freiheit und Demokratie führt". Die geistig minderbemittelten Salvadorianer sind eben einfach unfähig, unser Konzept von Demokratie zu verstehen. Dasselbe muß wohl auch für die Herausgeber der führenden honduranischen Zeitschrift *El Tiempo* gelten. Sie betrachten ihr Land als eine Pseudodemokratie, die in einer Karikatur auf demokratische Prozesse und unter der „Besatzung nordamerikanischer Truppen und der Contras" „Arbeitslosigkeit und Unterdrückung" bringt und in der „vitale nationale Interessen aufgegeben werden, um den Zielen von Ausländern zu dienen", während die Unterdrückungsmaßnahmen und illegalen Verhaftungen nicht abreißen und im Hintergrund bedrohlich die Todesschwadronen der Militärs lauern.[34]

Nach den in den USA vorherrschenden Konzeptionen besteht keine Beeinträchtigung der Demokratie, wenn einige wenige Konzerne das Informationssystem kontrollieren: in Wirklichkeit ist das sogar das Wesen der Demokratie. So erklärte die seiner-

---

[34] Editorials, *El Tiempo*, 5. und 10. Mai; übersetzt in *Hondupress* (Managua), 18. Mai 1988, eine Zeitung honduranischer Exilierter, die Angst davor haben, in die „sich entwickelnde Demokratie" zurückzukehren, weil ihnen dort Ermordung und „Verschwindenlassen" drohen. Für weitere Einzelheiten über die Umfragen in El Salvador, siehe *The Culture of Terrorism*, S. 102. In den US-Medien habe ich über diese Umfrage keine Meldung gefunden, obwohl dort regelmäßig ein Chor des Lobes für den Fortschritt dieses edlen demokratischen Experiments unter Vormundschaft der USA erklingt.

zeit führende Figur der Public-Relations-Industrie, Edward Bernays, in den *Annals of the American Academy of Political and Social Science*, „die innerste Essenz des demokratischen Prozesses" sei „die Freiheit, zu überzeugen und Vorschläge zu machen": das, was er „die Konstruktion von Konsens" nennt. „Ein Führer", so fährt er fort, „kann oft nicht darauf warten, daß die Menschen auch nur zu einem simplen Verständnis gelangen ... Demokratische Führer müssen ihren Part in ... der Herstellung ... von Konsens für gesellschaftlich konstruktive Ziele und Werte spielen" und „wissenschaftliche Prinzipien und erprobte Praktiken auf die Aufgabe [anwenden], Menschen dazu zu bringen, Ideen und Programme zu unterstützen"; und obwohl diese Tatsache nicht ausdrücklich erwähnt wird, ist es offensichtlich genug, daß genau die Kräfte, die die Kontrolle über die Ressourcen der Gesellschaft ausüben, sich in der richtigen Position befinden, nicht nur zu beurteilen, was „gesellschaftlich konstruktiv" ist, sondern auch mittels der Medien Konsens herzustellen und die von ihnen ins Auge gefaßte Politik über die Mechanismen des Staates in die Tat umzusetzen. Wenn die Freiheit, zu überzeugen, zufälligerweise in der Hand einiger Weniger konzentriert ist, müssen wir anerkennen, daß dies nun einmal in der Natur einer freien Gesellschaft liegt. Die Public-Relations-Industrie wendet enorme Mittel „für die Aufklärung des amerikanischen Volkes über die wirtschaftlichen Lebenstatsachen" auf, um ein günstiges Klima für die Wirtschaft herzustellen. Wie ein AT&T-Manager vor achtzig Jahren feststellte, ist es die Aufgabe der PR-Industrie, „die Meinungen der Öffentlichkeit" zu kontrollieren, da diese „die einzige ernsthafte Bedrohung" darstellt, „der sich das Unternehmen gegenübersieht".[35]

Ähnliche Ideen stellen quer durch das politische Spektrum die Norm dar. Walter Lippman beschrieb eine „Revolution" in „der Praxis der Demokratie", da „die Fabrikation von Konsens" nunmehr „eine ihrer selbst bewußte Kunst und ein regulärer Mechanismus populärer Regierungstätigkeit" geworden sei. Das ist eine naheliegende Entwicklung, da „das Gemeinschaftsinteresse sehr weitgehend außerhalb der Kompetenz der öffentlichen Meinung liegt und nur von einer spezialisierten Klasse verwaltet werden kann, in der die persönlichen Interessen über das hier

---

[35] Alex Carey, „Reshaping the Truth", *Meanjin Quarterly* (Australien), 35.4, 1976; Gabriel Kolko, *Main Currents in American History* (Pantheon, 1984, S. 284). Für eine ausführliche Diskussion siehe Alex Carey, „Managing Public Opinion: The Corporate Offensive", Manuskript, University of New South Wales, 1986.

und jetzt hinausreichen". Das schrieb er nach dem Ersten Weltkrieg, als die liberale intellektuelle Gemeinde sehr von ihrem erfolgreichen Dienst als „getreue und hilfreiche Gehilfen einer Operation" beeindruckt war, „die vermutlich eines der größten Unternehmen war, das je von einem amerikanischen Präsidenten in die Wege geleitet wurde" (*New Republic*). Bei dem Unternehmen handelte es sich um Woodrow Wilsons spezielle Interpretation des Mandats seiner Wähler, die sich für einen „Frieden ohne Sieger" im Weltkrieg ausgesprochen hatten, als günstige Gelegenheit, einen Sieg ohne Frieden anzuvisieren; hierbei genoß er die volle Unterstützung besagter liberaler Intellektueller, die sich später selbst dafür lobten, mit Hilfe von Propagandaerfindungen über Greueltaten der Hunnen und ähnlichen, vergleichbaren Praktiken „einer widerstrebenden oder gleichgültigen Mehrheit ihren Willen aufgedrängt" zu haben.

Fünfzehn Jahre später erklärte Harold Lasswell in der *Encyclopaedia of the Social Sciences*, wir sollten nicht „demokratischen Dogmatismen" darüber verfallen, daß „die Menschen die besten Richter ihrer eigenen Interessen sind". Ihm zufolge sind sie das selbstverständlich nicht; die besten Richter sind die Eliten, die daher unbedingt über die Mittel verfügen müssen, dem Gemeinwohl zuliebe allen ihren Willen aufzuzwingen. Wenn den Eliten aufgrund der sozialen Bedingungen die erforderlichen Gewaltmittel zum Erzwingen von Gehorsam nicht zur Verfügung stehen, wird es aufgrund „der Unwissenheit und des Aberglaubens ... der Massen" nötig, zu einer „ganz neuen Technik der Kontrolle, die weitgehend auf Propaganda beruht", zu greifen. In denselben Jahren argumentierte Reinhold Niebuhr, daß „Rationalität eine Eigenschaft der kühlen Beobachter ist", während „der Proletarier" nicht der Vernunft, sondern dem Glauben folgt, der auf einem entscheidenden Element „notwendiger Illusionen" beruht. Ohne solche Illusionen wird der gewöhnliche Mensch in „Trägheit" verfallen. Niebuhr, der damals noch in seiner marxistischen Phase war, forderte sein Publikum - vermutlich die kühlen Beobachter - dazu auf, „die Dummheit des durchschnittlichen Menschen" zu erkennen und die „emotional mächtigen, groben Vereinfachungen" zu liefern, die erforderlich seien, um den Proletarier auf dem Kurs zur Schaffung einer neuen Gesellschaft zu halten; seine grundlegenden Konzeptionen änderten sich nur wenig, als Niebuhr später - so Richard Rovere - „der offizielle Theologe des Establishments" wurde und seinen Rat jenen anbot, die sich „mit den Verantwortlichkeiten, die die Macht mit sich bringt, auseinandersetzen müssen".[36]

Als die unwissende Bevölkerung nach dem Zweiten Weltkrieg zu einer Zeit, da den Eliten längst die Notwendigkeit klar war, zu neuen Konflikten zu rüsten, in ihren trägen Pazifismus zurückfiel, räsonierte der Historiker Thomas Bailey, daß „unsere Staatsmänner angesichts der hartnäckigen Kurzsichtigkeit der Massen und ihrer generellen Unfähigkeit, die Gefahr zu erkennen, bis sie ihnen schließlich an der Kehle sitzt, gezwungen sind, sie so lange zu täuschen, bis sie ihre langfristigen Interessen erkennen können. Eine solche Täuschung der Menschen könnte in Zukunft in wachsendem Maß notwendig werden, sofern wir nicht willens sind, unseren Führern in Washington freiere Hand zu geben." Als dann 1981 ein weiteres Mal ein neuer Kreuzzug eingeläutet wurde, wies Samuel Huntington in einem Kommentar zum selben Problem darauf hin, daß „wir [Interventionen oder andere Militäraktionen] möglicherweise so verkaufen müssen, daß der falsche Eindruck entsteht, es sei die Sowjetunion, gegen die wir kämpfen. Genau das haben die Vereinigten Staaten seit der Truman-Doktrin schließlich schon immer getan" - eine treffende Beobachtung, die eine der wichtigsten Funktionen des Kalten Krieges enthüllt.[37]

Von einem anderen Ort des politischen Spektrums aus wird die konservative Verachtung für die Demokratie sehr prägnant von Sir Lewis Namier artikuliert, der schreibt, daß „es im Denken und in den Handlungen der Massen ebensowenig einen freien Willen gibt wie im Bereich der Umlaufbahnen der Planeten, der Wanderbewegungen der Vögel oder des Massentods von Lemmingen, die sich ins Meer stürzen".[38] Wenn man den Massen gestattet, sich auf bedeutsame Weise an der Arena politischer Entscheidungen zu beteiligen, kann nur eine Katastrophe die Folge sein.

---

[36] Für Quellen, siehe mein *Towards a New Cold War* (Pantheon, 1982, Kapitel 1). Niebuhr, *Moral Man and Immoral Society* (Scribners, 1952, S. 221-23, 21; Nachdruck der Ausgabe von 1932); außerdem Richard Fox, *Reinhold Niebuhr* (Pantheon, 1985, S. 138-39). Zu weiteren Ausführungen über Niebuhrs Ideen und ihre Aufnahme, siehe meine Besprechung mehrerer Bücher Niebuhrs in *Grand Street*, Winter 1987.

[37] Bailey, zitiert von Jesse Lemisch, *On Active Service in War and Peace: Politics and Ideology in the American Historical Profession* (New Hogtown Press, Toronto, 1975). Huntington, *International Security*, Sommer 1981.

[38] *England in the Age of the American Revolution* (Macmillan, 1961, S. 40); zitiert in Francis Jennings, *Empire of Fortune* (Norton, 1988, S. 471).

Einige politische Kräfte sind in ihrer Verteidigung dieser Doktrin bemerkenswert offen: so schreibt zum Beispiel der niederländische Verteidigungsminister, daß jeder, „der sich gegen die Fabrikation von Konsens wendet, jeglicher Form effektiver Autorität Widerstand leistet".[39] Es gibt wohl keinen Politkommissar, der da nicht voller Wertschätzung und Verständnis mit dem Kopf nicken würde.

Wurzel dieses Verständnisses ist letztlich die Logik des dostojewskischen Großinquisitors, der Christus bittere Vorwürfe macht, weil er den Menschen Freiheit bietet und sie somit zum Elend verdammt. Die Kirche muß das böse Werk Christi korrigieren, indem sie der elenden Masse der Menschheit das Geschenk bietet, das sie sich am meisten wünscht und dessen sie am meisten bedarf: absolute Unterwerfung. Sie muß „die Freiheit besiegen", um „die Menschen glücklich zu machen" und ihnen die vollkommene „Gemeinschaft der Anbetung" zu verschaffen, nach der sie begierig suchen. In der heutigen weltlichen Zeit bedeutet dies die Anbetung der Staatsreligion, zu der in den westlichen Demokratien zusätzlich die Doktrin der Unterwerfung unter die Herren des auf öffentlichen Subventionen und privatem Profit basierenden Systems gehört, das sich freies Unternehmertum nennt. Die Menschen müssen zu ihrem eigenen Wohl unwissend gehalten und auf das Nachbeten hurrapatriotischer Parolen beschränkt werden. Und genau wie der Großinquisitor, der sich der Kräfte des Wunders, des Geheimnisses und der Autorität bedient, „um zugunsten ihres eigenen Glücks das Gewissen jener ohnmächtigen Rebellen zu erobern und für immer in Gefangenschaft zu halten" und ihnen die Freiheit der Wahl zu verweigern, die sie so verachten und fürchten, müssen die „kühlen Beobachter" die „notwendigen Illusionen" und „emotional mächtigen, groben Vereinfachungen" schaffen, die die unwissenden und dummen Massen diszipliniert und zufrieden halten.[40]

Trotz solcher offenen Eingeständnisse der Notwendigkeit, die Öffentlichkeit zu täuschen, wäre es in der Regel ein Irrtum zu meinen, daß die Praktiker dieser Kunst *bewußt* Täuschung betreiben; nur wenigen gelingt es, in dieser Hinsicht das verfeinerte Niveau des Großinquisitors zu erreichen oder sich derartiger Ein-

---

[39] Der holländische Verteidigungsminister Frits Bolkestein, *NRC Handelsblad*, 11. Oktober 1988. Dabei handelt es sich um seinen (empörten) Kommentar zu Materialien, die ich in meiner Huizinga-Vorlesung in Leiden 1977 zu diesem Thema präsentierte. Die Vorlesung ist abgedruckt in *Towards a New Cold War*, Kapitel 1.

[40] Fjodor Dostojewski, *Die Brüder Karamasow* (Frankfurt: Suhrkamp, 1980).

sichten über längere Zeit hinweg bewußt zu bleiben. Ganz im Gegenteil. Während die Intellektuellen ihrer harten und anspruchsvollen Berufung nachgehen, machen sie sich nur zu gerne Überzeugungen zu eigen, die institutionellen Notwendigkeiten dienen; diejenigen, die das nicht tun, werden sich anderswo nach Arbeit umsehen müssen. Der Vorsitzende des Aufsichtsrats mag aufrichtig glauben, daß jeder seiner wachen Augenblicke dem Dienst an den Bedürfnissen der Menschen gewidmet ist. Wenn er diesen Illusionen entsprechend handeln würde, statt Profite und Marktanteile anzustreben, wäre er bald nicht mehr Vorsitzender des Aufsichtsrats. Aller Wahrscheinlichkeit nach reden sich sogar die unmenschlichsten Ungeheuer bis hin zu den Hitlers und Mengeles erfolgreich ein, ihr Handeln sei äußerst edel und mutig. Die Psychologie des Führungspersonals ist ein Thema von geringem Interesse. Statt auf das Seelenleben dieser Leute sollten wir unsere Aufmerksamkeit lieber auf die institutionellen Faktoren richten, die den Rahmen für ihr Handeln und ihre Überzeugungen abstecken.

Der größte Teil der gebildeten Elite betrachtet die Tatsache, daß in demokratischen Gesellschaften auch die Stimme der Bevölkerung zu hören ist, als ein Problem, das überwunden werden sollte, indem dafür gesorgt wird, daß diese Stimme die richtigen Worte spricht. Die allgemeine Konzeption besagt, daß die Führer uns, nicht wir sie kontrollieren. Wenn die Bevölkerung außer Kontrolle gerät und Propaganda nicht mehr hilft, ist der Staat gezwungen, in den Untergrund zu gehen und auf klandestine Operationen und Geheimkriege zurückzugreifen; das Ausmaß geheimer Operationen ist oft ein guter Maßstab für das Ausmaß von Dissidenz in der Bevölkerung, wie zum Beispiel während der Amtszeit Reagans. In dem um Reagan gruppierten Klüngel selbsternannter „Konservativer" haben das Engagement für ungezügelte exekutive Macht und die Verachtung für die Demokratie ein ungewöhnliches Ausmaß erreicht. Dementsprechend wurde während dieser Zeit massiv auf staatliche Propagandakampagnen zurückgegriffen, die auf die Medien und die Gesamtbevölkerung abzielten: hierher gehört zum Beispiel die Einrichtung des „Lateinamerikabüros für Öffentliche Demokratie" im Außenministerium, das sich Projekten wie der „Operation Wahrheit" widmete, die von einem hohen Beamten als eine „riesige psychologische Operation" bezeichnet wurde, „wie sie normalerweise von Armeen aufgezogen wird, um die Bevölkerung in den für die eigenen Kräfte nicht zugänglichen Gebieten oder in

Feindterritorien zu beeinflussen".[41] Die Begriffe bringen klar die Haltung gegenüber der irregeleiteten Öffentlichkeit zum Ausdruck: Feindterritorium, das erobert und unterworfen werden muß.

In den von ihnen abhängigen Staaten müssen die Vereinigten Staaten oft zu Gewalt greifen, um „die Demokratie zu verteidigen". Im Heimatland sind subtilere Mittel erforderlich: die Fabrikation von Konsens, mit deren Hilfe die dummen Massen mit „notwendigen Illusionen" getäuscht werden, Geheimoperationen, von denen die Medien und der Kongreß behaupten, sie sähen sie nicht, bis das Ganze zu offensichtlich wird, um weiter verschwiegen zu werden. Dann treten wir in die Phase der Schadensbegrenzung ein, in der man sich bemüht, dafür zu sorgen, daß die öffentliche Aufmerksamkeit auf übereifrige Patrioten oder die Persönlichkeitsdefekte von Führern, die sich zu weit von unseren edlen Zielen entfernt haben, abgelenkt wird. Das Wichtigste dabei ist, daß die institutionellen Faktoren nicht ins Licht rücken, durch die der bleibende und substantielle Inhalt besagter Ziele festgelegt wird. In einer solchen Phase der Schadensbegrenzung ist es die Aufgabe der Freien Presse, die jeweiligen formalen Verfahrensmechanismen ernst zu nehmen und sie als Tribut an die Gesundheit unserer sich selbst reinigenden Institutionen zu beschreiben, die in Wirklichkeit mittels eben dieser Mechanismen sorgfältig vor dem wachsamen Auge der Öffentlichkeit beschützt werden.

Ganz allgemein gesprochen fällt den Medien und den gebildeten Klassen die Aufgabe zu, ihren „gesellschaftlichen Auftrag" zu erfüllen, indem sie im Rahmen der vorherrschenden Konzeption von Demokratie ihrer staatsnotwendigen Tätigkeit nachgehen.

---

[41] Alfonso Chardy, *Miami Herald*, 19. Juli 1987. Das Büro für Öffentliche Diplomatie des Außenministeriums operierte unter Leitung der CIA und des Nationalen Sicherheitsrats, um Unterstützung für die nicaraguanischen Contras zu organisieren und die Medien und den Kongreß zu manipulieren. Über die Aktivitäten des Büros, die im September 1987 vom Generalinspekteur des Rechnungshofs GAO (General Accounting Office) als illegal verurteilt wurden, siehe Stabsbericht, *State Department and Intelligence Community Involvement in Domestic Activities Related to the Iran/Contra Affair*, Ausschuß für Auswärtige Angelegenheiten, US-Repräsentantenhaus, 7. September 1988; Parry und Kornbluh, *op. cit.* Ferner *The Culture of Terrorism*, Kapitel 10, über Chardys frühere Enthüllungen in zwei hervorragenden, aber weitgehend ignorierten Artikeln in *Miami Herald*.

4. Bemerkungen zu Orwells Problem [*]

Im Mai 1983 geschah in Moskau etwas Bemerkenswertes. Ein mutiger Nachrichtensprecher, Wladimir Dantschew, verurteilte in fünf Sendungen im Lauf einer Woche über Radio Moskau den russischen Krieg in Afghanistan und rief die Rebellen dazu auf, „nicht ihre Waffen niederzulegen", sondern gegen die sowjetische „Invasion" ihres Landes zu kämpfen. Die westliche Presse überschlug sich vor Bewunderung für seine verblüffende Abweichung von „der offiziellen Parteilinie". In der *New York Times* schrieb ein Kommentator, Dantschew habe gegen die „Normen des Zwiedenkens und der Neusprache revoltiert". In Paris wurde zu seinen Ehren ein Preis für „Journalisten, die für das Recht auf Information kämpfen", gestiftet. Im Dezember kehrte Dantschew zur Arbeit zurück, nachdem er einer psychiatrischen Behandlung unterzogen worden war. Ein sowjetischer Offizieller wurde mit den Worten zitiert: „Er wurde nicht bestraft, weil man einen kranken Mann nicht bestrafen kann."

Man war der Auffassung, dieses Ereignis habe einen Einblick in die Welt von 1984 gewährt, und Dantschews Tat wurde zu Recht als ein Triumph des menschlichen Geistes, als Weigerung, sich von totalitärer Gewalt einschüchtern zu lassen, betrachtet.

Was an Dantschews Handlung bemerkenswert war, war nicht nur der Protest selbst, sondern auch die Tatsache, daß er die sowjetische Invasion Afghanistans als „eine Invasion" bezeichnete. In der sowjetischen Theologie gibt es ein Ereignis wie „die russische Invasion Afghanistans" nicht. Statt dessen handelt es sich um eine „sowjetische Verteidigung Afghanistans" gegen Terroristen, die vom Ausland her unterstützt werden. Wie bei den meisten Propagandasystemen gibt es auch hier einen Kern von Wahrheit, der sich in einer massiven Lüge verbirgt. Die afghanischen Mudschaheddin operieren tatsächlich von „Zufluchtsge-

* Die „Bemerkungen zu Orwells Problem" (geschrieben im September 1984) erschienen als fünftes Kapitel von Chomskys sprachwissenschaftlichen Fragen gewidmetem Buch *Knowledge of Language. Its Nature, Origin and Use* (London: Praeger, 1986, S. 276 - 287). Die restlichen vier Kapitel sind dem gewidmet, was Chomsky „Platos Problem" nennt. Während es bei „Orwells Problem" um die Frage geht, wie es kommt, daß wir - als Bürger einer demokratischen Gesellschaft - so wenig wissen, obwohl wir doch im Prinzip über so viele Informationen verfügen, handelt es sich bei Platos Problem um die Frage, wie wir so reiche Wissenssysteme wie zum Beispiel die menschliche Sprache entwickeln können, obwohl doch, in den Worten Bertrand Russells, unser „Kontakt mit der Welt so kurz, persönlich und beschränkt" ist - also um das Thema, über das Chomsky im ersten Kapitel des vorliegenden Bandes spricht.

bieten" in Pakistan aus, wo chinesische und CIA-Agenten den Waffenstrom überwachen, und es wird berichtet, daß die Guerillas neben vielen anderen von den Invasoren als „Greuel" betrachteten Taten Schulen und Krankenhäuser zerstört haben. Die Invasoren haben erklärt, daß sie abziehen werden, sobald Afghanistan gegen solche aus Pakistan kommenden Angriffe gesichert ist. Diese Haltung wird vom Westen mit der vollkommen vernünftigen Begründung abgetan, daß Aggressoren bedingungslos abziehen sollten, der Position also, die auch der Sicherheitsrat der Vereinten Nationen mit der heuchlerischen und später zurückgezogenen Unterstützung der Vereinigten Staaten einnahm, als Israel 1982 den Libanon überfiel. Außerdem ist man im Westen immer zurecht empört gewesen, wenn die Sowjets zynisch den „Terrorismus" des Widerstands anprangern oder wenn sie absurderweise vorgeben, Afghanistan gegen diese Banditen, die Unschuldige ermorden, zu *verteidigen*. Oder wenn die widerlichsten unter den Parteischreiberlingen vor der Gewalt und Unterdrückung warnen, die - wie sie durchaus richtig bemerken - folgen würden, wenn sich die Sowjetunion ihrer „Verantwortung entziehen" und das Schicksal der Afghanen der Willkür der Rebellen überantworten sollte.

Die Sowjetunion wendet ein, daß sie schließlich dazu aufgefordert wurde, ins Land zu kommen, aber wie der Londoner *Economist* großartig verkündete, ist „ein Eindringling [...] ein Eindringling, sofern er nicht von einer Regierung mit einem gewissen Anspruch auf Legitimität gerufen wurde". Nur innerhalb einer Neusprache à la Orwell kann eine solche Aggression als „Verteidigung gegen von außen unterstützten Terrorismus" charakterisiert werden.

Orwells Buch *1984* hatte zum großen Teil die Praxis der bestehenden sowjetischen Gesellschaft zum Vorbild, die schon lange vorher von Maximow, Souvarine, Beck und Godin sowie vielen anderen sehr genau beschrieben worden war. Nur in kulturell zurückgebliebenen Gegenden wie Paris wurden die Tatsachen über die Gesellschaften des Realsozialismus lange abgestritten, so daß Chruschtschows Enthüllungen über den Stalinterror und Solschenizyns anschauliche Gestaltung der längst bekannten Geschichte als derartige Offenbarung kamen - zu einer Zeit, als die Intelligenz ohnehin begierig war, zu einer veränderten Marschmusik zu marschieren. Was indes an Orwells Vision wirklich bemerkenswert war, war nicht seine Beschreibung des bestehenden Totalitarismus in der Sowjetunion, sondern seine Warnung, daß dasselbe bei uns passieren kann.

Bis jetzt zumindest ist das nicht eingetroffen. Die industriekapitalistischen Gesellschaften weisen wenig Ähnlichkeit mit Ozeanien auf - obwohl die Terror- und Folterregimes, die sie andernorts geschaffen und aufrechterhalten haben, ein Ausmaß an Brutalität erreichen, wie es bei Orwell niemals vorkommt. Mittelamerika ist nur das derzeit offensichtlichste Beispiel.

Die Pressebcrichterstattung über die Dantschew-Affaire enthielt einen stillschweigenden Unterton von Selbstbeglückwünschung: das könnte bei uns nicht passieren. Schließlich erfordert es bei uns selbst in Grundsatzfragen wenig Mut, Staat und Regierung die Stirn zu bieten. Und erst recht ist bei uns noch nie ein Dantschew in eine psychiatrische Klinik gesperrt worden, weil er eine Invasion eine „Invasion" genannt hat. Aber untersuchen wir einmal genauer, warum dies eigentlich der Fall ist. Es wäre ja zum Beispiel möglich, daß die Frage sich gar nicht stellt, weil es bei uns, von statistischen Irrtümern abgesehen, keine Dantschews gibt: das hieße, daß die Journalisten und anderen Intellektuellen dem doktrinären System derart unkritisch dienen, daß sie überhaupt nicht zu der Erkenntnis fähig sind, daß „ein Eindringling ein Eindringling ist, sofern er nicht von einer Regierung mit einem gewissen Anspruch auf Legitimität gerufen wurde", falls es sich bei diesem Eindringling um die Vereinigten Staaten handelt. Das wäre eine Stufe jenseits dessen, was Orwell sich vorstellte, eine Stufe jenseits dessen, was der sowjetische Totalitarismus erreicht hat. Ist das nur eine abstrakte Möglichkeit, oder ist es eine Situationseinschätzung, die die Lage in unserer westlichen Welt unangenehm treffend beschreibt?

Betrachten wir einmal die folgenden Tatsachen. 1962 begann die US-Luftwaffe mit ihren direkten Angriffen auf die Landbevölkerung Südvietnams, bei denen schwere Bombardements und Entlaubung als Teil eines Programms eingesetzt wurden, mit dem Millionen von Menschen in Lager getrieben wurden, um sie dort, umgeben von Stacheldraht und bewaffneten Wachen, vor den von ihnen *unterstützten* Guerillas - den „Vietcong", dem südvietnamesischen Nachfolger des früheren antifranzösischen Widerstands der Vietminh - zu „beschützen". Das ist genau das, was wir „Aggression" und „eine Invasion" nennen, wenn es von einem unserer offiziellen Feinde getan wird. Die Planer und Analytiker der US-Regierung waren sich vollkommen im klaren darüber, daß die von den Vereinigten Staaten im Süden installierte

Regierung (GVN - Government of Viet-Nam) keine Legitimität genoß und kaum Unterstützung in der Bevölkerung hatte, und dementsprechend wurde die Führung dieses Regimes regelmäßig in US-unterstützten Staatsstreichen gestürzt, wenn befürchtet wurde, sie könne womöglich von einer verschärften Eskalation der Aggression nicht begeistert genug sein oder sogar ein Abkommen mit dem südvietnamesischen Feind aushandeln. Bereits vor der regelrechten US-Invasion 1962 waren etwa 70.000 „Vietcong" in einer von den USA dirigierten Terrorkampagne getötet worden; bis 1965, als die umfassende US-Landinvasion - begleitet von der systematischen und intensiven Bombardierung des Südens und dem wesentlich schwächeren, aber viel stärkere Publizität genießenden Bombardement Nordvietnams - begann, kamen vermutlich noch einmal doppelt so viele hinzu. In den Jahren nach 1962 blockierten die US-Invasoren weiterhin sämtliche Versuche einer politischen Regelung und Neutralisierung Südvietnams, um 1964 mit Vorbereitungen für die großangelegte Eskalation des Krieges gegen den Süden Anfang 1965 zu beginnen und zusätzlich noch Nordvietnam, Laos und später Kambodscha anzugreifen.

Ich bin während der letzten 22 Jahre im Mainstream von Presse, Fernsehen und Wissenschaft in den USA kein einziges Mal auf eine Bezeichnung des Vorgehens der USA als „US-Invasion Südvietnams" oder „US-Aggression" in Südvietnam gestoßen. Im doktrinären System der USA kommt ein solches Ereignis einfach nicht vor. Es gibt bei uns keinen Dantschew, obwohl es in diesem Fall keinen Mut, sondern lediglich Aufrichtigkeit erforderte, die Wahrheit zu sagen. Selbst auf dem Höhepunkt der Opposition gegen den US-Krieg widersetzte sich nur ein winziger Teil der meinungsbildenden Intelligenz aus prinzipiellen Gründen - weil Aggression falsch ist - dem Krieg, während die meisten ihn in seiner späteren Phase, eine gute Weile, nachdem führende Geschäftskreise ihn längst als verloren abgeschrieben hatten, mit der „pragmatischen" Begründung ablehnten, die Kosten seien zu hoch. In der Bevölkerung wurden hierzu übrigens ganz andere Auffassungen vertreten. 1982 betrachteten immer noch 70 Prozent der Bevölkerung den Krieg nicht einfach als einen Fehler, sondern als „grundsätzlich falsch und unmoralisch", ein Problem, das in der politischen Debatte in den USA als das „Vietnamsyndrom" bekannt ist. Unter den „Meinungsmachern" war ein weitaus geringerer Teil dieser Ansicht.

Diese Tatsachen sollten uns zu denken geben. Wie wurde eine so erstaunliche Unterwürfigkeit unter das doktrinäre System erreicht? Es liegt nicht daran, daß die Tatsachen etwa unzugänglich waren. Die US-Angriffe auf Laos und Kambodscha wurden zwar von den Medien tatsächlich lange Zeit verheimlicht, eine Tatsache, die bis auf den heutigen Tag verschwiegen wird, aber über den US-Krieg gegen Südvietnam wurde von Anfang an mit recht großer Genauigkeit berichtet - außer daß er nicht als das beschrieben wurde, als was die nackten Fakten ihn auswiesen, sondern als eine Verteidigung Südvietnams gegen von außen her unterstützte Terroristen. Arthur Schlesinger ging in seiner Geschichte der Kennedy-Administration so weit, zu schreiben, 1962 - das Jahr, in dem die direkte US-Aggression gegen den Süden begann - sei „kein schlechtes Jahr gewesen", da die „Aggression in Vietnam aufgehalten" worden sei! Die Darstellungen in der Wissenschaft, den Schulbüchern und den Medien gehen mit äußerst seltenen Ausnahmen von der Annahme aus, die Haltung der USA sei defensiv und eine - möglicherweise unkluge - Reaktion auf eine „sowjetisch unterstützte Aggression" gewesen, oder auf eine „Aggression von innen", wie Adlai Stevenson die „Aggression" der einheimischen Bevölkerung gegen den ausländischen Invasoren und seine Klienten nannte.

Es wird uns besser gelingen, die Mechanismen der Indoktrinierung zu verstehen, wenn wir einmal einen näheren Blick auf die Debatte werfen, die sich schließlich in Mainstreamkreisen entwickelte, als die Sache begann, schiefzulaufen. In dieser Debatte standen die sogenannten „Falken" den „Tauben" gegenüber. Die Falken waren diejenigen, die wie der Journalist Joseph Alsop der Überzeugung waren, daß der Krieg mit ausreichendem Engagement gewonnen werden könne. Die Tauben waren mit Arthur Schlesinger der Ansicht, daß dies wahrscheinlich nicht der Fall sei, obwohl es für sie ebenso wie für ihn selbstverständlich war, daß „wir alle beten, daß Mr. Alsop recht behält" - kurz, wir beten alle, daß die USA mit ihrer Aggression und ihren Massakern erfolgreich sind. Und wenn sie es sind, schrieb Schlesinger in einem Buch, das in den Augen der Mainstreamkommentare (wie dem von Leslie Gelb) seinen Ruf als „Antikriegsführer" begründete, „werden wir alle die Weisheit und Staatskunst der amerikanischen Regierung feiern", die schließlich nichts Schlimmeres tat, als einen Krieg zu führen, der Vietnam in „ein Land des Verderbens und der Zerstörung" verwandelte. Dieselbe Position wird heute im Hinblick auf die US-Unterstützung für eine

Reihe von Gangstern und Schlächtern in Mittelamerika und auf den Stellvertreterkrieg der USA gegen Nicaragua erneut vertreten. Wie der Kritiker Anthony Lake 1984 feststellte, sahen die Tauben den US-Krieg in Indochina als ein „hoffnungsloses Unterfangen" an. Es herrscht die weithin übereinstimmende Meinung, der Krieg sei „ein mißlungener Kreuzzug" gewesen, dessen Motive „edel", wenn auch „illusorisch" und „in der Zielsetzung höchst unrealistisch" gewesen seien, wie Stanley Karnow in seiner vor kurzem erschienenen Geschichte des Vietnamkriegs schrieb, die als Begleitband zu der so hoch für ihre kritische Unparteilichkeit eingeschätzten PBS-Fernsehserie herauskam.

Was in der ganzen Debatte in auffälliger Weise fehlt, ist die Auffassung, daß die Vereinigten Staaten hätten gewinnen können, aber daß es falsch gewesen wäre, zuzulassen, daß Aggression und Massaker Erfolg haben. Das war die Position eines sehr großen Teils der amerikanischen Bevölkerung und der authentischen Friedensbewegung. Wenn der Krieg, wie die Tauben meinten, lediglich ein „hoffnungsloses Unterfangen" war, gab es natürlich keinen besonderen Grund, die Kriegsanstrengungen zu stören und die Konsequenzen des Protests zu erdulden, die oft hart waren, besonders für die jungen Leute, die in der vordersten Front der Antikriegsbewegung standen. Dagegen ist die Auffassung, daß der Krieg *prinzipiell* falsch war, eine Position, die in der Debatte zwischen den Falken und Tauben einfach nicht vorkommt.

Die zitierten, sehr typischen Kommentare illustrieren das Wesen demokratischer Systeme der Gedankenkontrolle. In einem auf Gewalt gegründeten System ist lediglich Gehorsam gegenüber der offiziellen Ideologie erforderlich. Propagandistische Äußerungen sind unter solchen Verhältnissen leicht zu identifizieren: ihre Quelle ist ein sichtbares Wahrheitsministerium, und man kann ihnen Glauben schenken oder auch nicht, solange man sie nicht offen zurückweist. Die Strafen für Dissidenz variieren, je nachdem, wie gewalttätig der Staat ist: in der heutigen Sowjetunion kann das internes Exil oder Haft unter grausamen Bedingungen bedeuten; in den von den USA gesponserten Schlachthäusern wie El Salvador oder Guatemala sieht sich der Dissident der hohen Wahrscheinlichkeit gegenüber, „verschwunden" oder nach scheußlicher Folter enthauptet in einem Graben gefunden zu werden.

Die demokratischen Systeme der Gedankenkontrolle haben einen vollkommen anderen Charakter. Gewaltanwendung, zumindest gegenüber den privilegierteren Sektoren der Bevölkerung, ist selten, aber dafür ist eine weitaus tiefergehende Form des Gehorsams erforderlich. Es ist nicht genug, daß die Staatsdoktrin befolgt wird. Hier wird es für notwendig gehalten, das gesamte Spektrum der Diskussion in Beschlag zu nehmen: außerhalb der Parteilinie darf nichts auch nur gedacht werden können. Dabei werden die Doktrinen der Staatsreligion oft nicht offen ausgesprochen, sondern als Rahmen für eine Diskussion unter rechtdenkenden Personen einfach vorausgesetzt, was eine weit wirkungsvollere Technik der Gedankenkontrolle ist. Die Debatte darf nur zwischen den „Tauben" und den „Falken", den Schlesingers und den Alsops stattfinden. Die Position, daß die Vereinigten Staaten sich der Aggression schuldig machen und daß diese Aggression falsch ist, darf nicht gedacht und ausgesprochen werden, da es sich hier um den Heiligen Staat handelt. Die „verantwortlichen Kritiker" leisten einen hochgeschätzten Beitrag zu diesem Anliegen, und genau darum werden sie toleriert und sogar geachtet. Wenn selbst die Kritiker die Doktrinen der Staatsreligion übernehmen, wer könnte diese dann überhaupt noch in Frage stellen?

Dieses Wesen der westlichen Systeme der Indoktrinierung wurde von Orwell nicht erkannt, und gerade Diktatoren sind in der Regel unfähig, es zu verstehen, da es ihnen nicht gelingt, die propagandistische Nützlichkeit einer kritischen Haltung zu begreifen, die sich die grundlegenden Annahmen der offiziellen Doktrin zu eigen macht und dadurch die authentische und rationale kritische Diskussion marginalisiert, auf deren Verhinderung es ankommt. Selbst die kleinste Abweichung von diesem Muster ist äußerst selten. Der vielleicht schärfste Kritiker des amerikanischen Kriegs im Mainstreamjournalismus war Anthony Lewis von der *New York Times*, der argumentierte, die Verwicklung der USA in Vietnam habe mit „stümperhaften Versuchen, Gutes zu tun" begonnen, so etwa 1969 - 1969! - sei jedoch klar geworden, daß es „ein verheerender Fehler" war. Kaum ein Universitätswissenschaftler stand der US-Politik kritischer gegenüber als John King Fairbank von der Harvard Universität, der im Dezember 1969 - ein Jahr, nachdem die Tet-Offensive einen großen Teil der Wirtschaftselite davon überzeugt hatte, daß es besser war, den Versuch, Südvietnam zu unterwerfen, aufzugeben - in seiner Präsidentenansprache vor der Amerikanischen Gesellschaft für Geschichte verkündete, wir seien aufgrund eines „Übermaßes an Anständigkeit und selbstlosem Wohlwollen" in den Krieg eingetreten, die Ereignisse hätten aber nun gezeigt, daß es ein Fehler gewesen sei, das zu tun. Nur wenige Diktatoren können sich einer derart totalen Konformität ihrer Untertanen gegenüber Höheren Wahrheiten brüsten.

Die Mechanismen, die benutzt werden, um solchen Gehorsam sicherzustellen, sind effektiv, wenn auch nicht übermäßig subtil. Nehmen wir zum Beispiel die Vorgänge, die überall als der „Friedensprozeß" im Nahen Osten bezeichnet werden und in den Abkommen von Camp David 1978-79 kulminierten. Kaum jemand fragt, weshalb die Bewohner der Gebiete unter israelischer Besatzung den „Friedensprozeß" nahezu einhellig ablehnen und ihn als ihren Interessen abträglich ansehen. Dabei genügt eine ganz kurze Überlegung, um den Grund dafür herauszufinden. Es war von vornherein offensichtlich, daß der „Friedensprozeß" dazu diente, Ägypten aus dem arabisch-israelischen Konflikt herauszuziehen, damit Israel danach freie Hand haben würde, mit massiver materieller und diplomatischer Unterstützung der USA seine Siedlungs- und Unterdrückungspolitik in den besetzten Gebieten auszudehnen sowie den Libanon anzugreifen - genau das, was es seither getan hat. Aber elementare Feststellungen wie diese waren damals von der Diskussion ausgeschlossen und sind es immer noch, obwohl die Tatsachen, die von vornherein offensichtlich waren, im Rückblick nachgerade auf der Hand liegen. Die Vereinigten Staaten streben die Schaffung eines mächtigen und expansionistischen Israels an, das als „strategischer Aktivposten" dienen soll. Alles, was zu diesem Ziel beiträgt, ist per definitionem Bestandteil des „Friedensprozesses". Der Ausdruck selbst macht jegliche weitere Diskussion überflüssig, denn wer kann schon etwas gegen Frieden haben?

Es gibt Tausende von ähnlichen Beispielen. Die US-Marinesoldaten im Libanon waren die „friedenserhaltende Streitkraft", und gegen sie gerichtete Aktionen waren „Terrorismus". Viele Libanesen waren der Ansicht, daß diese Soldaten lediglich die israelische Invasion mit ihrem Ziel einer „neuen Ordnung" im Libanon zu Ende führten: die Herrschaft der rechtsgerichteten Christen und der privilegierten Teile der muslimischen Bevölkerung über die Armen und Benachteiligten, die ihre als „Terrorismus" bezeichneten Taten als Widerstand betrachten - ein Standpunkt, der in der Diskussion bei uns natürlich keinen Platz hat. In ähnlicher Weise werden israelische Verweise auf „terroristische Dorfbewohner", die die israelischen Besatzungsstreitkräfte angreifen, kritiklos in die Berichte aufgenommen und ohne jedes Bewußtsein über ähnliche Arten des Sprachgebrauchs in der Vergangenheit kommentarlos weiterkolportiert. Wenn Israel wie im Januar 1984 Dörfer in der nordlibanesischen Region um Baalbek bombardiert und 500 Menschen - in erster Linie Zivilisten, darunter auch 150 Schulkinder - tötet oder verletzt, oder wenn es (wie oftmals vor diesem Datum und einige Monate darauf erneut) Schiffe in internationalen Gewässern kapert und ihre Passagiere entführt, dann ist das nicht „Terrorismus", sondern „Vergeltung" - oder vielleicht „legitimes vorbeugendes Handeln" - und zieht bei uns weder Kommentare noch Tadel nach sich. Als Klientenstaat der USA genießt Israel ein Erbrecht auf Gewalttätigkeit, Terrorismus und Aggression. Oft werden unerwünschte Fakten auch einfach unterdrückt. Wie schon erwähnt, waren die „geheimen Bombardierungen" von Laos und Kambodscha deshalb „geheim", weil die Medien es ablehnten, über die reichlich vorhandenen Zeugnisse und Beweise zu berichten. Die von den USA unterstützte indonesische Aggression in Timor, die zum Tod von vielleicht 200.000 Menschen und einer an Biafra erinnernden Hungersnot führte, wurde mehr als vier Jahre lang fast völlig verschwiegen. Eine Studie der Rand Corporation von Brian Jenkins aus dem Jahr 1983 behauptet: „Seit 1975 hat es zwölf Konflikte unter beträchtlichem Einsatz konventioneller Streitkräfte gegeben"; die von den USA unterstützte Invasion Osttimors, die 1975 begann, ist nicht darunter, obwohl der indonesische Truppeneinsatz dort unzweifelhaft „beträchtlich" war - und ist, ebenso wie der Nachschub von US-Waffen, der im sicheren Wissen um den Verwendungszweck - das Massaker an der Bevölkerung Osttimors - erfolgte. Über die gegenwärtig andauernden Greuel wird kaum berichtet, und wenn es dann, nach vielen Jahren des Schweigens, einmal einen Kommentar gibt, wird die entscheidende und sehr zielbewußte Rolle der USA geflissentlich ausgeblendet.

Die Medien können eine furchterregende Macht bilden, wenn sie zur Unterstützung des staatlichen Propagandasystems mobilisiert werden. Einer der spektakulärsten Public-Relations-Triumphe der jüngeren Geschichte folgte auf den Abschuß des koreanischen Zivilflugzeugs KAL 007 durch die sowjetische Luftwaffe am ersten September 1983 - der sichere Beweis, daß die Sowjets die barbarischsten Teufel seit Attila dem Hunnen sind, so daß wir die MX-Rakete entwickeln, Pershing II-Raketen in Deutschland aufstellen und den Krieg gegen Nicaragua intensivieren müssen. Gleichzeitig, so bemerkte ein in der *New York Times* zitierter Analytiker eines Raumfahrtkonzerns, lieferte der „Zwischenfall mit dem koreanischen Linienflugzeug [...] einen Anstoß zu einer positiveren Neubewertung der Verteidigungsindustrie und so gut wie aller Aktien in diesem Bereich." Nur wenige Ereignisse haben derartige Empörung ausgelöst, und über kaum eine Geschichte ist in der US-Presse so massiv berichtet worden. Im eng gedruckten Index der *New York Times* nimmt diese Greueltat allein im September 1983 volle sieben Seiten ein. Die Version der US-Regierung brach hinterher zusammen, und es wurde zugegeben, daß die sowjetischen Militärs wahrscheinlich nicht wußten, daß es sich um ein ziviles Flugzeug handelte, aber da waren die mit dieser Geschichte einzuheimsenden Propagandaerfolge längst erzielt.

Innerhalb weniger Monate waren hinsichtlich des Flugs der KAL 007 einige Fragen aufgetaucht. Ein Artikel in der britischen Militärzeitschrift *Defence Attaché* (Nr. 3, 1984) legte Material vor, das darauf hindeutete, daß das Eindringen der KAL 007 in einen sensiblen Bereich des sowjetischen Luftraums möglicherweise erfolgte, um US-Satelliten die Möglichkeit zu geben, die sowjetische Reaktion auf ein solches Eindringen zu beobachten; zur Unterstützung dieser Vermutung wurden einige frühere Beispiele für diese Taktik angeführt. Der Autor schrieb dazu: „Wenn es im Westen ein Versagen gegeben hat, dann liegt es auf Seiten des investigativen Journalismus, der die Nachforschungen mit nicht annähernd dem Eifer betrieben hat, den man eigentlich erwarten würde." „Gerade in den Vereinigten Staaten sollte die Presse diese Herausforderung annehmen", war sein Kommentar. Bis jetzt (September 1984) ist die Herausforderung nicht angenommen worden. Die *New York Times* hielt es nicht einmal für nötig, über diese Vorwürfe zu berichten, wenn man von einem beiläufigen Hinweis auf ein Dementi der US-Regierung einige Wochen später und einigen Bemerkungen, die durchblicken ließen, die Vorwürfe seien „eine Behauptung der Sowjetunion", einmal absieht. Das war natürlich eine bequeme Art, sie abzutun.[1] Einige Monate später legte David Pearson Beweismaterial dafür vor, daß die US-Regierung genau darüber unterrichtet war, daß die KAL 007 weit ab vom Kurs war und „auf sowjetisches Territorium zusteuerte, während dort ein wichtiger Raketentest in Vorbereitung war, und daß die Linienmaschine daher in großer Gefahr war", und daß US-Nachrichtendienste „die Zeit und die Mittel hatten, mit der KAL 007 zu kommunizieren und ihren

---

[1] William Broad, *New York Times*, 1. September 1984; ebenso 8. Juli, 31. August. Die *Washington Post* brachte einen Bericht über den *Defence Attaché*-Artikel (19. Juni).

Kurs zu korrigieren, aber keiner von ihnen es tat". Seiner Argumentation nach kann man davon ausgehen, daß man im Weißen Haus und im Pentagon ebenfalls genügend Informationen sowie die Möglichkeit hatte, „Instruktionen an zivile Kontrollbehörden für den Luftverkehr zu übermitteln, um den Kurs der Linienmaschine zu korrigieren, es aber nicht tat". Der frühere US-Diplomat John Koppel, der sich seinerzeit an dem Versuch zur Vertuschung des U-2-Zwischenfalls beteiligt hatte, stellte fest, „seine Untersuchung des sowjetischen Abschusses des Flugzeuges der Korean Air Lines habe ihn davon überzeugt, daß die Vereinigten Staaten Beweismaterial unterdrücken, das darauf schließen läßt, daß das Flugzeug auf einer Spionagemission war", und forderte eine Untersuchung durch den Kongreß.[2]

Man sollte denken, daß diese Vorwürfe und die zu ihrer Stützung vorgebrachten Informationen eine gewisse Aufmerksamkeit verdienen. Sie sind jedoch zum größten Teil mit Schweigen übergangen worden; es gab lediglich einige Berichte über offizielle Dementis, darunter die Behauptung, daß „keine Behörde der US-Regierung vor dem Abschuß auch nur wußte, daß das Flugzeug nicht auf Kurs war und sich in Schwierigkeiten befand", und daß „die Besatzung der RC135 [das mit fortgeschrittenster Technologie ausgestattete US-Spionageflugzeug, das in der Nähe des koreanischen Linienflugzeugs flog, N.C.] nicht die geringste Ahnung" von der Anwesenheit des Flugzeugs hatte[3] - das alles in einem hochgradig sensiblen Gebiet unter intensiver US-Überwachung, die zu genau jener Zeit wegen der bevorstehenden sowjetischen Raketentests verstärkt worden war. Diejenigen, die den offiziellen Dementis Glauben schenken, sollten eine andere Art von Kongreßuntersuchung fordern, nämlich eine Untersuchung

---

[2] David Pearson, *Nation*, 18. August 1984; UPI, *Boston Globe*, 27. August 1984. Tom Wicker bezeichnet das Versäumnis der Presse, über Pearsons Behauptungen zu berichten oder ihnen nachzugehen, als Zeugnis der "deprimierenden Komplizenschaft mit der Regierung, zu der die freie amerikanische Presse seit Vietnam und Watergate abgesunken ist" - eine Komplizenschaft, die in Wirklichkeit schon damals und in der Zeit davor bestand ("A Damning Silence", *New York Times*, 7. September 1984; es war gerade die *New York Times*, die in dieser Hinsicht ein besonders trauriges Schauspiel geliefert hat).

[3] In den Worten eines nicht identifizierten hohen Beamten des US-Außenministeriums (Fred Kaplan, *Boston Globe*, 29. August 1984). Die *New York Times*, die als "Zeitungslegende" besonderen Verantwortlichkeiten gerecht werden muß, hat über all das mit Ausnahme von Regierungsdementis, denen ein gewisser Raum gewidmet wurde, praktisch nichts berichtet. Das Muster ist nicht untypisch. Wie sorgfältige Leser unserer freien Presse wissen, sind offizielle Dementis oft eine nützliche Spur, die zu Tatsachen hinführt, über die in anderer Form nicht berichtet wird.

der erstaunlichen Unfähigkeit der US-amerikanischen Nachrichtendienste und Überwachungssysteme.

Der erwähnte Vorfall weist noch einige weitere verblüffende Aspekte auf. So verdient zum Beispiel die Tatsache Erwähnung, daß mitten im Aufruhr über die sowjetische Greueltat die von den Vereinigten Staaten und Südafrika unterstützten „Freiheitskämpfer" der angolanischen UNITA die Verantwortung für den Abschuß einer angolanischen Düsenmaschine übernahmen, bei dem 126 Menschen starben. Hier gab es keinerlei Unklarheiten, das Flugzeug befand sich nicht abseits des Kurses im Überflug über sensible Militäreinrichtungen, es gab kein US-Aufklärungsflugzeug in der Nähe, das Fragen über die Angelegenheit aufwarf. Es war ganz einfach vorsätzlicher Mord, der von unseren Helden freudig verkündet wurde. Diesem Vorfall räumte die *New York Times* 100 Worte ein; wie es scheint, wurde er nirgends in den Medien kommentiert. Die weitere Behauptung der UNITA, im Februar 1984 ein angolanisches Zivilflugzeug abgeschossen und so 100 Tote verursacht zu haben, wurde praktisch überhaupt nicht erwähnt; meines Wissens war dieser Angelegenheit in der gesamten US-Presse kein einziger eigenständiger Artikel gewidmet.

Diejenigen, die ein gutes Gedächtnis haben, erinnern sich vielleicht noch an andere Fälle. Im Oktober 1976 wurde eine kubanische Linienmaschine von Terroristen mit langjährigen Verbindungen zur CIA mit einer Bombe gesprengt, und 73 Zivilisten wurden getötet. Dieser Vorfall fiel in eine Zeit, zu der die zwanzigjährige Kampagne des internationalen Terrorismus gegen Kuba einen Höhepunkt erreichte. 1973 schoß Israel ein Zivilflugzeug ab, das sich zwei Flugminuten von seinem Flugziel Kairo befand und sich in einem Sandsturm verirrt hatte; 110 Menschen wurden getötet. Es gab kaum Protest, statt dessen las man in redaktionellen Kommentaren, daß „durch scharfe Debatten über Schuldzuweisungen keinem sinnvollen Zweck gedient ist" (*New York Times*). Vier Tage später besuchte Premierministerin Golda Meir die Vereinigten Staaten, wo man sie nicht viel mit lästigen Fragen quälte, sondern ihr neue Militärflugzeuge für Israel zum Geschenk machte. Im Gegensatz zu Behauptungen aus letzer Zeit, die in der Absicht vorgebracht wurden, diesen Fall von der sowjetischen Greueltat zu unterscheiden,[4] lehnte Israel es ab,

---

[4] Martin Peretz, *New Republic*, 24. Oktober 1983; Michael Curtis von den "Amerikanischen Professoren für Frieden im Mittleren Osten", Leserbrief, *The New York Times*, 2. Oktober 1983.

Entschädigung zu bezahlen oder überhaupt irgend eine Verantwortung zu akzeptieren; es bot nur *ex gratia* Zahlungen an, die wie üblich von seinem großzügigen ausländischen Gönner finanziert wurden. 1955 wurde ein Flugzeug der Air India, das die chinesische Delegation zur Bandung-Konferenz bringen sollte, während des Fluges gesprengt; die Polizei Hongkongs bezeichnete die Tat als „sorgfältig geplanten Massenmord". Ein amerikanischer Überläufer bezichtigte sich später, die Bombe im Dienst der CIA gelegt zu haben.[5] Natürlich zeugt keiner dieser Zwischenfälle von „Barbarei"; sie alle waren schnell vergessen. Keiner von ihnen verdiente die Bezeichnung als „eine der infamsten und widerwärtigsten Taten der Geschichte", so der Wortlaut der Resolution, mit der der Kongreß die sowjetische Greueltat einstimmig verurteilte, was Senator Moynihan zu einem Lobgesang auf „das wichtigste Konzept in der Evolution des Verbrechensbegriffs seit der Genfer Konvention"[6] beflügelte.

Man kann eine lange Liste solcher Beispiele anführen. Das ist die Art, wie Geschichte im Interesse der Inhaber von Privilegien und Macht geschrieben wird.

All dies fällt in den Bereich dessen, was Walter Lippman 1921 die „Fabrikation von Konsens" nannte, eine Kunst, die „großer Verfeinerungen fähig" sei und zu einer „Revolution" in „der Praxis der Demokratie" führen werde. Diese Kunst hat in den Sozialwissenschaften große Bewunderung geweckt. Der bekannte amerikanische Politikwissenschaftler Harold Lasswell schrieb 1933, daß wir „demokratische Dogmatismen" wie den Glauben, die Menschen könnten „ihre Interessen selbst am besten beurteilen", vermeiden müssen. In der Demokratie ist es auch der Stimme des Volkes erlaubt, zu sprechen, weshalb es die Aufgabe des Intellektuellen ist, dafür zu sorgen, daß diese Stimme das gutheißt, was nach Auffassung weitsichtiger Führer der richtige Kurs ist. Die Propaganda spielt für die Demokratie dieselbe zentrale Rolle wie die Gewalt für den Totalitarismus. Die entsprechenden Techniken sind weit über alles hinaus, was Orwell sich hätte träumen lassen, zu einer regelrechten Kunst ausgefeilt worden. Als eines der subtileren Mittel gehört dazu der Mechanismus der

---

[5] Brian Urquhart, *Hammarskjold* (New York: Knopf, 1972).
[6] Zitiert von Randolph Ryan, "Misusing the Flight 7 Tragedy", *Boston Globe*, 16. September 1984. Ryan zieht aus den Ereignissen die Lehre, daß man der Administration und dem Kongreß nicht vertrauen kann, daß "sowohl Präsident Reagan als auch der Kongreß der Wahrheit Gewalt angetan haben". Die wesentlichere Frage, die selten aufgeworfen wird, müßte sich an die Presse richten.

Pseudodebatte, die in Wirklichkeit die Doktrinen der Staatsreligion zur gemeinsamen Grundlage hat und dadurch eine rationale, wirklich kritische Diskussion vermeidet, obwohl simple Lügen, die Unterdrückung von Tatsachen und weitere grobe Techniken ebenfalls sehr häufig zur Anwendung kommen und sehr effektiv darin sind, uns vor der Kenntnis und dem Verständnis der Welt, in der wir leben, abzuschirmen.

Wir sollten uns darüber klar sein, daß ideologische Kontrolle (Agitprop) in den Demokratien weit wichtiger ist als in den Staaten, die mittels Gewalt herrschen, und daher im Westen viel höher entwickelt und im übrigen wahrscheinlich auch wirksamer ist. Bei uns gibt es nur wenige Dantschews, wenn man vom extremen Rand des politischen Spektrums einmal absieht.

Für diejenigen, die halsstarrig am Ziel der Freiheit festhalten, kann es keine dringendere Aufgabe geben, als zu lernen, die Mechanismen und Praktiken der Indoktrination zu verstehen. Diese sind in den totalitären Gesellschaften leicht zu erkennen; in den Systemen der „Gehirnwäsche ohne Zwang und Gewalt", denen wir ausgesetzt sind und denen wir nur allzu häufig als freiwillige oder unwillentliche Werkzeuge dienen, ist das weit weniger leicht.

III. Die Verdammten dieser Erde

5. Osttimor[*]

Die vom Westen unterstützte indonesische Invasion und das darauffolgende, immer noch andauernde Massaker in Osttimor enthüllen mit äußerster Klarheit die Heuchelei der westlichen Propaganda in Bezug auf die Menschenrechte, den vollkommen betrügerischen Charakter des angeblich so großen Schmerzes über eine ganz bestimmte, wohldefinierte Sorte schrecklicher Greueltaten (nämlich solche, die ideologisch von Nutzen sind, da es sich bei den Tätern um offizielle Feinde handelt), die Beiläufigkeit, mit der Handlungen hingenommen werden, die als Völkermord bezeichnet würden, wenn jemand anderes als wir selbst dafür verantwortlich wäre, und schließlich den Mechanismus, mit dem Aggression in den Deckmantel der Verteidigung gehüllt wird und der fast zu verbreitet ist, um noch besondere Erwähnung zu verdienen. Die Vorfälle, um die es hier geht, sind so entlarvend, daß sie nicht bekannt werden dürfen und auch tatsächlich außer in winzigen Zirkeln nicht bekannt sind. Darüber hinaus muß die Wahrheit über diese Ereignisse aus der Geschichte getilgt werden, und man kann mit einiger Zuversicht vorhersagen, daß sie ihren Weg in das immer sehr nützliche Orwellsche „Erinnerungsloch" finden werden und später einmal in den Vereinigten Staaten und anderswo im Westen genauso gut bekannt sein werden wie das US-Massaker an Hunderttausenden von Filipinos um die Jahrhundertwende, der Völkermord an der Ursprungsbevölkerung Amerikas und andere, für die Aufnahme in den Kanon der offiziellen Geschichte ungeeignete historische Fälle.

Den Hintergrund der Tragödie Osttimors bildet die Globalplanung der US-Regierung in der Zeit nach dem Zweiten Weltkrieg. Die politischen Probleme Südostasiens sollten auf eine Weise gelöst werden, welche die Region dazu befähigen würde, „ihre wichtigste Funktion als Quelle von Rohstoffen und als Markt für Japan und Westeuropa zu erfüllen", wie es 1949 im Außenministerium hieß. Dabei sollte das rohstoffreiche Indonesi-

---

[*] Auszug aus Chomskys Vorwort zu dem Buch des osttimoresischen Nobelpreisträgers von 1996, José Ramos-Horta: *Funu. The Unfinished Saga of East Timor* (Trenton, N.J.: Red Sea Press, 1987). Abgedruckt in *The Chomsky Reader*, S. 303 - 311. Geschrieben wurde der Text im November 1985.

en eine zentrale Rolle in dem damals entstehenden globalen System spielen, in dem der japanische und der westeuropäische Kapitalismus innerhalb eines größeren, von den Vereinigten Staaten organisierten und letztlich ihren Interessen untergeordneten Rahmens wiederaufgebaut werden sollten. Die portugiesische Kolonie Osttimor, auf die Indonesien bis zu seiner Invasion von 1975 keinen Anspruch erhob, wurde von den Nachkriegsplanern ebenfalls erwähnt. Sumner Welles vertrat die Auffassung, Osttimor solle das Recht auf Selbstbestimmung erhalten, wenn auch mit einer gewissen Verzögerung: „Das würde mit Sicherheit tausend Jahre dauern", erklärte er mit der üblichen rassistischen Verachtung für die minderwertigen Völker. Indonesien dagegen sollte sofort die Unabhängigkeit erhalten - auch wenn die USA hierfür eine ganz bestimmte Form anstrebten.

Die Vereinigten Staaten setzten sich für ein Ende des holländischen Kolonialismus ein, da dieser ebenso wie die anderen, von den USA nicht kontrollierten Regionalsysteme ein Hindernis für die US-Pläne darstellte, das globale System auf eine Weise zu organisieren, die es den Bedürfnissen der USA unterordnen würde. Da sie aber mit dem konkreten Ergebnis des Entkolonialisierungsprozesses unzufrieden waren, versuchten die Vereinigten Staaten 1958, den Präsidenten Indonesiens, Sukarno, zu stürzen, indem sie eine „Rebellion" von indonesischen Dissidenten und Söldnern, die die CIA auf den Philippinen ausgebildet hatte, anzettelten. Selbst als ein US-Pilot (der für eine Fluglinie flog, die als Frontorganisation für die CIA diente) abgeschossen wurde, konnte die US-Presse nicht genügend Interesse aufbringen, um den entsprechenden Vorwürfen nachzugehen, die von Bernard Kalb von der *New York Times* als „kommunistische Propaganda" abgetan wurden. Der Versuch, die indonesische Regierung zu stürzen, schlug fehl, aber die entsprechenden Bemühungen gingen auf anderen Wegen weiter, nämlich denselben, die die Vereinigten Staaten beim Sturz von - durchaus auch demokratischen - Regierungen, die nicht nach ihrem Geschmack sind, immer wieder eingeschlagen haben. Einer der bekanntesten Fälle ist der Sturz Salvador Allendes in Chile. Die Vereinigten Staaten unterhielten enge Kontakte mit dem indonesischen Militär und lieferten Militärhilfe, während die Beziehungen zur indonesischen *Regierung* immer feindseliger wurden. 1965 wurden während eines von der offiziellen Doktrin (und einem Großteil der akademischen Wissenschaft) als „kommunistischer Putsch" bezeichneten Coups sechs Generäle ermordet. Wundersamerweise verschonte der Putsch den proamerikanischen General Suharto und richtete sich statt dessen gegen als antiamerikanisch geltende Elemente des Militärs. Suharto führte dann einen richtigen Militärputsch durch, in dessen Verlauf innerhalb einiger Monate etwa eine halbe Million Menschen, zum größten Teil landlose Bauern, abgeschlachtet wurden. Die breit in der Bevölkerung verankerte kommunistische Partei wurde vernichtet, und wie es der Zufall so wollte, verwandelte sich das Land zur gleichen Zeit in ein „Paradies für Investoren".

Im Westen beobachtete man all das mit großem Wohlgefallen, ja sogar mit Entzücken. Verteidigungsminister Robert McNamara wurde im Verlauf von Anhörungen im Kongreß gefragt, ob die Militärhilfe an Indonesien während einer Periode angespannter US-indonesischer Beziehungen „sich ausgezahlt" habe, und er antwortete: ja, das habe sie. Dieser Meinung war auch der Kongreß, ebenso wie die Presse, die diesen „Lichtblick in Asien", „die seit Jahren besten Nachrichten für den Westen in Asien", die „Hoffnung, wo es noch bis vor kurzem keine gab" etc. etc. warm begrüßte. Westliche Liberale feierten die „dramatischen Veränderungen" in Indonesien als Rechtfertigung für den US-Angriff auf Südvietnam (der hier in den USA „die Verteidigung Südvietnams" genannt wurde), durch den ein „Schutzschild" gebildet worden sei, das die indonesischen Generäle ermutigt habe, ihr notwendiges Werk der Säuberung der Gesellschaft und der Befreiung Indonesiens für die Ausbeutung durch den Westen zu verrichten. Inzwischen treiben es angesehene Journalisten so weit, zu schreiben, daß die kommunistische Partei „das Land einem Blutbad aussetzte" (George McArthur), und daß 1965 „Tausende niedergemetzelt wurden", „als das Militär des Landes einen blutigen Versuch Präsident Sukarnos und der von China unterstützten Kommunistischen Partei Indonesiens, das parlamentarische Regierungssystem durch eine Diktatur zu ersetzen, vereitelte" (Robert Toth). Die Opfer des Massakers sind zu den Tätern geworden, das Ausmaß des Mordens um einen Faktor von Hundert verringert und die US-Rolle darin eliminiert worden, ganz, wie es die Norm ist, wenn es um Greueltaten geht, die von den „guten Jungs" auf unserer Seite verübt wurden und sich für uns und unsere Hilfe ausgezahlt haben.

Eine CIA-Studie der indonesischen Operation von 1965 bleibt weiterhin geheim. Der frühere CIA-Agent Ralph McGehee, unter dessen Leitung die Studie angefertigt wurde, dem aber bis heute verboten ist, sie öffentlich zu diskutieren, sagt, aufgrund dieser

Studie kenne er „die spezifischen Schritte, die die CIA unternahm, um die Bedingungen zu schaffen, die zum Massaker an mindestens einer halben Million von Indonesiern führten".

Nach der Zerschmetterung der politischen Opposition in einem der gewalttätigsten Massaker der Neuzeit und der Inhaftierung von 750.000 Menschen, von denen viele fünfzehn Jahre lang in Gefängnissen und Konzentrationslagern weggesperrt blieben, wurde Indonesien in der Freien Welt willkommen geheißen, wo es auch weiterhin als loyaler Vorposten von Freiheit und Demokratie im üblichen Stil dient. Integrale Bestandteile sind die Verarmung eines Großteils der Bevölkerung in einer potentiell reichen Gesellschaft, Terror und Folter sowie ein politisches System, für das selbst der Ausdruck „betrügerisch" noch ein Kompliment wäre, vor allem aber das weitgehende Fehlen von Barrieren für die Ausbeutung des Landes durch den Westen, der lediglich der Raubgier der indonesischen Generäle und ihrer örtlichen Kumpane Tribut zollen muß.

Nach dem Sturz des portugiesischen Faschismus 1974 gab es auch in der Kolonie Osttimor Schritte in Richtung auf die Unabhängigkeit. Politische Kräfte, die aus Indonesien unterstützt wurden, machten im August 1975 einen Putschversuch, aber dieser Putsch wurde in einem kurzen, sehr blutigen Bürgerkrieg, bei dem etwa 2.000 bis 3.000 Menschen getötet wurden, zurückgeschlagen. Anfang September war das Land in den Händen der FRETILIN, die von gut informierten Beobachtern vor Ort als „populistisch-katholisch" orientiert beschrieben wurde. Mitarbeiter internationaler Hilfsorganisationen, Journalisten und andere Beobachter lobten die gemäßigte und konstruktive Weise, auf die die FRETILIN die Entwicklung und die Unabhängigkeit des Landes in die Wege leitete. Aber die indonesische Führung hatte anderes im Sinn, und die Vereinigten Staaten und deren Verbündete waren nur zu glücklich, sich ihren Plänen zu fügen, solange die Profite aus Indonesien weiterflossen.

Indonesien begann sofort mit Aggressionen im Grenzgebiet, und es bestand wenig Zweifel daran, daß es bald zu einer vollständigen Invasion übergehen würde. Geheime diplomatische Telegramme, die in Australien veröffentlicht wurden, zeigen, daß die US-Botschaft in Jakarta von Henry Kissinger angewiesen worden war, sich nicht mit der Angelegenheit zu befassen und „ihre Berichterstattung über Timor einzuschränken" (so der australische Botschafter in Indonesien Woolcott). Woolcott zufolge vertrat US-Botschafter David Newsom damals die Auffassung, daß Indonesien, falls es intervenieren wolle, dies „effektiv, schnell und ohne US-Militärmaterial" tun solle. Letzteres war natürlich nur ein durchsichtiges Täuschungsmanöver: in Wirklichkeit war gemeint, Indonesien solle unser Militärmaterial nicht in allzu auffälliger Weise benutzen. Neunzig Prozent der indonesischen Rüstungsgüter stammten aus den Vereinigten Staaten und waren unter der Bedingung bewilligt worden, daß sie nur zur Selbstverteidigung verwendet würden; das Konzept der „Verteidigung" kann jedoch recht breit ausgelegt werden, falls sich die Notwendigkeit dazu ergibt.

Am 7. Dezember 1975 begann Indonesien mit der totalen Invasion des Landes und leitete eine Massenschlächterei in die Wege, die bis 1979 wahrscheinlich etwa 200.000 Menschen das Leben gekostet hat und die Überlebenden zu einem Existenzniveau wie seinerzeit in Biafra und, zu etwa der gleichen Zeit, an der thailändisch-kambodschanischen Grenze verurteilte. Im Gegensatz zu den offiziell verbreiteten Lügen beteiligten sich die Vereinigten Staaten enthusiastisch an diesem Feldzug. Die US-Regierung behauptete später, sie habe damals ein geheimes sechsmonatiges Waffenmoratorium verfügt; wie sich dann herausstellte, war das Moratorium derart geheim, daß die indonesische Regierung gar nichts davon wußte, während der Waffenstrom während dieser Periode unverändert weiterfloß; die Vereinigten Staaten boten sogar neue, für Maßnahmen zur Aufstandsbekämpfung besonders geeignete Rüstungsgüter an. 1977 hatte Indonesien, in einem Krieg gegen ein Land mit einer Bevölkerung von 700.000 Menschen, seinen Vorrat an Militärmaterial schon beinahe aufgebraucht, so daß die Carter-Administration parallel zur Verbreitung von Frömmigkeiten und Eigenlob hinsichtlich ihres Engagements für die Menschenrechte - „die Seele unserer Außenpolitik" - für einen enormen Anstieg des Waffenflusses nach Indonesien sorgen mußte, im vollen Wissen, daß diese Waffen dazu verwendet würden, ein Massaker zu Ende zu führen, das inzwischen allmählich die Dimensionen eines Völkermords erreichte.

Was die amerikanischen Medien betrifft, so benötigten diese keine Anweisungen vom Außenministerium, „ihre Berichterstattung aus Timor einzuschränken". Sie verstanden die ihnen zugedachte Rolle auch so, und das Thema verschwand praktisch vollständig aus der Öffentlichkeit. In der *New York Times* zum Beispiel war die Berichterstattung über Timor 1975 recht umfangreich, sank aber ab, als Indonesien in Timor einmarschierte und kam 1978, als die Greuel mit dem neuen, von der Menschenrechtsadministration gelieferten Militärmaterial ihren Höhepunkt erreichten, praktisch auf dem Nullpunkt an. Die gelegentlichen Berichte sparten sorgfältig die vielen timoresischen Flüchtlinge in Portugal und Australien aus und hielten sich statt dessen an die indonesischen Generäle, die dem Leser auf dem Weg über die freie Presse versicherten, die Timoresen, die von der FRETILIN in die Berge „gezwungen" worden seien, würden massenhaft bei den Indonesiern Zuflucht suchen, um sich der „Kontrolle" der FRETILIN zu entziehen. Diese „Tatsachen" wurden von der freien Presse umstandslos weiterkolportiert, sofern sie überhaupt einmal geruhte, sich mit dem Morden zu befassen. Später wurden Wesen und Ausmaß der Greuel teilweise eingeräumt, allerdings hinter einem Vorhang betrügerischer Behauptungen und unter sorgfältiger Umgehung der Rolle der US-Regierung und der Komplizenschaft der Presse.

Während die Vereinigten Staaten der wichtigste ausländische Teilnehmer an der Schlächterei waren, versuchten andere, so weit wie möglich ebenfalls zu profitieren und bewahrten Stillschweigen über die Vorfälle. In Kanada, dem damals wichtigsten westlichen Investor in Indonesien, schwiegen Regierung und Presse, und die Regierung behauptet jetzt, daß „in Opposition zur politischen Fraktion der FRETILIN stehende Gruppen Indonesien um Hilfe baten, worauf das indonesische Militär intervenierte. Später richteten Repräsentanten der Anti-FRETILIN-Fraktionen eine formelle Bitte an die Regierung Indonesiens, Osttimor in den indonesischen Staatsverband einzugliedern, und Timor ist jetzt ein integraler Bestandteil der Republik Indonesien." Das ist alles; davon wäre selbst Goebbels beeindruckt gewesen. *Le Monde* berichtete im September 1978, die französische Regierung werde Waffen an Indonesien verkaufen, sich an keinerlei UN-Diskussionen über die Invasion beteiligen und generell nichts tun, was „Indonesien irgendwie in Verlegenheit bringen könnte". Die Pariser Intellektuellen, die damals sehr stolz auf ihren Mut bei der Verurteilung kommunistischer Verbrechen in Indochina waren - was vermutlich in ihren Augen ein Jahrhundert französischer Verbrechen reinwusch, die die Kolonialmacht seinerzeit in Asien, Afrika und anderswo begangen hatte und die selbst während des französischen Indochinakrieges nur auf wenig Protest gestoßen waren -, fanden keine Zeit, gegen Frankreichs Engagement in dem gerade stattfindenden Massaker zu protestieren und belehren uns jetzt großzügig, Timor sei geographisch und historisch zu „marginal" gewesen, um Aufmerksamkeit zu verdienen (Gérard Chaliand). Britische Journalisten, die den kambodschanischen „Autogenozid" und sogar einen vorgeblichen vietnamesischen „Völkermord" in Kambodscha anprangerten, präsentieren uns eine „strukturell ernsthaftere Erklärung" dafür, daß über die Vorgänge in Osttimor nicht berichtet wurde: „Es gab nicht viele Flüchtlinge; es gab keine 'Grenze', die die Journalisten hätten besuchen können", und „es gab, verglichen mit anderen Fällen, nicht viele Quellen" (William Shawcross). Man erklärt uns also allen Ernstes, Lissabon, das zwei Flugstunden von London entfernt ist, sei schwieriger zu erreichen als die thailändisch-kambodschanische Grenze, und daß der ganze Berg von Material, der aus kirchlichen Quellen, herausgeschmuggelten Briefen, Flüchtlingsstudien seitens höchst kompetenter Autoritäten und anderen Berichten stammt, schlicht und einfach nicht existiert. Was Australien betrifft, so hatte Timor während des Zweiten Weltkriegs etwa 40.000 Tote zu beklagen, weil die Timoresen australischen Kommandos auf der Insel dabei halfen, gegen die Japaner zu kämpfen; Australien brachte seinen Dank mit der zunächst stillschweigenden und mittlerweile offenen Unterstützung der indonesischen Aggression zum Ausdruck. Es ist in der gesamten zivilisierten Welt mit äußerst seltenen Ausnahmen dasselbe, was uns einen gewissen Einblick in das Wesen dieser „Zivilisation" gibt.

Die US-Teilnahme an dem Massaker ging über die Ebene entscheidend wichtiger materieller Unterstützung und der Komplizenschaft auf Seiten der ideologischen Institutionen noch hinaus. Die US-Regierung lieh der indonesischen Invasion auch ihre diplomatische Unterstützung. Besonders wichtig war dabei, das Handeln der Vereinten Nationen zur Eindämmung der Aggression gleich in den Anfangstagen, als dieses Handeln ein wirksames Ergebnis hätte haben können, zu blockieren. Diese Aufgabe wurde dem US-Botschafter bei den UN, Daniel Patrick Moynihan, übertragen, und er beschreibt seinen Erfolg bei der Durchführung dieser Aufgabe mit großem Stolz. In einem geheimen, an den Außenminister Kissinger gerichteten Telegramm vom 23. Januar 1976 führte er seinen Erfolg bei der Blockierung von Aktionen der UNO zu Timor als Teil des „beträchtlichen Fortschritts" an, den er mit Hilfe einer Taktik der starken Hand bei den Vereinten Nationen erreicht habe. In seinen Memoiren setzt er die Gründe auseinander, aus denen die UNO nicht in der Lage gewesen sei, auf sinnvolle Weise zu handeln:

Die Vereinigten Staaten wünschten, daß die Dinge sich so entwickeln würden, wie sie es tatsächlich taten, und arbeiteten daran, dies zustandezubringen. Das Außenministerium wollte, daß die Vereinten Nationen sich in sämtlichen ihrer getroffenen Maßnahmen als total unwirksam herausstellen würden. Diese Aufgabe wurde mir übertragen, und ich führte sie mit nicht unbeträchtlichem Erfolg aus.

Moynihan machte außerdem klar, daß er sehr gut begriff, was seine Leistung bedeutete. Er zitiert die Schätzung eines der indonesischen US-Klienten vom Januar 1976, „daß seit dem Ausbruch des Bürgerkriegs [im August 1975] etwa 60.000 Personen getötet worden sind" - man erinnere sich, daß während des Bürgerkriegs etwa 2.000 bis 3.000 Menschen getötet worden waren, der Rest dagegen seit der indonesischen Invasion im Dezember -, „10 Prozent der Bevölkerung, beinahe die Proportion von Opfern, die die Sowjetunion während des Zweiten Weltkriegs erlitt". So brüstet sich Moynihan öffentlich mit einer Leistung, die er stolz mit den Taten Hitlers in Osteuropa vergleicht.

Moynihan wird sehr für seine Verspottung Idi Amins und ähnlich heldenhafte Taten während seiner Amtszeit bei den Vereinten Nationen bewundert, und er erhielt große Zustimmung für seine Anprangerung der Vereinten Nationen als „Bühne von Handlungen, die wir als Verirrungen betrachten" und die die Vereinigten Staaten „niemals vergessen" werden - diese rhetorischen Ergüsse äußerte er zur selben Zeit, als er mit großem Erfolg daran arbeitete, die Vereinten Nationen an wirksamen Maßnahmen gegen die US-unterstützten indonesischen Aggression zu hindern. Moynihan wird außerdem viel als Verfechter der Herrschaft des Gesetzes und Kritiker der „totalitären Linken" gerühmt, die mit ihren „Orwellschen" Verdrehungen „die Wahrnehmungsfähigkeit in den Demokratien abgestumpft" habe. Wie er im April 1983 im National Humanities Center vor einem bewundernden Publikum erklärte (nachzulesen in einem Abdruck seines Vortrags durch die American Academy of Arts and Sciences, deren Herausgeber von seinen Einsichten sehr beeindruckt waren), hat die „totalitäre Linke" den „liberalen Demokratien" durch ihre rhetorischen Schliche „ganz spezielle Schwierigkeiten" bereitet. Im Dezember 1980 war Moynihan der Hauptsprecher auf einer Konferenz des Komitees für die Integrität der Vereinten Nationen, auf der die UNO angeklagt wurde, „nicht mehr der Wächter der sozialen Gerechtigkeit, der Menschenrechte und der Gleichheit unter den Nationen" zu sein, da sie „durch irrelevante politische Machenschaften mißbraucht" werde und somit Gefahr laufe, „eine Kraft gegen den Frieden selbst zu werden"; Damit meinten die Veranstalter natürlich nicht das Ergebnis der Tätigkeit ihres ehrbaren Sprechers, der sich durch Mißbrauch der Vereinten Nationen an einem gewaltigen Massaker beteiligt hatte, sondern die Tatsache, daß die UNO wiederholt die Rechte der Palästinenser unterstützt hat, was in den Augen der USA ein großes Verbrechen ist.

Einige Zeit später erklärte Moynihan, das Senatsunterkomitee für Nachrichtendienste, dessen Vizevorsitzender er war, habe den Forderungen der Reagan-Administration nach Finanzierung der Unterstützung des Contra-Angriffs auf Nicaragua zugestimmt, „weil das internationale Recht den Vereinigten Staaten nicht nur das Recht gab", paramilitärische Operationen in Mittelamerika zu unterstützen, „sondern sie sogar dazu verpflichtete, da doch die Regierung Nicaraguas subversive Tätigkeiten gegen ihren Nachbarn El Salvador unterstützt hat". Moynihan hat ein feines und treffsicheres Gespür dafür, was „Aggression" ist: ein Rinnsal von Hilfe an Menschen, die von US-Klienten massakriert werden, stellt eine „Aggression" dar, die zu einer vom Ausland her gesteuerten Invasion durch eine Stellvertreterarmee verpflichtet (so daß, *a forteriori*, die UdSSR das Recht und sogar die Pflicht hat, Pakistan, China und die Vereinigten Staaten anzugreifen, da diese „subversive Tätigkeiten" gegen die rechtlich anerkannte Regierung Afghanistans unterstützen), während die direkte und massive, mit der vollen und ausschlaggebenden Unterstützung der USA unternommene Aggression eines US-Klienten, die zu einem der großen Massaker unserer Zeit geführt hat, keine „Aggression" darstellt und es unser Recht und sogar unsere Pflicht ist, unter dem reichlichen Beifall des liberalen westlichen Meinungsspektrums internationale Anstrengungen zur Verhinderung dieser Aggression zu untergraben.

Am 12. Dezember 1975, während Moynihan mit großer Begeisterung an der ihm vom Außenministerium zugewiesenen Aufgabe arbeitete, erhielt er die höchste Auszeichnung der (inzwischen in „Internationale Liga für Menschenrechte" umbenannten) Internationalen Liga für die Rechte des Menschen, mit der er für seine Rolle als „einer der eloquentesten Anwälte der Menschenrechte auf der nationalen und internationalen Szene" geehrt wurde. Am 10. Dezember 1982 verkündete die Liga, sie werde denselben Preis an den ehemaligen Präsidenten Jimmy

Carter verleihen, um dessen „herausragende Leistungen auf dem Gebiet der Menschenrechte zu ehren". Ein bemerkenswertes Beispiel für dessen Verpflichtung gegenüber den Menschenrechten war das Engagement, mit dem er dafür sorgte, daß Indonesien über die militärischen Mittel und die diplomatischen Unterstützung verfügte, sein edles Werk in Timor zur Vollendung zu bringen. Nebenbei bemerkt sind die Tatsachen über Osttimor und die Rolle, die die USA dabei gespielt haben, den Vertretern der Liga bestens bekannt, ist sie doch selbst eine der wenigen Gruppen, die eine respektable Bilanz des Protests in dieser Frage vorweisen können.

1977, als die Zahl der Todesopfer in Timor vielleicht 100.000 erreicht hatte und Jimmy Carter eine Steigerung der Militärhilfe an Indonesien bewilligte, die den Todeszoll umgehend weiter in die Höhe trieb, wand sich der Westen in ohnmächtiger Empörung über die Greueltaten im Kambodscha der Roten Khmer. Von Zeitschriften mit Massenauflage wie dem *Reader's Digest* und *TV Guide* bis hin zu Intellektuellenzeitschriften wie der *New York Review of Books* wurden die Roten Khmer als ebenso schlimm und vielleicht schlimmer als Hitler und Stalin verurteilt und beschuldigt, sie hätten mit der „Eliminierung" eines Viertel der Bevölkerung, das heißt, von 2 Millionen Menschen „geprahlt" (Jean Lacouture, der einige Wochen später eingestand, die Geschichte sei im wesentlichen eine Erfindung gewesen und die tatsächliche Zahl der Toten habe vielleicht einige Tausend betragen, aber zugleich erklärte, ein Faktor von 1.000 sei nicht von Bedeutung: die Zahl von 2 Millionen blieb jedoch trotz dieses Eingeständnisses orthodoxe Meinung im Westen). Schon zwei Jahre zuvor, zu einer Zeit, als die Roten Khmer vielleicht einige tausend Menschen getötet hatten, wurden sie in der *New York Times* des „Völkermord" bezichtigt. Mitte 1977 schätzten die US-Nachrichtendienste, die Zahl der Toten habe den Bereich von „Zehntausenden, wenn nicht Hunderttausenden" erreicht, die zum größten Teil aufgrund von Krankheiten, Unterernährung und Überarbeitung gestorben seien, wobei sich die hohe Zahl in erster Linie aus dem „brutalen, rapiden Wandel", nicht durch „Massenmord" erkläre; diese Einschätzung, die seinerzeit ignoriert wurde, da sie den damaligen propagandistischen Erfordernissen nicht genügte, wurde von der späteren wissenschaftlichen Forschung im allgemeinen bestätigt. Hier handelte es sich um ein Land, dessen Bevölkerung zehnmal so groß war wie die Osttimors, ein Land, das von einem US-Angriff, der in der ersten

Hälfte der siebziger Jahre zum Tod Hunderttausender geführt hatte, verwüstet worden war und in dem als Folge dieses Angriffs direkt vor der Machtübernahme der Roten Khmer allein in der Hauptstadt Phnom Penh monatlich 8.000 Menschen starben (niemand wußte oder wollte wissen, was in den ländlichen Gebieten vor sich ging, die einem der schlimmsten Bombardements der Kriegsgeschichte ausgesetzt waren). Die Empörung über die Roten Khmer war nicht nur äußerst intensiv, sondern auch in sonstiger Hinsicht beispiellos; sie war von einigen der erstaunlichsten Erfindungen und Betrügereien in der Geschichte der Propaganda begleitet, da die tatsächlichen Greuel der Roten Khmer, die, wie jedermann (selbst angesichts der Einschränkungen und Vorbehalte der US-Nachrichtendienste, die als einzige tatsächlich etwas über die realen Vorgänge wußten) anerkannte, schrecklich genug waren, aus Sicht der Propagandisten für das damals ausschlaggebende Ziel nicht ausreichten: Entscheidend war, die moralische Schuld an den Indochinakriegen den Opfern zuzuschieben. Wesen und moralischer Charakter der allgemeinen Empörung lassen sich glasklar an der Reaktion derselben Kreise auf die gleichzeitigen und durchaus vergleichbaren Greuel in Timor ablesen.

Man muß jedoch einige entscheidende Unterschiede zwischen diesen Fällen festhalten, von denen der wichtigste darin besteht, daß im Fall Kambodschas die Empörung zwar ideologisch nützlich und daher intensiv war, dafür aber so gut wie machtlos; niemand machte einen gangbaren Vorschlag, wie man die Greuel beenden könnte, auch wenn es später eine Diskussion über die Legitimität einer Intervention zum Schutz der Opfer gab. Das Schweigen im Fall Timors war dagegen von entscheidender Bedeutung. Für die Manager der US-Politik war es äußerst wichtig, dafür zu sorgen, daß die Öffentlichkeit nicht erfuhr, was vor sich ging, damit der Fortsetzung der Schlächterei keine Hindernisse im Weg stünden. Um den Greueln ein Ende zu bereiten, war keine Intervention nötig; es hätte genügt, die Hunde zurückzupfeifen. Dieses Beispiel gibt einen tiefen Einblick in das Gewissen und das moralische Engagement des Westens, ebenso wie die Tatsache, daß die indonesischen Greuel bis heute weitergehen, ohne im Westen Interesse auszulösen, wo man sich lieber mit farcenhaften Debatten befaßt, was in Kambodscha hätte getan werden sollen.

Als die Wahrheit über Timor schließlich während einer kurzen Zeitspanne im Jahr 1980 in sehr kleinen Bruchstücken bekannt wurde, um dann wieder dem ihr angemessenen Vergessen überantwortet zu werden, wurden in etablierten Kreisen dieselben Vergleiche zu Kambodscha gezogen, die man zuvor in den marginalen Kreisen angestellt hatte, die gegen die Timorinvasion protestiert hatten. Das *Wall Street Journal* war über den Vergleich einigermaßen beunruhigt, legte ihn aber dann mit Begründungen, die uns hier nicht zu interessieren brauchen, ad acta. Heute jedenfalls müssen das *Wall Street Journal* und andere sich keine Sorgen mehr über den „Widerspruch" zwischen unserer Opposition gegen die Massaker der Roten Khmer und unserer Unterstützung vergleichbarer Massaker des indonesischen Militärregimes machen. Der „Widerspruch" hat sich nunmehr aufgelöst, da die USA inzwischen sowohl Pol Pot als auch die indonesischen Mörder unterstützen. Die Vereinigten Staaten unterstützen offen die Koalition des Demokratischen Kampuchea, die zum größten Teil aus den Roten Khmer besteht, die ihrerseits direkt von den US-Verbündeten China und Thailand unterstützt werden. Die Gründe dafür wurden im September 1982 im Verlauf von Kongreßanhörungen vom Vertreter des Außenministeriums John Holdridge erläutert. Gefragt, ob „die Opposition in Kambodscha [nämlich die hauptsächlich aus den Roten Khmer bestehende Koalition des Demokratischen Kampuchea] repräsentativer für das kambodschanische Volk sei als die FRETILIN für das timoresische Volk", antwortete Holdridge: „Ganz ohne Frage, weil es hier von Anfang an eine Kontinuität gegeben hat", nämlich die Kontinuität zum Pol-Pot-Regime.

Diejenigen, denen der Mangel an Ordnung in unserer Welt Unbehagen bereitet, können nunmehr beruhigt sein, da die „Widersprüche" inzwischen gelöst sind.

Aber es gibt auch einen Lichtblick in dieser schmutzigen Geschichte. Dank der Anstrengungen einer Handvoll junger Menschen drangen die Tatsachen - ausschnittsweise - wenigstens zu einem Teil der Bevölkerung, zu Mitgliedern des Kongresses und sogar - für kurze Zeit - zur Presse vor. Als Resultat dieser Anstrengungen wurde dem Internationalen Roten Kreuz zumindest sporadisch der Zugang zu Timor gewährt, und es gelangte ein wenig Hilfe ins Land, wodurch möglicherweise Zehntausende gerettet wurden. Auch das kann uns etwas lehren: Wenn wir den Willen haben, uns von der Umklammerung der Kommissare freizumachen und uns aufrichtig anzusehen, was in der Welt geschieht, können wir viel zur Minderung und schließlichen Überwindung staatlichen Terrors tun. Auch wenn die Wahrschein-

lichkeit mit jedem Jahr abnimmt, bleibt die Möglichkeit bestehen, daß die indonesische Aggression schließlich durch öffentlichen Druck auf die US-Regierung, die diese Aggression mit der
entscheidend wichtigen Unterstützung versorgt, beendet wird;
und daß die Menschen Osttimors, diejenigen, die den Angriff
überlebt haben, am Ende doch das Recht auf Selbstbestimmung,
das die Vereinigten Staaten zu verfechten behaupten, genießen
können - vielleicht sogar schon früher als in tausend Jahren.

6. Die Schwachen erben nichts[*]

Eine simple Wahrheit über die Neue Weltordnung besagt, daß sie ökonomisch dreipolig und militärisch einpolig ist. Die zurückliegenden Ereignisse helfen dabei, das Zusammenspiel dieser Faktoren zu verstehen.

Als das glorreiche „Truthahnschießen" in der Wüste begann, veröffentlichte die *New York Times* einen Auszug aus einem Bericht über die nationale Sicherheit aus den frühen Tagen der Bush-Administration, der sich mit „Bedrohungen aus der Dritten Welt" beschäftigte. In dem Auszug heißt es: „In Fällen, wo die USA wesentlich schwächeren Feinden gegenüberstehen, wird die Herausforderung für uns nicht sein, sie lediglich zu schlagen, sondern sie entscheidend und schnell zu schlagen." Jeder andere Ausgang sei „peinlich" und könne „den politischen Rückhalt untergraben".

„Wesentlich schwächere Feinde" stellen für die USA nur in *einer* Hinsicht eine Bedrohung dar: die zu jeder Zeit unerträgliche Gefahr nationaler Unabhängigkeit. Die USA werden noch den mörderischsten Tyrannen unterstützen, solange er ihr Spiel spielt, und sich alle Mühe geben, Demokraten in der Dritten Welt zu stürzen, wenn diese von ihrer Dienstleistungsfunktion abweichen. Die Dokumente und die historischen Tatsachen sprechen in dieser Hinsicht eine klare Sprache.

Das durchgesickerte Dokument nimmt keinen Bezug auf friedliche Mittel. Wie allen Beteiligten klar ist, sind die USA in ihren Konfrontationen mit Bedrohungen aus der Dritten Welt „politisch schwach"; es ist unwahrscheinlich, daß ihre Forderungen öffentliche Unterstützung erhalten, und daher ist Diplomatie ein gefährlicher Weg. Und ein „wesentlich schwächerer" Gegner muß nicht nur geschlagen, sondern pulverisiert werden, wenn die zentrale Lektion der Neuen Weltordnung gelernt werden soll: wir sind die Herren, und ihr seid die Schuhputzer.

Es gibt noch weitere nützliche Lehren. Die heimische Bevölkerung muß „die feste und klare prinzipielle Haltung" zu schät-

* Dieser Artikel erschien nach dem Ende des Golfkriegs im April 1991 als Debattenbeitrag in der englischen Tageszeitung *Guardian*; aus: *Manchester Guardian Weekly*, 7. April 1991. Der Golfkrieg Anfang 1991 forderte 100.000 - 200.000 irakische Opfer, während auf der Seite der „Alliierten" etwa 350 Soldatinnen und Soldaten fielen. Das eingangs zitierte Wort vom „Truthahnschießen" spielt auf zahlreiche ähnliche Äußerungen amerikanischer Soldaten an, die in der Presse zitiert wurden und an Menschenverachtung kaum zu überbieten sind.

zen wissen, „die George Bush während seiner Jahre in Andover und Yale eingebrannt wurde: daß Ehre und Pflicht dazu zwingen, dem Rowdy ins Gesicht zu schlagen". Das sind die bewundernden Worte des Reporters, der die Teile des oben erwähnten Berichts veröffentlichte, um sodann den Helden selbst zu zitieren: „Gott sei Dank haben wir dem Vietnamsyndrom ein für alle Mal den Tritt gegeben." Zum großen Frohlocken des Präsidenten werden uns jetzt keine - so die Formulierung des Reaganintellektuellen Norman Podhoretz - „krankhaften Hemmungen, militärische Macht zu gebrauchen" mehr behindern.

Der Boden für die Überwindung dieser schweren Krankheit war gut vorbereitet worden, unter anderem durch engagierte Anstrengungen, für ein richtiges Verständnis des Vietnamkriegs zu sorgen - nämlich als „ehrenvolle Sache", nicht als ein gewalttätiger Angriff auf Südvietnam und dann ganz Indochina. Wie eine kürzlich durchgeführte wissenschaftliche Studie zeigt, schätzen Amerikaner die Zahl der vietnamesischen Toten im allgemeinen auf etwa 100.000. Die Autoren der Studie fragen, welche Schlußfolgerungen wir ziehen würden, wenn die deutsche Bevölkerung die Toten des Holocaust auf 300.000 schätzen und dabei darauf bestehen würde, im Zweiten Weltkrieg im Recht gewesen zu sein. Eine Frage, über die wir nachdenken könnten.

Das Prinzip, daß man den Rowdy ins Gesicht schlägt - wenn man sicher ist, daß er an Händen und Füßen gefesselt ist und man ihn zu Brei schlagen kann -, ist für Verfechter der Herrschaft der Gewalt nur normal. Durch billige Siege kann man außerdem eine verängstigte heimische Bevölkerung mobilisieren und so vielleicht die Aufmerksamkeit von den Desastern ablenken, die die Reagan-Bush-Jahre in den USA selbst angerichtet haben, keine unwichtige Sache zu einer Zeit, in der das Land weiter in Richtung einer Zweiklassengesellschaft mit auffälligen Merkmalen der Dritten Welt driftet.

George Bushs Karriere als „Diener der Öffentlichkeit" birgt ebenfalls ihre Lehren hinsichtlich der Neuen Weltordnung. Er ist das bisher einzige Staatsoberhaupt, das vom Weltgerichtshof für „den ungesetzlichen Gebrauch von Gewalt" verurteilt wurde. Während er die Aufforderung des Gerichts an die USA, für diese besonderen Verbrechen (andere liegen sowieso weit außerhalb des Zugriffs) Reparationen an Nicaragua [vgl. S. 156, d.Ü.] zu leisten, verächtlich abtut, verlangen er und seine Speichellecker feierlich Reparationen vom Irak.

Bush eröffnete die Ära nach dem Kalten Krieg mit der mörderischen Invasion Panamas, womit er die Herrschaft der - gerade einmal 10 Prozent der Bevölkerung ausmachenden - weißen Minderheit durchsetzte und die US-Kontrolle über den Panamakanal und die Militärstützpunkte sicherstellte, die seit langem zur Ausbildung der Verbrecher genutzt werden, die ganz Lateinamerika terrorisieren. Seit der Zeit, als er 1971 UN-Botschafter wurde, liegen die USA bei den Vetos gegen Resolutionen des Sicherheitsrats und bei der Blockierung der friedenssichernden Funktion der UN weit in Führung, gefolgt von Großbritannien. 1975 wurde Bush an die Spitze der CIA berufen, gerade rechtzeitig, um die völkermörderischen Aktionen Indonesiens in Osttimor zu unterstützen. In der Folge lieh er seine Begabungen dem Krieg gegen die Kirche und andere Ketzer, die sich in Mittelamerika - das inzwischen von gefolterten und verstümmelten Leichen übersät und vielleicht auf irreparable Weise verwüstet ist - „dem Vorrang der Arbeit für die Armen" verschrieben haben.

Im Nahen Osten unterstützte Bush Israels brutale Besatzungspolitik, seine grausame Invasion des Libanon und seine Weigerung, die Sicherheitsratsresolution 425 zu beachten, die den sofortigen Abzug Israels aus dem Libanon verlangte (verabschiedet im März 1978 und gefolgt von mehreren weiteren Resolutionen). Die Forderung nach dem Abzug Israels wurde von der Regierung des Libanon im Februar dieses Jahres erneut vorgebracht und wie üblich ignoriert, während der US-Klientenstaat die von ihm besetzte Region terrorisiert und nach Belieben bombardiert, während der Rest des Libanon von Bushs neuem Freund Hafez el-Assad, einer praktisch originalgetreuen Kopie Saddam Husseins, einkassiert wird. Den türkischen „Friedensstiftern" wurde als Teilzahlung für ihre Dienste im Golfkrieg ebenfalls erlaubt, ihre Unterdrückung der kurdischen Bevölkerung zu intensivieren.

Ganz offensichtlich haben wir es hier mit einem Mann zu tun, der zu Recht seltener Prinzipienfestigkeit gepriesen wird, während er uns einer Neuen Weltordnung entgegenführt. Die Prinzipien des Berichts über die nationale Sicherheit wurden während der gesamten Golfkrise eingehalten. Im Juli 1990 ließ Bush gegenüber dem Irak durchblicken, er habe keine Einwände gegen eine gewaltsame Bereinigung der irakischen Grenzstreitigkeiten mit Kuwait durch den Irak oder gegen die Einschüchterungsmanöver, die der Irak gegen seine Nachbarn unternahm, um den Ölpreis anzuheben. Aber Saddam mißverstand die Signale und nahm sich ganz Kuwait, womit er demonstrierte, daß er nicht nur ein mörderischer Bandit ist, was nach den Standards der USA und Großbritanniens ganz in Ordnung ist, sondern auch ein unabhängiger Nationalist, was auf keinen Fall geduldet werden kann. Danach ging man dann zu den üblichen politischen Antworten über.

Die USA und Großbritannien machten sich sofort daran, die Wirkung von Sanktionen und diplomatischen Bemühungen zu unterminieren, die in diesem Fall ungewöhnlich hohe Aussichten auf Erfolg hatten. Seit August legte der Irak Lösungsangebote vor, die von Beamten des US-Außenministeriums als „ernsthaft" und „verhandelbar" betrachtet wurden; darunter befanden sich auch Angebote für einen vollständigen Abzug aus Kuwait zu Bedingungen, denen jeder, der wirklich an Frieden interessiert war, nachgegangen wäre. Bemühungen, durch einen vollständigen Rückzug des Irak aus Kuwait den Bodenkrieg zu vermeiden und so zehntausende Leben zu retten, wurden verächtlich beiseite gewischt. Diplomatische Lösungen sind ausgeschlossen, und da dieses Land der Dritten Welt mit seiner Bauernarmee ganz klar ein „viel schwächerer Feind" ist, muß es zerschmettert werden, um die richtigen Lektionen einzuhämmern.

Auch die Gemeinde der Intellektuellen trat in Aktion und porträtierte Saddam als neuen Hitler, der entschlossen sei, die Welt zu erobern. Als Bush ankündigte, es werde keine Verhandlungen geben, wurde er in den Leitartikeln hundertfach für seine außerordentlichen diplomatischen Anstrengungen gelobt. Als er kundtat, daß „Aggressoren nicht belohnt werden dürfen", bestaunten verantwortungsbewußte Kommentatoren ehrfürchtig seine Prinzipientreue, statt in lautes Gelächter auszubrechen.

Manche gaben durchaus zu, daß die USA und Großbritannien in der Vergangenheit „inkonsequent" gewesen seien (in Wirklichkeit hatten sie einfach konsequent ihre Interessen verfolgt). Aber inzwischen, so wurde uns versichert, sei alles ganz anders; sie hätten gelernt, daß die richtige Antwort auf Aggression im raschen Rückgriff auf Gewalt besteht. Wir können demnach erwarten, daß demnächst die britische Luftwaffe ausgeschickt wird, um Damaskus, Tel Aviv, Jakarta (sobald British Aerospace aufhört, die dortigen Mörder zu bewaffnen), Washington und noch eine Reihe anderer Hauptstädte zu bombardieren.

Merkwürdigerweise wurden diese neuen Einsichten nicht von Lobhudeleien für Saddam begleitet, der mit ähnlichen Begründungen Israel angriff, obwohl seine schmutzigen Argumente sich neben denen seines Mitverbrechers und langjährigen Freundes in Washington gut genug ausmachen.

So wurde der gnadenlosen Schlächterei, die eine führende Zeitschrift der Dritten Welt als „den feigsten Krieg", der je auf diesem Planeten geführt wurde", beschrieb, der Boden bereitet. Die Toten sind schnell aus dem Blickfeld verschwunden und gesellen sich einer endlosen Reihe weiterer Leichenberge hinzu, die den Frieden der Zivilisierten nicht stören.

Es scheint auch niemand über die schreiend offensichtliche Tatsache betroffen zu sein, daß nie ein offizieller Grund genannt wurde, der einen Krieg gerechtfertigt hätte - das heißt, kein Grund, der nicht auf der Stelle von einem des Lesens und Schreibens kundigen Teenager zurückgewiesen werden könnte. Das wiederum ist das Kennzeichen einer totalitären Kultur und ein weiterer Fingerzeig auf die Neue Weltordnung.

Die wenigen inoffiziellen Versuche, die Ablehnung friedlicher Mittel zu rechtfertigen, sind ebenso enthüllend. So lesen wir, daß dieser Fall aufgrund der Annexion Kuwaits durch den Irak anders war. Aber die spezifische Reaktion der USA kam weit vor der Einverleibung Kuwaits in den Irak und änderte sich auch nach den irakischen Vorschlägen, die sie wieder rückgängig gemacht hätten, um kein Jota - um vom Verhalten der USA und Großbritanniens gegenüber anderen, nicht weniger entsetzlichen Annexionen gar nicht erst zu reden. Die sonstigen Argumente sind ähnlich gewichtig.

In einer der seltenen Bemühungen, die wesentliche Frage anzusprechen, erklärt Timothy Garton Ash in der *New York Review*, im Umgang mit Südafrika oder dem kommunistischen Osteuropa seien Sanktionen möglich gewesen, der Fall Saddam Husseins liege jedoch anders. Das ist das ganze Argument. Wir verstehen jetzt, warum es angebracht war, „stille Diplomatie" zu betreiben, als die Aktionen unserer südafrikanischen Freunde von 1980 bis 1988 in den Nachbarstaaten Südafrikas Schäden von mehr als 60 Milliarden Dollar sowie eineinhalb Millionen Tote verursachten - wobei damit über Südafrika selbst, Namibia und das vorausgegangene Jahrzehnt noch gar nichts gesagt ist. Das sind im Grunde genommen ganz annehmbare Leute, so wie wir und die kommunistischen Tyrannen. Warum? Auf eine mögliche Antwort hat Nelson Mandela hingewiesen, der die Heuchelei und die Voreingenommenheit der hochgradig selektiven Antwort auf die Verbrechen der „braunhäutigen" Irakis verurteilt. Das gleiche gilt, wenn die *New York Times* versichert, „die Welt" sei gegen

Saddam Hussein, den meistgehaßten Mann „der Welt", vereint - die Welt, das heißt, abzüglich derer, die eine dunklere Hautfarbe haben.

Es nimmt kaum wunder, daß der westliche Rassismus gerade nach dem Kalten Krieg mit solch niederschmetternder Klarheit an die Oberfläche tritt. Es war jetzt siebzig Jahre lang möglich, traditionelle Praktiken hinter dem Schleier der „Verteidigung gegen die Sowjets" zu verbergen, was immer ein Betrug war und nunmehr als Vorwand für das eigene Vorgehen in der Dritten Welt verloren ist. So kehren wir zu den Tagen zurück, als die New Yorker Presse erläuterte, daß „wir weiterhin die Eingeborenen auf die englische Art abschlachten und akzeptieren müssen, was an schmutzigem Ruhm in dem massenhaften Morden liegt, bis sie gelernt haben, unsere Waffen zu respektieren. Die schwierigere Aufgabe, sie dazu zu bringen, unsere Absichten zu respektieren, wird später gelöst werden." In Wirklichkeit verstanden sie unsere Absichten nur zu gut.

Für die Völker des Nahen Ostens sieht die Neue Weltordnung schlimm aus. Gesiegt hat ein äußerst gewalttätiger Staat, der seit langem jedes ernsthafte diplomatische Herangehen an die regionalen Abrüstungs- und Sicherheitsproblcmc abgelehnt hat, oft beinahe als einziger. Die strategische Konzeption der USA hat immer darin bestanden, die örtlichen Verwalter der Ölreichtümer der Golfregion durch regionale Zwingherrn beschützen zu lassen, vorzugsweise durch nichtarabische, obwohl blutigen Tyrannen von der Sorte Hafez el-Assads und vielleicht sogar, falls es sich dafür kaufen läßt, Ägypten, der Zutritt zum Club gestattet werden kann. Die USA werden eine Übereinkunft unter diesen Klientenstaaten anstreben und könnten schließlich sogar eine internationale Konferenz in Betracht ziehen, falls diese unter ihrer Federführung steht. Wie Kissinger betonte, müssen Europa und Japan aus der Diplomatie herausgehalten werden, aber die UdSSR könnte jetzt, wo sie angesichts ihrer gegenwärtigen Schwierigkeiten vermutlich gehorsam sein wird, toleriert werden, ebenso vielleicht Großbritannien.

Was die Palästinenser betrifft, können sich die USA nun auf die Lösung zubewegen, die James Baker schon eine Weile vor der Golfkrise umrissen hat: Jordanien ist der palästinensische Staat; die besetzten Gebiete sollen in Übereinstimmung mit den grundlegenden Richtlinien der israelischen Regierung beherrscht werden, wobei Palästinensern erlaubt wird, in Nablus Steuern einzutreiben; ihre politischen Repräsentanten werden für sie ausgewählt, unter Ausschluß der PLO; und es wird „freie Wahlen" unter israelischer Militärkontrolle geben, während die palästinensische Führung sich in Gefängnislagern befindet. Neue Ausreden werden für die alte Politik gefunden werden, die man als großzügig und entgegenkommend preisen wird.

Den Palästinensern waren wirtschaftliche Entwicklungsmöglichkeiten immer verwehrt, während ihnen Land und Wasser weggenommen wurden. Bis jetzt war es ihnen erlaubt, der israelischen Wirtschaft praktisch als eine Art Sklavenarbeiter zu dienen, aber dieses Zwischenspiel geht zu Ende. Die kürzlich verhängte Ausgangssperre hat der palästinensischen Wirtschaft einen weiteren Schlag versetzt.

Die Sieger können jetzt mit der Politik fortfahren, die im Februar 1989 vom damaligen Verteidigungsminister Itzhak Rabin von der Arbeiterpartei skizziert wurde, als er einige Führer von Peace Now mitteilte, wie befriedigt er über den Dialog zwischen den USA und der PLO sei - das seien bedeutungslose Diskussionen, um die Aufmerksamkeit abzulenken, während Israel den Aufstand der Palästinenser, die Intifada, mit Gewalt unterdrückt.

Die Palästinenser „werden gebrochen werden", versprach Rabin, indem er die bereits vierzig Jahre zuvor gemachte Voraussage israelischer Arabisten wiederholte, derzufolge den Palästinensern das Schicksal bevorstand, „zertrümmert zu werden", zu sterben oder „sich in menschlichen Staub und den Abfall der Gesellschaft zu verwandeln, und sich den verarmtesten Klassen in den arabischen Ländern zuzugesellen". Oder sie werden weggehen, während russische Juden, die zumeist lieber in die USA einwandern würden, aufgrund einer Politik, die ihnen eine freie Wahl verweigert, in ein erweitertes Israel strömen, was die diplomatischen Fragen auf akademische reduziert, genau wie es schon der Baker-Shamir-Peres-Plan vorsah.

Die politischen Führungen in Washington und London haben ökonomische und soziale Katastrophen in ihren eigenen Ländern geschaffen und wissen keine andere Art, damit umzugehen als durch Anwendung ihrer militärischen Macht. Vielleicht werden sie dem Rat der Wirtschaftspresse folgen und ihre Länder in Söldnerstaaten umwandeln, die als Mafia im Weltmaßstab dienen, den Reichen „Schutz" verkaufen, sie gegen „Bedrohungen aus der Dritten Welt" verteidigen und für diesen Dienst angemessene Bezahlung verlangen. Die aus den ölproduzierenden Staaten des Golfs gepumpten Reichtümer würden dann die niedergehende Wirtschaft der beiden Länder stützen. Das von

Deutschland geführte Europa und später Japan werden die Aufgabe einer „Lateinamerikanisierung" des größten Teils der Machtbereiche der zusammenbrechenden sowjetischen Tyrannei übernehmen, wobei die ehemalige kommunistische Bürokratie wahrscheinlich die Zweigstellen ausländischer Gesellschaften betreiben wird. Der Rest der Welt wird durch ökonomischen Druck kontrolliert werden, wann immer das möglich ist, aber wenn erforderlich auch durch Gewalt.

Das sind einige der Konturen der geplanten Neuen Weltordnung, die ins Auge fallen, wenn man den Schleier der betrügerischen Rhetorik lüftet.

IV. Staatskapitalismus und Staats-„Sozialismus"

7. Das Gegenteil von Sozialismus[*]

Wenn die beiden großen Propagandasysteme der Welt sich über eine Doktrin einig sind, erfordert es eine gewisse Anstrengung, sich von ihren Fesseln freizumachen. Ein Beispiel für eine derartige Doktrin ist die Behauptung, die von Lenin und Trotzki geschaffene und des weiteren von Stalin und seinen Nachfolgern geformte Gesellschaft habe in einem irgendwie bedeutsamen oder historisch zutreffenden Sinn dieses Begriffs eine Beziehung zum Sozialismus. Wenn hier jedoch überhaupt eine Beziehung besteht, dann ist es die Beziehung des Gegensatzes.

Es ist nur allzu leicht zu erkennen, weshalb die Vertreter aller beider Propagandasysteme auf dieser abwegigen Vorstellung beharren. Seit seinen Ursprüngen hat der sowjetische Staat im Dienst der Männer, die den Volksaufruhr in Rußland 1917 ausnutzten, um die Staatsmacht zu ergreifen, versucht, die Energien der sowjetischen Bevölkerung und unterdrückter Menschen anderswo vor ihren Karren zu spannen. Eine der wichtigsten zu diesem Zweck gebrauchten ideologischen Waffen war immer die Behauptung, die Staatsmanager führten die von ihnen regierte Gesellschaft und überhaupt die ganze Welt dem sozialistischen Ideal entgegen. Wie jeder Sozialist und ganz bestimmt jeder ernsthafte Marxist sofort hätte sehen müssen, und viele von ihnen auch schnell erkannten, war das vollkommen absurd, und die gesamte Geschichte des bolschewistischen Regimes seit seinen Anfängen hat diese Behauptung als gigantische Lüge entlarvt. Während sie in Wirklichkeit jede Spur von Sozialismus auslöschten, haben die Zuchtmeister der sowjetischen Gesellschaft

---

[*] Dieser Artikel erschien unter dem Titel „The Soviet Union versus Socialism" in der Zeitschrift *Our Generation* (vol. 17, Nr. 2, Frühling/Sommer 1986), nachdem er von der marxistischen Zeitung, die ihn bestellt hatte, abgelehnt worden war. Aufgrund seiner Weigerung, sich an der Denunziation der offiziellen Feinde der westlichen Demokratien zu beteiligen, ist Chomsky oft als Apologet des Kommunismus oder sogar als Stalinist bezeichnet worden. In einem Ende 1979 geführten Interview über die Nachkriegsregimes in Indochina sagte Chomsky dazu: „Ich ziehe es aber vor, ein Stalinist genannt zu werden, statt der reaktionären Kampagne gegen die Völker Indochinas Nahrung zu geben." Zugleich hat Chomsky seine anarchistische Position seit Beginn seiner politischen Tätigkeit Anfang der sechziger Jahre immer wieder klar gemacht. Chomsky besteht aber darauf, daß die Kritik an den realsozialistischen Staaten möglichst in einem Kontext stehen sollte, der es den ideologischen Kräften des westlichen Imperialismus erschwert, sie für ihre eigenen Zwecke zu nutzen.

versucht, durch Ausbeutung des Nimbus der sozialistischen Ideale und der Achtung, die diesen zurecht entgegengebracht wird, Legitimität und Unterstützung für ihre eigenen, immer wiederkehrenden repressiven Praktiken zu gewinnen.

Was das zweite große Propagandasystem der Welt betrifft, so dient die Verknüpfung der sozialistischen Idee mit der Sowjetunion und ihrer Klientel als eine mächtige ideologische Waffe, um Konformität und Gehorsam gegenüber den ideologischen Institutionen durchzusetzen und so dafür zu sorgen, daß die Notwendigkeit, sich an die Eigentümer und Manager dieser Institutionen zu vermieten, als eine Art Naturgesetz, als einzige Alternative zum „sozialistischen" Kerker angesehen wird.

Die sowjetische Führung stellt sich demnach als sozialistisch dar, um ihr Recht auf die Handhabung des staatlichen Knüppels zu schützen, und die westlichen Ideologen machen sich die gleiche Vorspiegelung zu eigen, um der Gefahr einer freieren und gerechteren Gesellschaft zuvorzukommen. Dieser gemeinschaftliche Angriff auf den Sozialismus hat in der modernen Ära enorm zur Schwächung der sozialistischen Idee beigetragen.

Es gibt noch eine weitere Methode, den Sozialismus zu diskreditieren, die von den Ideologen des Staatskapitalismus denn auch wirkungsvoll zur Verteidigung von Macht und Privileg verwendet wird. Die rituelle Verurteilung der sogenannten „sozialistischen" Staaten ist voller Verzerrungen und oftmals auch glatter Lügen. Nichts ist leichter, als den offiziellen Feind zu brandmarken und ihm jedes Verbrechen zuzuschreiben: es besteht keine Notwendigkeit, sich mit der Anführung von Beweismaterial oder logischer Argumentation zu belasten, während man in Reih und Glied marschiert. Kritiker der Gewalttätigkeit und der Greueltaten des Westens versuchen oft, das Bild ins Gleichgewicht zu bringen, indem sie die tatsächlich existierende Unterdrückung und die mit ihr verbundenen abscheulichen Verbrechen anerkennen, dabei aber gleichzeitig die Lügen, die zur Rechtfertigung der Gewalttätigkeit des Westens zusammengebraut worden sind, entlarven. Dieses Vorgehen wird dann mit vorhersehbarer Regelmäßigkeit sofort als Verteidigung des Reichs des Bösen und seiner Büttel gedeutet. So kann das entscheidende Recht zur Lüge im Dienst des Staates gewahrt und Kritik an der Gewalttätigkeit und den Verbrechen des eigenen Staates unterminiert werden.

Ebenfalls bemerkenswert ist die große Anziehungskraft, die die leninistische Doktrin in Zeiten der Krise und der Umwälzung auf die moderne Intelligenz ausübt. Nach der vor einem Jahrhundert in der sozialistischen Bewegung populären Analyse Bakunins gesteht diese Doktrin den „radikalen Intellektuellen" das Recht zu, die Staatsmacht zu übernehmen und das harte Regiment der „roten Bürokratie", der „neuen Klasse" durchzusetzen. Genau wie in dem von Marx angeprangerten bonapartistischen Staat verwandeln sie sich in „Staatspriester", einen schmarotzerischen Auswuchs an der zivilen Gesellschaft, der diese mit eiserner Hand beherrscht.

In Zeiten, in denen die staatskapitalistischen Institutionen nur wenig bedroht sind, bringen dieselben grundlegenden Bestrebungen die „neue Klasse" dazu, als Staatsmanager und Ideologen der bestehenden Macht zu dienen, die, in Bakunins Worten, „das Volk mit des Volkes Stock schlagen". Es ist kein Wunder, daß viele Intellektuelle den Übergang vom „revolutionären Kommunismus" zur „Feierung des Westens" derart leicht finden. Dabei spielen sie ein Drehbuch nach, das sich im Verlauf unseres Jahrhunderts von der Tragödie zur Farce entwickelt hat. Geändert hat sich nur die Einschätzung darüber, wo die Macht liegt. Lenins geflügeltes Wort, daß „Sozialismus nichts anderes ist als staatskapitalistisches Monopol, angewandt zum Nutzen des ganzen Volkes", wobei letzteres natürlich auf die Wohltätigkeit seiner Führer vertrauen muß, bringt die Pervertierung des „Sozialismus" zugunsten der Bedürfnisse der Staatspriester zum Ausdruck und erlaubt uns, den jähen Übergang zwischen Standpunkten zu verstehen, die oberflächlich gesehen als diametrale Gegensätze erscheinen, aber in Wirklichkeit sehr nahe beieinander liegen.

Die Begrifflichkeit politischer und sozialer Debatten ist vage und ungenau und wird ständig durch die Beiträge von Ideologien der einen oder anderen Sorte verwässert. Dennoch haben diese Begriffe zumindest noch einen Rest von Bedeutung. Seit seinen Ursprüngen war mit Sozialismus die Befreiung arbeitender Menschen von Ausbeutung gemeint. Wie der marxistische Theoretiker Anton Pannekoek bemerkt, „kann und wird dieses Ziel nicht von einer neuen leitenden und regierenden Klasse, die sich an die Stelle der Bourgeoisie setzt, erreicht werden", sondern ist nur „von den Arbeitern selbst, die dann die Herren über die Produktion sind, zu verwirklichen". Herrschaft über die Produktion durch die Produzenten ist das Wesen des Sozialismus, und in revolutionären Perioden sind regelmäßig Wege zur Erreichung dieses Ziels ausgearbeitet worden - gegen den unerbittlichen Widerstand der traditionell herrschenden Klassen und der „revolutionären Intellektuellen", die sich von den gemeinsamen, jeweils den eigenen Umständen angepaßten Prinzipien des Leninismus und des westlichen Managertums leiten ließen. Aber das Wesenselement des sozialistischen Ideals bleibt bestehen: die Umwandlung der Produktionsmittel in das Eigentum frei assoziierter Produzenten und demnach in das gesellschaftliche Eigentum von Menschen, die sich von der Ausbeutung durch ihre Herren befreit haben, womit ein grundlegender Schritt zur Erweiterung des Bereichs der menschlichen Freiheit getan ist.

Die leninistische Intelligenz dagegen hat ganz andere Pläne. Sie entspricht Marxens Beschreibung der „Verschwörer", die „den sich entfaltenden revolutionären Prozeß vorwegnehmen" und ihn für ihre Herrschaftsziele entstellen: „Daher ihre tiefe Geringschätzung für die mehr theoretische Aufklärung der Arbeiter über ihre Klasseninteressen", Klasseninteressen, zu denen auch Sturz der roten Bourgeoisie und die Schaffung von Mechanismen demokratischer Kontrolle über die Produktion und das gesellschaftliche Leben gehört. Für die Leninisten müssen die Massen streng diszipliniert werden, während ein Sozialist darum kämpfen wird, eine gesellschaftliche Ordnung aufzubauen, in der Disziplin „überflüssig werden wird", da die frei assoziierten Produzenten „auf eigene Rechnung arbeiten" (Marx). Außerdem beschränkt der libertäre Sozialist seine Ziele nicht auf die demokratische Kontrolle der Produzenten über die Produktion, sondern strebt danach, alle Formen von Herrschaft und Hierarchie in jedem Aspekt des sozialen und persönlichen Lebens abzuschaffen. Dabei handelt es sich um einen Kampf, der nie zu Ende ist, da Fortschritte in Richtung auf eine gerechtere Gesellschaft zu neuen Einsichten und zum Verständnis von Formen der Unterdrückung führen werden, deren Vorhandensein im traditionellen Handeln und Denken bisher vielleicht noch nicht aufgefallen war.

Die leninistische Feindschaft gegenüber den wesentlichen Merkmalen des Sozialismus war ganz von Anfang an offenkundig. Im revolutionären Rußland entwickelten sich neue Instrumente des Kampfes und der Befreiung, nämlich die Sowjets und Fabrikkomitees, die viele Schwachpunkte, aber auch ein reiches Potential besaßen. Aber nachdem Lenin und Trotzki sich die Macht angeeignet hatten, widmeten sich beide unverzüglich der Vernichtung des befreienden Potentials dieser Instrumente und errichteten die Herrschaft der Partei, in der Praxis ihres Zentralkomitees und seines Großen Führers - eine Entwicklung, die

Trotzki selbst Jahre zuvor vorhergesagt hatte, vor der Rosa Luxemburg und andere linke Marxisten zur Zeit der russischen Revolution warnten, und die von den Anarchisten immer prophezeit worden war. Trotzki, der gerade den manchmal kurzen Schritt vom revolutionären Intellektuellen zum Staatspriester hinter sich hatte, vertrat damals die Ansicht, nicht nur die Massen, sondern sogar die Partei selbst müsse Gegenstand „wachsender Kontrolle von oben" sein. Bevor sie die Staatsmacht ergriff, übernahm die bolschewistische Führung viel von der Rhetorik von Leuten, die im revolutionären Kampf von unten engagiert waren, aber ihre wahren Bestrebungen waren völlig andere. Das war schon vorher offensichtlich und wurde vollends klar, als sie im Oktober 1917 die Staatsmacht übernahm.

Ein den Bolschewiki freundlich gesonnener Historiker, E. H. Carr, schreibt, daß „die spontane Neigung der Arbeiter, Fabrikkomitees zu organisieren und in die Betriebsführung der Fabriken einzugreifen, von einer Revolution nur ermutigt werden konnte, die die Arbeiter glauben ließ, daß die produktive Maschinerie des Landes jetzt ihnen gehörte und von ihnen nach eigenem Gutdünken und zu ihrem eigenen Vorteil betrieben werden konnte". Wie ein anarchistischer Delegierter sagte, waren die Fabrikkomitees für die Arbeiter „Zellen der Zukunft. Sie, nicht der Staat, sollten nun verwalten."

Aber die Staatspriester wußten es besser und gingen sofort dazu über, die Fabrikkomitees zu zerstören und die Sowjets zu Organen ihrer eigenen Herrschaft zu reduzieren. Am 8. November 1917 kündigte Lenin in einem „Dekretentwurf über die Arbeiterkontrolle" an, daß die zur Ausübung demokratischer Kontrolle gewählten Delegierten „dem Staat gegenüber für die Aufrechterhaltung der striktesten Ordnung und Disziplin und für den Schutz des Eigentums" verantwortlich seien. Als das Jahr zu Ende ging, stellte Lenin fest, daß „wir von der Arbeiterkontrolle zur Schaffung des Obersten Volkswirtschaftsrates übergingen", der „die Maschinerie der Arbeiterkontrolle ersetzen, absorbieren und überflüssig machen sollte" (Carr). „Man sieht jetzt im Gedanken der Arbeiterkontrolle die Idee des Sozialismus selbst", klagte ein menschewistischer Gewerkschaftsführer; die bolschewistische Führung verschaffte derselben Klage aktiven Ausdruck, indem sie die „Idee des Sozialismus selbst" zerstörte.

Bald sollte Lenin dekretieren, die Führung müsse „diktatorische Vollmachten" über die Arbeiter erhalten, und letztere hätten „die widerspruchslose Unterordnung unter einen einzigen

Willen" hinzunehmen und „im Interesse des Sozialismus" „widerspruchslos dem alleinigen Willen des Leiters des Produktionsprozesses zu gehorchen". Während Lenin und Trotzki die Militarisierung der Arbeit, die Umgestaltung der Gesellschaft in eine ihrem alleinigen Willen unterworfene Arbeitsarmee in Angriff nahmen, erklärte Lenin, die Unterordnung des Arbeiters unter die „individuelle Autorität" sei „das System, das mehr als jedes andere die beste Nutzung der menschlichen Ressourcen sicherstellt" - oder wie Robert McNamara dieselbe Idee ausdrückt: „Vitale Entscheidungsprozesse ... müssen an der Spitze verbleiben ... die wirkliche Bedrohung der Demokratie kommt nicht durch Übermanagement zustande, sondern durch Untermanagement"; „Wenn es nicht die Vernunft ist, die den Menschen regiert, dann bleibt der Mensch hinter seinem Potential zurück", und Management ist McNamara zufolge natürlich nichts anderes als die Herrschaft der Vernunft, eine Herrschaft, die unsere Freiheit garantiert. Gleichzeitig mit diesen repressiven Maßnahmen wurde die „Fraktionsmacherei" - das heißt, jeder kleine Rest an freier Ausdrucksmöglichkeit und Organisationstätigkeit - ausgemerzt, all das „im Interesse des Sozialismus", so wie der Begriff von Lenin und Trotzki umdefiniert wurde. So machten diese beiden Führer sich daran, die grundlegenden protofaschistischen Strukturen zu schaffen, die von Stalin in einen der Schrecken der modernen Zeit verwandelt wurden.[1]

Im Westen - und nicht nur dort - hat die Unfähigkeit, die heftige Feindschaft der leninistischen Intelligenz gegenüber dem Sozialismus (für die sich zweifellos auch bei Marx schon Wurzeln finden lassen) zu verstehen, in Verbindung mit dem entsprechenden Mißverständnis des leninistischen Modells einen verheerenden Einfluß für den Kampf für eine menschenwürdige Gesellschaft und eine lebenswerte Welt gehabt. Wir stehen vor der Aufgabe, einen Weg zu finden, das sozialistische Ideal vor seinen Feinden in den beiden großen Machtzentren der Welt zu retten - vor denen, die immer danach streben werden, die Rolle von Staatspriestern und sozialen Managern zu spielen und die Freiheit im Namen der Befreiung zu zerstören.

---

[1] Über die Zerstörung des Sozialismus durch Lenin und Trotzki schon in der Anfangsperiode der russischen Revolution siehe Maurice Brinton, *The Bolsheviks and Workers' Control*, Montreal, Black Rose Books, 1978 und Peter Rachleff, *Radical America*, November 1974, unter vielen anderen Arbeiten.

8. *Die Bilanz der neunziger Jahre*[*]

Für Churchills reiche und zufriedene Nationen, die kraft natürlichen Rechts herrschen, waren die Resultate der Planung und der Politik nach dem Krieg im allgemeinen befriedigend, wenn nicht sogar spektakulär. Mit dem Wachstum der einheimischen Wirtschaft und der rapiden Expansion der Investitionen in Übersee fuhren die US-Investoren enorme Gewinne ein. Der Marshallplan „bereitete die Szenerie für hohe private US-Direktinvestitionen in Europa", stellte man in Reagans Handelsministerium 1984 fest, wodurch der Grundstein für die Transnationalen Konzerne (TNCs) gelegt wurde, die in wachsendem Maß die Weltwirtschaft beherrschen. Die TNCs waren „der wirtschaftliche Ausdruck" des „politischen Rahmens", der von den Nachkriegsplanern geschaffen wurde, hieß es 1975 in einem Artikel in *Business Week*, der im selben Atemzug den scheinbaren Niedergang des goldenen Zeitalters der Staatsintervention beklagte, in dem „die amerikanische Wirtschaft prosperierte und auf der Basis von Aufträgen aus Übersee expandierte, ... die ursprünglich durch die Dollars des Marshallplans angeschoben" und dann durch „den Schutzschirm der amerikanischen Macht" vor „negativen Entwicklungen" geschützt worden waren.

Selbst im Rückblick kann man sich schwerlich vorstellen, wie die Nachkriegsplaner Maßnahmen hätten ergreifen können, die für die Konzentrationen privater und staatlicher Macht in den USA noch vorteilhafter gewesen wären. Die Rede von US-„Irrtümern" bei der Förderung letztendlicher Konkurrenten oder Klagen über die Undankbaren, die sich weigern, „die erwiesene Großzügigkeit zu erwidern", indem sie sich auf die Bedürfnisse der USA einstellen,[1] könnten nur dann ernst genommen werden,

---

[*] Dieser Beitrag erschien unter dem Titel „The Balance Sheet" als Teil des zweiten Kapitels von Chomskys Buch *World Orders, Old and New* (Pluto Press, 1994). Dieses Buch basiert auf drei Vorträgen, die Chomsky im Mai 1993 an der Universität von Kairo gehalten und später durch zusätzliches Material ergänzt und aktualisiert hat. Mit „Churchills reichen und zufriedenen Nationen" spielt Chomsky auf folgende Bemerkung Churchills in seinen Memoiren über den Zweiten Weltkrieg an: „Die Regierung der Welt mußte den zufriedenen Nationen anvertraut werden, die nicht mehr für sich selbst wollten, als sie schon hatten. Befände sich die Weltregierung in den Händen hungriger Nationen, würden daraus beständig Gefahren erwachsen. Aber von uns hatte niemand einen Grund, noch mehr zu verlangen. ... Unsere Macht stellte uns über die anderen. Wir waren wie reiche Männer, die zufrieden in ihren Behausungen leben."

[1] Siehe z. B. Stuart Auerbach, Asienspezialist der *Washington Post*, *WP Weekly*, 26. Juli 1993. Für faktische und logische Irrtümer in der akademischen Wissenschaft sie-

wenn sie von irgend einem Hinweis darauf begleitet wären, wie den von den Globalplaner repräsentierten Interessen denn noch besser hätte gedient werden können.

Die traditionellen Opfer

Die Auswirkungen auf die Dritte Welt entsprachen im großen und ganzen dem, was man erwarten konnte und sind in den letzten Jahren noch härter geworden. In einer im Rahmen des Entwicklungsprogramms der Vereinten Nationen UNDP durchgeführten Untersuchung wird berichtet, daß sich der Abstand zwischen den reichen und armen Nationen zwischen 1960 und 1989 verdoppelt hat. Dieses Resultat ist zu einem Großteil der von den herrschenden Reichen betriebenen zweigleisigen Politik zuzuschreiben: den Armen werden auf dem Weg über vom IWF und der Weltbank (die, wie Susan George treffend kommentiert, „als Geldeintreiber für die kreditgebenden Länder" agieren) diktierte Strukturanpassungsprogramme die Prinzipien des „freien Marktes" aufgezwungen; währenddessen schützen die reichen Länder ihre eigenen Firmen vor den Stürmen des Marktes und verursachen dadurch der Dritten Welt beträchtliche Kosten.

Laut Bericht der Weltbank reduzieren protektionistische Maßnahmen der Industrieländer das Nationaleinkommen der Länder des Südens um das Doppelte des Betrags der offiziell vom Norden geleisteten Hilfe - von der wiederum ein Großteil strategischen Zielen dient und deren übriger Teil weitgehend eine Form der Exportförderung darstellt, weshalb er in erster Linie an die reicheren Sektoren der „Entwicklungsländer" geht, die zwar weniger bedürftig, dafür aber bessere Konsumenten sind. In den achtziger Jahren verschärften zwanzig der vierundzwanzig OECD-Länder ihre protektionistischen Maßnahmen, wobei die Reagananhänger oft die Speerspitze des Kampfes gegen die Prinzipien des ökonomischen Liberalismus bildeten. In Lateinamerika sank der reale Mindestlohn unter dem Einfluß neoliberaler Strukturanpassungsprogramme von 1985 bis 1992 dramatisch, während die Anzahl der als arm Registrierten zwischen 1986 und 1990 um fast 50 Prozent stieg. In der gängigen ideologischen Terminologie sind das „Wirtschaftswunder", weil das reale Bruttosozi-

---

he *For Reasons of State*, Kapitel 1, Abschnitt 5; abgedruckt in *The Chomsky Reader*. Analyse des Handelsministeriums, Howard Wachtel, *The Money Mandarins* (M.E. Sharpe, 1990), S. 44f. *Business Week*, 7. April 1975.

alprodukt (allerdings parallel zu den Auslandsschulden) stieg und die Begüterten und die ausländischen Investoren sich bereicherten. Wie Manuel Pator schreibt, zeigen Studien des IWF, wie sich unter dem Einfluß seiner „Stabilisierungsprogramme" in Lateinamerika „ein festes und beständiges Muster sinkender Anteile der Arbeitnehmer am Einkommen" herausbildet. Eine Studie der Deutschen Presseagentur DPA über siebzehn lateinamerikanische Länder enthüllte neben weiteren niederschmetternden statistischen Daten, daß die lateinamerikanischen Auslandsschulden zwischen Dezember 1991 und Juni 1993 um über 45 Milliarden Dollar auf eine Gesamtsumme von 463 Mrd. Dollar stiegen; all das im Verlauf einer vielumjubelten wirtschaftlichen Erholung mit großen Zukunftsaussichten - für einige wenige.

In einer Analyse von Weltbankdaten über die sechsundsiebzig Länder der Dritten Welt und Osteuropas, die während der achtziger Jahre Strukturanpassungsprogrammen ausgesetzt waren, zeigt Rehman Sobhan, daß die große Mehrzahl dieser Länder im Vergleich zu „den schlechten alten Tagen der sechziger und siebziger Jahre, als es hieß, Regierungskontrollen und Marktverzerrungen behinderten die ökonomische Leistung", bei wichtigen Entwicklungsindikatoren einen starken Niedergang verzeichnete: beim Wachstum in den Fixinvestitionen (d.h. der Produktionskapazität), bei den Exporten, in der allgemeinen Wirtschaftssituation. Selbst im Bereich der Inflation, der Gegenstand besonderer Bemühungen der internationalen Bürokratie war, waren die Resultate keineswegs eindeutig. Die wenigen „Erfolgsgeschichten" sind alles andere als eindeutig und basieren auf Auslandshilfe oder dem Export von Primärgütern; Chile, das gefeiertste Beispiel, ist in seinen Exporteinkünften zu mehr als 30 Prozent von Kupfer und ansonsten zum größten Teil vom Agroexport abhängig und demzufolge in hohem Maß den „Schockentwicklungen in den Terms of Trade" ausgesetzt, die aus der Politik der reichen Mächte resultieren können. Die Philippinen, die unter größerem Einfluß der USA stehen als der Rest Asiens, waren von allen Ländern Asiens im stärksten Maß Strukturanpassungsprogrammen ausgesetzt. Während sie sich streng an die Auflagen hielten, versanken sie in eine anhaltende Rezession, wobei ihr Zusammenbruch angesichts ihrer geographischen Lage im Wachstumszentrum der Weltwirtschaft noch bemerkenswerter ist. Darüber hinaus werden die langfristigen Kosten der Privatisierung, bei der häufig profitable und sozial wichtige Unternehmen zugunsten kurzfristiger Erlöse verkauft wurden, laut Warnung einer

Reihe von Ökonomen erst in Zukunft spürbar werden. Die Bilanz der Sorte von Wirtschaftsmanagement, die von den „ideologisch inspirierten Regimes" - den Vereinigten Staaten, Großbritannien und einigen anderen Ländern - und den „getreulich jedem politischen Richtungswechsel der USA folgenden" internationalen Finanzinstitutionen erzwungen wurde, ist Sobhans Meinung nach ziemlich entmutigend.

Nach Schätzung von Susan George beläuft sich der Ressourcentransfer vom Süden in den Norden zwischen 1982 und 1990 auf „noch sehr niedrig geschätzte 418 Milliarden Dollar", was in heutigen Dollars das Äquivalent von „sechs Marshallplänen für die Reichen allein durch die Schuldenrückzahlung" darstellt. Dennoch wuchs in denselben Jahren die Schuldenlast um 61 Prozent, im Falle der „am wenigsten entwickelten" Länder um 110 Prozent. Unterdessen sind die kommerziellen Banken durch die Übertragung als „faul" abgeschriebener Schulden auf den öffentlichen Sektor geschützt, wodurch dafür gesorgt ist, daß sowohl in den Geber- als auch in den Schuldnerländern die Armen den Löwenanteil der Kosten bezahlen. 1991 lagen allein die von den Schuldnerländern abgeführten Zinsen um 24 Milliarden Dollar höher als die Summe sämtlicher neuer Kredite plus Auslandshilfe. Wie zum Beispiel die Nord-Süd-Kommission feststellte, sind sogar der IWF und die Weltbank „mittlerweile Nettoempfänger von Mitteln aus den Entwicklungsländern".

Unter den „Entwicklungsländern", aus denen den Reichen Gelder zufließen, befinden sich auch die Länder südlich der Sahara, in denen Hunger und Elend grassieren, nicht zuletzt wegen der vielbewunderten US-Politik des „konstruktiven Engagements", die dem Apartheidregime Südafrikas dabei half, in den Nachbarländern 1,5 Millionen Menschen zu töten, dabei einen materiellen Schaden von 60 Milliarden Dollar anzurichten und gleichzeitig seine illegale Besatzung Namibias aufrechtzuerhalten. Zu diesen Zahlen könnten wir die halbe Million Kinder hinzufügen, die laut UNICEF jedes Jahr als direktes Resultat der von den reichen Ländern unnachgiebig eingeforderten Schuldenrückzahlungen sterben, ebenso die elf Millionen Kinder, die jedes Jahr an leicht zu behandelnden Krankheiten zugrunde gehen. Wie der Direktor der Weltgesundheitsorganisation Hiroshi Nakajima feststellt, handelt es sich hier um einen „stillen Völkermord", „eine vermeidbare Tragödie, da die entwickelte Welt die Ressourcen und die Technologie besitzt, um derartigen Krankheiten weltweit ein Ende zu machen", aber nicht „den Willen hat, den Entwicklungsländern zu helfen" - letzteres ein Euphemismus für die vom Westen kolonisierten und immer noch kontrollierten Länder.[2]

Wir würden nicht zögern, eine solche Politik als völkermörderisch zu bezeichnen, wenn sie von einem offiziellen Feind durchgeführt würde.

Besonders dramatisch sind die Auswirkungen auf die Kinder. Da sie die verletzlichsten Mitglieder der Gesellschaft sind, ist ihr Wohlergehen, wie Madhura Swaminathan und V. K. Ramachandran unterstreichen, „ein Indikator für den Zustand einer Gesellschaft". Die grausame Behandlung von Kindern in Bereichen westlicher Herrschaft ist schon seit langem ein schockierender Skandal, über den gelegentlich als menschlich ergreifende Geschichte berichtet wird - die von *ihnen* handelt, nicht von *uns*; im Gegensatz dazu werden Greueltaten im sowjetischen Herrschaftsbereich immer bis zur Quelle der Macht zurückverfolgt. Dabei ist die Bilanz der Länder, die sich die Reformen zur Strukturanpassung seit Anfang der achtziger Jahre zu eigen gemacht haben, besonders schrecklich. Eine von Swaminathan und Ramachandran besprochene UNICEF-Studie von 1992 „unterstreicht ganz besonders einen Punkt: die Strukturanpassungsprogramme und die auf sie folgende anhaltende Rezession fügten in den achtziger Jahren dem Wohlergehen der Kinder großen Schaden zu". Ein scharfer Rückschlag bei den Fortschritten in den Bereichen Kindersterblichkeit, Ernährung, Erziehung und anderen Indikatoren stand in enger Korrelation zum Beginn dieser Programme, die außerdem zu einem Wachsen so „abscheulicher

---

[2] Susan George, *The Debt Boomerang* (Pluto, 1992), S. XVf., Kapitel 3; Michael Barratt Brown und Pauline Tiffen, Vorwort, *Short Changed* (Pluto, 1992) (UNICEF). Michael Meacher (britisches Parlamentsmitglied), *Observer*, 16. Mai 1993. Überblick über den Bericht der Südkommission in South Centre, *Facing the Challenge* (Zed, 1993), S. 4. Lateinamerika, UN-Kommission zu Lateinamerika, *Report on the Americas* (NACLA), Februar 1993; *Excelsior* (Mexiko), 21. November 1992; *Excelsior*, 26. August 1993; Pastor, „The Effects of IMF Programs in the Third World", *World Development* vol. 15.2, 1987. Afrika, Barratt Brown und Tiffen; IWF, S. 12. Überblick über die Daten der Weltbank, Sobhan, „Rethinking the Market Reform Paradigm", *Economic and Political Weekly* (Indien), 25. Juli 1992; Chile, David Pilling, „Latin America's dragon running out of puff", *Financial Times*, 19. August 1993. Für eine sorgfältige Analyse des Falles Chile, siehe Collins und Lear, *Chile's Free Market Revolution, A Second Look* (Institute for Food and Development Policy, 1994). WHO, *Deterring Democracy*, Kapitel 7; Politik Reagans in Afrika, „Inter-Agency Task Force, Africa Recovery Program/Economic Commission, *South African Destabilization: the Economic Cost of Frontline Resistance to Apartheid* (UN, New York, 1989), S. 13, zitiert von Merle Brown, *Fletcher Forum*, Winter 1991. Siehe *The Year 501*, Kapitel 3-4, für Quellen, die hier nicht zitiert sind.

Merkmale der heutigen kapitalistischen Gesellschaft" wie Kinderarbeit und Kinderprostitution führten. Eine bemerkenswerte Ausnahme bildete Chile, wo der Druck der Bevölkerung der US-unterstützten Diktatur und den von ihr gewaltsam durchgesetzten Reformen gewisse Beschränkungen auferlegte, so daß auch das Regime Pinochets und der Chicago Boys die Einmischung der Öffentlichkeit nicht eliminieren konnte.[3]

In Lateinamerika zeigte in den achtziger Jahren nur ein Land einen „unzweideutigen Rückgang in der Rate der Kindersterblichkeit", berichten Swaminathan und Ramachandran, nämlich Kuba, eine Abweichung vom rechten Pfad, die gegenwärtig gerade korrigiert wird, während westliche Moralapostel über diesen weiteren Triumph ihrer Ideale feixen. Ein zweites Beispiel war zu Anfang der achtziger Jahre Nicaragua, „das mittlerweile Haiti die unerwünschte Auszeichnung als verarmtestes Land der westlichen Hemisphäre streitig macht", so der erfahrene Lateinamerikakorrespondent Hugh O'Shaugnessy in einem Überblick über den Erfolg der wichtigsten außenpolitischen Initiative der USA in den achtziger Jahren. Die Kindersterblichkeit, die seinerzeit rapide zurückgegangen war, ist nun „die höchste des ganzen Kontinents, und laut Quellen der UN ist ein Viertel der nicaraguanischen Kinder unterernährt", während Krankheiten, die zur Zeit der sandinistischen Gesundheitsreformen unter Kontrolle gebracht worden waren, jetzt „epidemisch sind". An den Straßenecken sieht man Frauen, die Suppenküchen betreiben, „um Zehntausende von Kindern vorm Hunger zu retten", während „an jeder Verkehrsampel Pulks von schmächtigen, hungrigen Kindern warten, um dort Autoscheiben zu reinigen oder ganz einfach zu betteln", wenn sie sich nicht gleich der Prostitution oder dem Diebstahl zuwenden. Der Finanzminister „prahlt, Nicaragua habe die niedrigste Inflationsrate der westlichen Hemisphäre - was macht es da schon, daß die vier Millionen Bürger des Landes hungern". Die sandinistischen „Gesundheits-, Ernährungs-, Alphabetisierungs- und Agrarprogramme sind von einer Regierung, die vom Internationalen Währungsfond und Washington dazu

---

[3] Swaminathan und Ramachandran, „Structural Adjustment Programmes and Child Welfare", Manuskript, Bombay, Referat auf dem Seminar über Neue Wirtschaftspolitik, 19.-21. August 1993, Indian Institute of Management, Kalkutta. Chile, siehe Jean Drèze und Amartya Sen, *Hunger and Public Action* (Oxford, 1989), S. 229 ff; über den ernsten Niedergang des Systems der Gesundheitsfürsorge und dessen scharfe Polarisierung, siehe Collins und Lear, *op. cit.* Über die grausame Behandlung von Kindern, siehe *Deterring Democracy*, Kapitel 7; *The Year 501*, Kapitel 7.

gedrängt wird, zu privatisieren und die staatlichen Ausgaben zu beschneiden, einkassiert worden". Die Rechte ist noch nicht zufrieden: „Sie möchte die Sandinisten vernichten, selbst, wenn das Krieg bedeutet", und sie „weiß, daß sie die Unterstützung der US-Regierung hat". Sie weigert sich daher, an Friedensverhandlungen teilzunehmen, wie sie von den Außenministern Mittelamerikas und Vertretern der Organisation Amerikanischer Staaten OAS geplant waren, „die nach Nicaragua kamen, um zu vermitteln", aber nach der Ablehnung durch die Klienten Washingtons „verzweifelt wieder abfuhren". Trotz seines Erfolgs bei der Herbeiführung eines Haiti vergleichbaren Elends mittels der rigorosen Anwendung der Regeln ökonomischer Rationalität ist Washington noch nicht zufrieden. „'Die Vereinigten Staaten verspüren einen unauslöschlichen Drang, die Sandinisten ein für allemal auszulöschen', sagte ein außenpolitischer Experte."[4]

Die Privatisierung und die Beschneidung der öffentlichen Ausgaben, wie sie von der internationalen Bürokratie gefordert wurden, haben noch weitere Auswirkungen auf die nicaraguanische Wirtschaft oder das, was von ihr übrig ist. „Die Privatbankiers und die mit ihnen verbundenen großen Geschäftsinteressen genießen den Schutz des staatlichen Banksystems und ziehen ihren Vorteil aus den hohen Zinsraten, um sich in spekulativen Aktivitäten zu engagieren", stellt eine Gruppe nicaraguanischer Ökonomen fest und schätzt, daß allein 1992 60 Millionen Dollar durch neue Privatbanken das Land verließen; „während die - in Geld gemessene - Liquidität der Wirtschaft um 14 % gesunken ist, wuchsen die Mittel in den Händen von Privatbanken in der ersten Hälfte des Jahres 1993 um 28 %, was die gegenwärtige Knappheit an zirkulierendem Geld auslöste, die die Bevölkerung jetzt so hart trifft". Investitionen gibt es so gut wie gar nicht. Unterdessen verlangt der US-Senat, nachdem er zuvor einen mörderischen terroristischen Krieg gegen Nicaragua finanziert hatte, jetzt von dessen Regierung Beweise dafür, daß *Nicaragua* keinen internationalen Terrorismus betreibt, all das als Vorbedingung für den Erhalt eines Rinnsals von Hilfe - die einen winzigen Bruchteil der Reparationen ausmacht, auf die Nicaragua laut Beschluß des Weltgerichtshofs, der seinerseits nur einen winzigen Bruchteil der US-Verbrechen gegen Nicaragua verhandelte, ein Anrecht hat. Nicht zufrieden mit diesen Niederungen moralischer Feigheit verlangt der Senat darüber hinaus, Nicara-

---

[4] O'Shaughnessy, *Observer*, 12. September 1993.

gua müsse dem FBI Zutritt gewähren, um seine angebliche Verwicklung in den internationalen Terrorismus untersuchen zu lassen - und wie wir gleich sehen werden, sollte es bald noch schlimmer kommen. Das ist keine wirkliche Überraschung in einer Welt, in der die Bombardierung Libyens durch Washington, mit der Ghaddafi ermordet werden sollte, als schlagender Präzedenzfall für die Notwendigkeit einer Bombardierung Bagdads offeriert wird, um ein angebliches Komplott zur Ermordung von Expräsident Bush zu rächen, und in der Vietnam immer noch zu weiterem Leiden verurteilt wird, weil es nach Ansicht seiner Peiniger noch längst nicht genügend zu Kreuz gekrochen ist.

Trotz ihres Sieges sind die maßgebenden US-Politiker noch nicht zufrieden. Die Bevölkerung Nicaraguas muß noch mehr leiden, um die Verbrechen wiedergutzumachen, mit denen sie sich gegen uns versündigt hat. Im Oktober 1993 schoben der IWF und die Weltbank, über die die USA praktisch allein bestimmen, neue, ungewöhnlich harte Forderungen nach. Anders als vielen anderen soll Nicaragua keine Erleichterung seiner niederdrückenden Schulden gewährt werden. Es muß die Kredite seiner Industrie- und Handelsbank (BANIC), einer der verbliebenen Staatsbanken, zurückzahlen und staatliche Unternehmen und Dienstleistungen wie die Post sowie die Energie- und Wasserversorgung privatisieren, um dafür zu sorgen, daß die Armen den Schmerz wirklich spüren - so daß sie zum Beispiel ihren Kindern kein Trinkwasser geben können, wenn sie, bei einer Arbeitslosigkeit von über 60 Prozent, nicht dafür bezahlen können. Es muß seine öffentlichen Ausgaben um 60 Millionen Dollar kürzen und einen Großteil dessen, was vom Gesundheits- und Wohlfahrtswesen noch geblieben ist, eliminieren - wobei diese Zahl ja vielleicht aufgrund ihres symbolischen Wertes gewählt wurde; wie bereits bemerkt, ist das genau die Summe, die von den bereits privatisierten Banken im Jahr zuvor ins Ausland transferiert worden war.

Die Privatisierung sorgt dafür, daß die Banken gesunden ökonomischen Prinzipien folgen und an die New Yorker Aktienbörse gehen, statt armen Bauern Kredite zu geben, was natürlich eine ineffiziente Art der Ressourcenverwendung wäre. Aufgrund des Kreditmangels ging 1993 trotz einer guten Regensaison die Bohnenernte verloren, was für die Bevölkerung eine Katastrophe darstellte. In den wichtigsten baumwollproduzierenden Gebieten wurde 1993 wegen der fehlenden Kredite kein einziger Hektar ausgesät - obwohl, wie *Barricada Internacional* berichtet, die mächtigsten Hersteller, darunter der Minister für Landwirtschaft und Viehzucht und der Präsident des Obersten Rats für Privates Unternehmertum, Ramíro Guardían, 1993 Kredite über mehr als 40 Millionen Dollar erhielten. Der Mittelamerikaspezialist Douglas Porpora schreibt, daß 70 Prozent der begrenzten Kredite, die es überhaupt gibt, an „eine kleine Zahl großer Hersteller für den Export" gehen, ganz in Übereinstimmung mit der Standard-US-Politik, die im Agroexport tätigen reichen Sektoren noch reicher zu machen. Schon von dem früheren Diktator Somoza, der das Land für den Baumwollexport übernommen hatte, waren zahlreiche Bauern aus diesen Gebieten vertrieben worden; das war Teil des in den Vereinigten Staaten gefeierten „Wirtschaftswunders", bei dem in Befolgung der allseits bewunderten neoliberalen Prinzipien die Wirtschaft wuchs, während die Bevölkerung hungerte. Nach Jahren der intensiven Verwendung von Pestiziden hat ein Großteil des Bodens seine Fruchtbarkeit verloren. Der Export von Bananen und ein Teil der weiteren landwirtschaftlichen Produktion sind ebenfalls zusammengebrochen. Vermutlich als Bestandteil einer Kampagne der jetzt wieder in ihre Rechte eingesetzten früheren Eigentümer zur Zerstörung der Gewerkschaften und zur Rücknahme der in den letzten Jahren neu gewonnenen Arbeiterrechte werden ferner viele Zuckermühlen, auch die, die unter Regierungskontrolle profitabel geworden waren, jetzt geschlossen.

Kirchlichen Quellen zufolge litten an der Atlantikküste Nicaraguas Ende 1993 100.000 Menschen Hunger; Hilfe für sie gab es nur aus Europa und Kanada. Die meisten von ihnen sind Miskitoindianer. In den achtziger Jahren gab es kein erhebenderes Schauspiel als die Wehklagen über das Schicksal der Miskitos, nachdem im Verlauf des terroristischen Kriegs der USA gegen Nicaragua einige Dutzend von ihnen von den Sandinistas getötet und viele zwangsweise umgesiedelt worden waren: laut Reagan war dieses Vorgehen eine „Kampagne regelrechten Völkermords", und die UN-Botschafterin der USA Jeane Kirkpatrick bezeichnete es als die „schwerste" Menschenrechtsverletzung in Mittelamerika. Laut Reagan, Kirkpatrick und Co. handelte es sich hier um eine Untat, die die Abschlachtung, Folterung und Verstümmelung von Zehntausenden von Menschen durch die zu genau derselben Zeit von den USA geführten, bewaffneten und als vorbildliche Demokraten gepriesenen neonazistischen Verbrecher bei weitem in den Schatten stellte. Was ist jetzt, wo Zehntausende hungern, aus diesen Wehklagen geworden?

Die Antwort könnte einfacher nicht sein. Die Menschenrechte sind in unserer politischen Kultur nur von instrumentellem Wert; sie stellen ein nützliches Propagandawerkzeug dar, mehr nicht. Vor zehn Jahren waren die Miskitos, um die treffende Terminologie zu verwenden, die Edward Herman für solche Fälle entwickelt hat, „wertvolle Opfer", da man offiziellen Feinden die Schuld an ihrem Leiden geben konnte; jetzt indes gehören auch sie zu der riesigen Kategorie „wertloser Opfer", deren weitaus schlimmeres Leiden unsere glänzende Bilanz in keiner Weise stört. Was gibt es dazu noch mehr zu sagen?

Der Fairneß halber sollte jedoch erwähnt werden, daß die Wunder des freien Marktes neue Alternativen eröffnet haben, und zwar nicht nur für reiche Grundbesitzer, Spekulanten, Konzerne und andere privilegierte Sektoren, sondern sogar für hungernde Kinder, die jetzt nachts an den Straßenecken ihre Gesichter an die Autoscheiben drücken, um für ein paar Pfennige zum Überleben zu betteln. In einer Beschreibung des entsetzlichen Elends der Straßenkinder Managuas schreibt David Werner, der Autor von *Where There is No Doctor* und anderen Büchern über soziale und medizinische Probleme, daß „der Verkauf von Schuhleim an Kinder zu einem lukrativen Geschäft geworden ist", wodurch die Importziffern multinationaler Lieferanten in erfreulicher Weise ansteigen, die „Ladenbesitzer in wirtschaftlich kranken Gemeinden mit der wöchentlichen Auffüllung der kleinen Flaschen der Kinder ein reichliches Geschäft machen" und die Kinder den Leim schnüffeln können, von dem es heißt, es „nehme den Hunger weg". Wieder einmal ist das Wunder des freien Marktes am Werk, obwohl die Nicaraguaner immer noch viel zu lernen haben.

Wie weit dieses Wunder getrieben werden kann, wurde in einem Dokumentarfilm der Canadian Broadcasting Company, *The Body Parts Business*, enthüllt, „einer schauerlichen Litanei der Plünderung", die über den Mord an Kindern und Armen zwecks Organentnahme, „die Entfernung von Augäpfeln aus den Körpern lebender Menschen durch nur mit Teelöffeln bewaffnete medizinische Piraten" und ähnliche unternehmerische Leistungen berichtet. Eine der US-Kreationen in Mittelamerika, auf die wir am meisten stolz sind, nämlich die Regierung, die in El Salvador „unsere Werte und Bestrebungen" hochhält, hat kürzlich verkünden lassen, daß solche Praktiken, die aus Lateinamerika schon seit langem berichtet werden und sich jetzt möglicherweise auch nach Rußland ausbreiten, auch in ihrem Land üblich sind.

Der Kinderschutzbeauftragte der Regierung berichtete, daß es bei dem „im großen Maßstab praktizierten Kinderhandel in El Salvador" nicht nur um die Entführung von Kindern zwecks „Export" ins Ausland geht, sondern auch darum, sie „für pornographische Videos, für Organtransplantationen, zum Verkauf an Adoptiveltern und zur Prostitution" zu benutzen. Wie Hugh O'Shaugnessy bemerkt, ist das nicht gerade eine Neuigkeit; so berichtet er zum Beispiel von einer im Juni 1982 durchgeführten Operation der salvadorianischen Armee in der Nähe des Lempaflusses, wo die - in den USA ausgebildeten - Truppen „einen sehr erfolgreichen Tag der Babyjagd hatten" und ihren Hubschrauber mit fünfzig Kleinkindern beluden, deren „Eltern sie seither nie wieder gesehen haben". O'Shaugnessys Bericht über „Babys auf Abruf, die auf Anfrage gezüchtet werden" im Londoner *Observer* erschien am selben Tag, an dem die *New York Times* über die erhebenden und vielbewunderten Bemerkungen des Nationalen Sicherheitsberaters Anthony Lake über die „Erweiterung" unserer traditionellen Mission der Barmherzigkeit und des guten Willens berichtete.[5]

Dabei sollte nicht unerwähnt bleiben, daß der Handel mit Körperteilen gelegentlich durchaus getadelt wird. Wie das *Wall Street Journal* unter der Schlagzeile „USA werden Taiwan für Handel mit Tierteilen bestrafen" berichtete, stimmte Präsident Clinton einer Forderung des Nationalen Sicherheitsrats zu, beschränkte Sanktionen gegen Exporte aus Taiwan zu verhängen, um Taiwan „für seine angebliche Weigerung, in angemessener Weise gegen den Schmuggel mit Rhinozeroshörnern und Tigerteilen vorzugehen", zu bestrafen. Taiwan beklagte sich, es werde „unfairerweise zum Sündenbock gemacht, um Umweltschützer

[5] Cries/Nitplán Team, *Envío*, Mittelamerikanische Universität der Jesuiten (UCA), Managua, September 1993. Senatsabstimmung, 29. Juli 1993. CEPAD *Report*, Juli-August (Evangelische Kirchen Nicaraguas); *Barricada Internacional*, 9. und 10. Oktober; *Nicaragua News Service*, Nicaragua Network Education Fund, Washington, 2.-9. Oktober; *Central America Report* (Guatemala), 22. Oktober; Guillermo Fernandez A., *BI*, September; Porpora, *Christian Science Monitor*, 20. Oktober; Werner, „Children pay price in Nicaragua's New Order", *Third World Resurgence* (Malaysia) Nr. 35, 1993. John Haslett Cuff, *Globe & Mail* (Toronto), 20. November; O'Shaughnessy, *Observer* (London), 26. September 1993. Über ähnliche Praktiken in Lateinamerika und anderen Regionen unter westlichem Einfluß, siehe *Turning the Tide*, Kapitel 3.8; *The Year 501*, Kapitel 7.7. Über das monetaristische Modell Somozas, siehe die Studie des führenden konservativen Ökonomen Nicaraguas, Francisco Mayorga, *The Nicaraguan Economic Experience, 1950-1984: Development and exhaustion of an agroindustrial model*, Doktorarbeit an der Yale University, 1986; zur Diskussion, siehe *Deterring Democracy*, S. 232 f.

und deren Unterstützer im Kongreß zufriedenzustellen". Es werde auf ungerechte Art „an den Pranger gestellt", denn China und Südkorea hätten eine genau so schlechte Bilanz in Bezug auf den Schmuggel von Körperteilen. Aber der Direktor einer Umweltgruppe erklärte dazu, die entsprechenden Ziele seien in Taiwan eben „einfacher und leichter zu realisieren". In Bezug auf Brasilien, El Salvador, Mexiko, Guatemala und andere in den Handel mit Körperteilen verwickelte Länder sind bisher noch keine Fragen aufgeworfen worden.[6]

Die amerikanischen Liberalen, die während der gesamten Periode der US-dirigierten Greuel in den achtziger Jahren zur Wiederherstellung der „regionalen Standards" und zur gewaltsamen Wiederanpassung Nicaraguas an das „mittelamerikanische Muster" aufriefen und dann, als die Eingeborenen schließlich dem Terror nicht mehr standhalten konnten und das Handtuch warfen, den „Sieg für das Fairplay der USA" priesen, sollten über ihre Errungenschaften in dem von ihnen gepriesenen neuen „romantischen Zeitalter" entzückt sein.

Auch hier können wir die untrennbaren Begleiterscheinungen und charakteristischen Kennzeichen der Macht beobachten: die Fähigkeit der Mächtigen, den Rahmen der Diskussion zu bestimmen, und die Wut, die jede Herausforderung ihres Rechts zu herrschen hervorruft. Dieses Vorrecht der Macht bestimmt letztlich darüber, wer „Opfer" und wer „Unterdrücker" ist, wodurch die wirklichen Opfer sich im ideologischen System regelmäßig in die barbarischen Quäler ihrer unschuldigen Folterknechte verwandeln. So müssen die Vietnamesen sich für ihre Verbrechen gegenüber *uns* entschuldigen, und Nicaragua muß *uns* gegenüber beweisen, daß es nicht in terroristische Tätigkeit verwickelt ist. Desgleichen haben wir ein endloses Register an Klagen über die Armen, die es darauf abgesehen haben, die Reichen zu plündern (Dulles), über den kubanischen Führer, den wir, weil er darauf bestand, „die Vereinigten Staaten auf die heftigste und unfairste und unglaublichste Art zu kritisieren", ermorden müssen (McCone), über die Palästinenser, die „terroristische Akte gegen den Staat Israel" verüben (so die offizielle Stellungnahme der US-Regierung zur Intifada), wenn sie nach Jahrzehnten eines „ins Enorme gewachsenen Bergs endloser Demütigungen und straflos an ihnen begangenen Brutalitäten", die laut dem israelischen Journalisten Danny Rubinstein überhaupt erst der „entscheidende

---

[6] Jeremy Mark, *Wall Street Journal*, 4. April 1994.

Auslöser" ihres Widerstands waren, immer noch nicht still ihre Köpfe beugen, und über sämtliche Terroristen und Schurken überhaupt, die sich erheben, um uns anzugreifen - wenn sie sich für einen Augenblick von dem schweren Stiefel freimachen können, den wir ihnen auf den Nacken setzen.

An der Heimatfront

Was momentan wirklich passiert, ergibt sich aus einer eingehenderen Analyse der erwähnten UNDP-Zahlen über die rasch anwachsende Kluft zwischen Arm und Reich. Der kanadische Wirtschaftswissenschaftler Ian Robinson stellt fest, daß das Ausmaß der Kluft „noch bemerkenswerter ist, wenn wir uns nicht nur die Kluft zwischen reichen und armen *Nationen*, sondern die zwischen reichen und armen *Menschen* ansehen". 1960 war das Bruttosozialprodukt (BSP) der Länder mit den reichsten 20 Prozent der Weltbevölkerung dreißigmal so groß wie das der Länder mit den ärmsten 20 Prozent; 1989 hatte sich die Kluft auf 60 zu eins erweitert. Aber dieselben UNDP-Zahlen zeigen, daß „das Verhältnis der Einkommen der reichsten und der ärmsten 20 Prozent [*der Menschen*] 140 zu eins betrug", nicht lediglich 60 zu eins. Wie Robinson beobachtet, zeigen diese Daten, daß „mehr als die Hälfte der Ungleichheit zwischen den reichsten und den ärmsten 20 Prozent der Menschen der Welt ... keine Funktion der Einkommensungleichheiten *zwischen den Nationen* ist, sondern von Einkommensungleichheiten *innerhalb* der Nationen". Ein Beispiel dafür ist der Befund des regierungsamtlichen Nationalen Zentrums für Gesundheitsstatistik, nach dem sich einer der Faktoren, die am meisten über Ungleichheit aussagen, nämlich „die Ungleichheit in den Sterblichkeitsziffern", von 1960 bis 1986 mehr als verdoppelt hat, was eine „immer größer werdende Klassenkluft" signalisiere.[7]

Kurz, wir dürfen nicht die entscheidende Fußnote zur erwähnten Churchillschen Maxime übersehen: die „Klassenanalyse" der Politik, auf der Adam Smith bestand, während sie von

---

[7] UNDP *Human Development Report*, 1992, S. 34-35, zitiert von Ian Robinson, *The NAFTA, Democracy, and Economic Development*, Canadian Centre for Policy Alternatives, 1993, Fn. 64; *North American Trade as if Democracy Mattered* (CCPA and International Labor Rights Education and Research Fund, 1993), Appendix 2. Der Direktor der Gesundheitsstudie Dr. Gregory Pappas wird zitiert von Robert Pear, „Big Health Gap, Tied to Income, Is Found in U.S.", *New York Times*, 8. Juli 1993.

seinen Nachfolgern im allgemeinen ausgespart wird. Sie führt zu
der ganz natürlichen Erwartung, daß das, was als „unsere" Politik ausgegeben wird, sich für uns als sehr schädlich erweisen
kann, während sie für jene, die sie ausarbeiten und praktizieren,
in der Tat sehr nützlich ist. Wir könnten ferner anmerken, daß
das Wort „Ungleichheit" einen etwas aseptischen Klang hat, der
beruhigender ist als die eigentliche Bedeutung: hungernde Kinder, zerbrochene Familien, Kriminalität und Gewalt und all die
Formen gesellschaftlicher Pathologie, die Ergebnis der Zerstörung aller Hoffnungen sind.

Diese Veränderungen *innerhalb* der Nationen gelten für alle
„drei Welten": die staatskapitalistischen Industriemächte, die „Entwicklungsländer" des Südens und die ehemaligen kommunistischen Staaten, die jetzt weitgehend in ihren ursprünglichen Drit-
te-Welt-Status zurücksinken. In all diesen Fällen gehen die jeweiligen Ergebnisse in nicht geringem Maß auf die selektive
Anwendung der neoliberalen Wirtschaftsdogmen zurück: letztere
fungieren als Fesseln für die Armen und Schwachen, während sie
von den Reichen und Mächtigen beiseite geschoben werden, wenn
ihre Konsequenzen ihnen nicht gefallen.

Innerhalb der reichen Nationen liefert diese selektive Praxis
eine Art Mikrokosmos des internationalen Bildes. Aufgrund des
Drucks auf die Konzernprofite haben die Regierungen die Sozialausgaben beschnitten, während sie den Wohlfahrtsstaat für die
Reichen beibehielten oder sogar erweiterten. Diese Prozesse sind
in den Vereinigten Staaten, Großbritannien, Australien und Neuseeland klar zu sehen, den Staaten also, die - wenn auch nur in
begrenztem Maß, da sie mächtig genug sind, die Regeln gegebe-
nenfalls zu verletzen - „mit den Dogmen tanzten", die sonst den
schwachen Ländern aufgezwungen werden, und dafür den entsprechenden Preis zahlen mußten; die zitierte Formulierung ent-
stammt übrigens der schneidenden Kritik des britischen konservativen Parlamentsabgeordneten Ian Gilmour an der „Thatcher-
Revolution".[8] Aber aus strukturellen Gründen, die untrennbar mit
der Neuen Weltordnung verbunden sind, nähern sich auch die
anderen Industrieländer Schritt für Schritt demselben Kurs an.

Im Amerika Reagans verwandelte eine Kombination von mi-
litärkeynesianischen Exzessen zugunsten der Profite der Reichen
und einer Steuerpolitik, die dasselbe Ziel verfolgte, das Land aus
dem wichtigsten Gläubigerland der Welt in die Nation mit den

---

[8] Gilmour, *Dancing with Dogma* (Simon & Schuster, 1992).

höchsten Schulden. Während die Schulden bei Reagans Amtsantritt weniger als eine Billion Dollar betrugen, wuchsen sie durch regressive Steuersenkungen und erhöhte Ausgaben des Pentagon bis 1986 mit 2,1 Billionen auf mehr als das Doppelte und lagen 1992, als Reagan und Bush ihren Nachfolgern ihre Erbschaft überantworteten, bei mehr als 4,4 Billionen. Der Vorsitzende des Finanzkomitees des Senats Daniel Patrick Moynihan vertritt als einer der qualifiziertesten Steuerexperten des Senats die Auffassung, die „strategischen Defizite" der Reaganjahre seien von einer „geheimen Agenda" inspiriert gewesen, nämlich der Errichtung einer Barriere gegen spätere Sozialausgaben und sonstige staatliche Initiativen, die für das Amerika der Konzerne nicht akzeptabel sind. Die Kürzungen der Bundesausgaben haben unerträgliche Lasten auf die Einzelstaaten und Gemeinden abgewälzt und hatten auf breiter Front äußerst schädliche Konsequenzen zur Folge. Stark verschärft wurden die Probleme noch durch eine höchst erfolgreiche von der Geschäftsgemeinde organisierte PR-Kampagne, die die „Abschüttelung der Regierung von unserem Rücken" und die Senkung der Steuern propagierte, wobei die Unternehmer aber gleichzeitig dafür sorgten, daß ihre eigenen Bedürfnisse durch einen mächtigen und interventionistischen Staat bestmöglich zufriedengestellt wurden. Die Verschuldung der Konzerne und der Haushalte stieg ebenfalls rapide an.

Die regressive Steuerpolitik führte zur Anheizung des Luxuskonsums und einer Vielzahl von Finanzmachenschaften, während der Anteil der Investitionen am BSP auf das niedrigste Niveau unter den sieben führenden Industriemächten (G-7) sank; selbst dieses niedrige Niveau beruhte mehr und mehr auf Kapitalimporten. Das Resultat waren riesige Handelsdefizite. Das reale BSP pro Kopf fiel gegenüber den Carterjahren, die persönlichen Ersparnisse sanken, der Anteil der Ausgaben für Infrastruktur fiel auf die Hälfte des Niveaus der sechziger Jahre, obwohl die staatlichen Ausgaben nicht zurückgingen. Der einzige Bereich, in dem die Statistik bessere Ergebnisse zeigte, war die Inflation, und das war zum größten Teil auf den gefallenen Ölpreis zurückzuführen. Die Aufnahme von Krediten ermöglichte weiten Teilen der Bevölkerung eine Scheinprosperität, wobei diese außerhalb der reichsten Sektoren, die aus all dem große Vorteile zogen, nicht lange aufrechterhalten werden konnte.

Die Ökonomen des Economic Policy Institute Lawrence Mishel und Jared Bernstein kamen in einer Untersuchung auf „mehr als 17 Millionen Arbeiter, d. h. 13,2 Prozent der Arbeitskräfte, ...

die im Juli 1992 unbeschäftigt oder unterbeschäftigt waren", ein Anstieg von 8 Millionen während der Jahre unter Bush, in denen die unter Reagan ergriffenen Maßnahmen ihre Auswirkungen zeitigten. Darüber hinaus gingen drei Viertel dieser Arbeitsplätze für immer verloren. Die Stagnation der Reallöhne im Verlauf der gesamten siebziger Jahre ging während der Reaganjahre in einen scharfen Rückgang über. 1987 erreichte der Rückgang der Löhne auch die Arbeitnehmer mit Collegeabschluß, die sich bald darauf auch mit wachsender Arbeitslosigkeit konfrontiert sahen; diese Auswirkung ist vermutlich großenteils auf die Entwicklung des Pentagonbudgets zurückzuführen, da die Regierungssubventionen für die an der Miltärproduktion beteiligten Hightech-Industrien 1985-86 ihren Höhepunkt erreichten und dann auf ein Niveau absanken, daß eher dem Durchschnittsniveau der Zeit des Kalten Krieges entsprach. Für die unteren sechzig Prozent der amerikanischen Männer sanken die Reallöhne, während sie (von anderen Einkommensarten ganz zu schweigen) für die oberen 20 Prozent stiegen. Der Wirtschaftswissenschaftler Rüdiger Dornbusch vom MIT weist darauf hin, daß vom Zuwachs des Pro-Kopf-Einkommens während der Reagan/Bushjahre „70 % dem obersten 1 % der Verdiener zukamen, während die unteren Einkommensgruppen absolut gesehen weniger hatten", so daß „die meisten jungen Amerikaner heute nicht mehr darauf rechnen können, wirtschaftlich besser gestellt zu sein als ihre Eltern" - ein bedeutsamer Wendepunkt in der Geschichte der Industriegesellschaft. Umfragen von Mitte 1992 zeigen, daß 75 % der Bevölkerung nicht erwarten, daß sich das Leben für die nächste Generation verbessert.

Die Reaganjahre beschleunigten einen Prozeß, der schon längst begonnen hatte. Bis 1968 hatte die Ungleichheit der Einkommen ständig abgenommen; danach war sie kontinuierlich gestiegen und war bereits 1986 größer als während der großen Weltwirtschaftskrise. Wie Ian Robinson schreibt, sank das durchschnittliche Einkommen des unteren Fünftels der amerikanischen Familien im Lauf dieser 18 Jahre um 18 Prozent, während es für das oberste Fünftel um 8 Prozent stieg, Tendenzen, die sich seitdem fortgesetzt haben. Während dieser Jahre „gab es in den USA unter allen Industrienationen den größten Zuwachs der Ungleichheit, der zudem mit dem größten Rückgang der Einkommen der niedriger bezahlten Arbeiter verbunden war", berichtet der Wirtschaftsjournalist Richard Rothstein. Eine OECD-Studie fand, daß während der achtziger Jahre in den meisten reicheren

Ländern die Ungleichheit wuchs, wobei der höchste Anstieg im Großbritannien Thatchers zu verzeichnen war, der zweithöchste in den Vereinigten Staaten, wo die Ungleichheit von Anfang an am größten war und es auch bis zum Ende des Jahrzehnts blieb. Besonders schlecht sah es in den USA für die verletzlicheren Sektoren der Bevölkerung aus: die Alten, die Kinder und die Familien mit alleinerziehenden Müttern (von denen die meisten bezahlte Arbeit leisteten, da die Vereinigten Staaten im Hinblick auf die Erwerbstätigkeit solcher Mütter im Gegensatz zu einer Flut rechtsgerichteter Propaganda den dritten Rang einnahmen). Die 1993 erschienene UNICEF-Studie *The Progress of Nations* fand, daß es amerikanischen und britischen Kindern wesentlich schlechter ging als 1970. Der Anteil der amerikanischen Kinder, die unterhalb der Armutsgrenze leben, liegt mittlerweile mehr als doppelt so hoch wie bei der zweitschlimmsten Industrienation, Großbritannien, und etwa viermal so hoch wie bei den meisten anderen Ländern. Er ist seit 1970 um 21 Prozent gestiegen - in der Hauptsache als Resultat staatlicher Leistungskürzungen, wie der UNICEF-Direktor James Grant kommentiert.

„Der wichtigste institutionelle Faktor, der die US-Lohnstruktur beeinflußte, war der Niedergang der Gewerkschaften", bemerkt der Chefökonom des US-Arbeitsministeriums Lawrence Katz. Tatsächlich bildete der intensivierte Angriff auf die Gewerkschaften einen der großen Erfolge der Reaganjahre. Dieser Angriff ebnete den Weg für die Entlassung von Arbeitern wegen der Unterstützung von Gewerkschaftsarbeit, die Zerschlagung von Streiks durch Einstellung „permanenter Ersatzkräfte" und weitere Mechanismen, durch die es gelang, eine führende Kraft im Kampf für Demokratisierung und soziale Gerechtigkeit zu schwächen. Die Resultate dieser Politik sind für die privilegierten Sektoren höchst ermutigend. Eine Titelgeschichte im *Wall Street Journal* berichtet über „eine willkommene Entwicklung von bleibender Bedeutung": „den immer wettbewerbsgerechteren Preis der Arbeit in den USA", der auf den mittels einer Kombination staatlicher Macht und verbesserter Bedingungen für die Verlagerung der Produktion ins Ausland geführten Angriff auf die Gewerkschaften zurückgeht. Die US-Stücklohnkosten fielen 1992 um 1,5 Prozent, während die Kosten in Japan und Europa ebenso wie in Taiwan und Korea anstiegen. Noch 1985 war der Stundenlohn in den Vereinigten Staaten höher als in den anderen Ländern der G7. 1992 war er unter den seiner reichen Wettbewerber gefallen, mit Ausnahme Großbritanniens, wo Thatcher sich sogar noch mehr in der Unterwerfung der arbeitenden Menschen hervorgetan hatte. In Deutschland waren die Stundenlöhne 60 Prozent, in Italien 20 Prozent höher als in den Vereinigten Staaten. Noch sind die Vereinigten Staaten nicht auf dem Niveau von Taiwan oder Südkorea gelandet, aber Fortschritte in diese Richtung gibt es zweifellos.

Mit der fortschreitenden Krise der städtischen Gesellschaft stieg die Gefängnisbevölkerung in rasendem Maß auf das bei weitem höchste Niveau der industriellen Welt und überholte noch die von Rußland und Südafrika. In den verkommenen Städten und in den ländlichen Gebieten erreichte die Armut neue Rekorde, während die Infrastruktur vielerorts zusammenbrach. Die Obdachlosigkeit wurde zu einer nationalen Schande. In der letzten Hälfte der achtziger Jahre wuchs die Zahl der Hungernden um 50 Prozent auf etwa 30 Millionen Menschen. Anfang 1991, noch vor den Auswirkungen der Rezession der Bushjahre, fanden Forscher, daß im reichsten Land der Welt mit seinen beispiellosen natürlichen und historischen Vorteilen 12 Millionen Kinder nicht genügend Nahrung haben, um normale Gesundheits-, Wachstums- und Entwicklungsstandards zu garantieren. In Boston, einer reichen Stadt und einem der führenden medizinischen Zentren der Welt, war das Städtische Krankenhaus, das für die Gesamtbevölkerung zuständig ist, gezwungen, eine eigene Klinik für unterernährte Kinder einzurichten, in der die Kinder wegen der begrenzten Kapazität schichtweise versorgt werden, besonders im Winter, wenn die Eltern die quälende Entscheidung treffen müssen, ob sie heizen oder etwas zu essen kaufen sollen.[9]

Wie im *Wall Street Journal* nachzulesen, berichtete das Zensusbüro im Oktober 1993, daß „die Zahl der in Armut lebenden Amerikaner letztes Jahr um 1,2 Millionen auf 36,9 Millionen angeschwollen ist, während die Brieftaschen der Reichsten noch dicker wurden". Die mittleren Familieneinkommen befanden sich 13 Prozent unter dem Niveau von 1989, und das Ausmaß

---

[9] Thomas Edsall, *Washington Post Weekly*, 2. August; Lester Thurow, *Guardian Weekly*, 22. August 1993. Mishel und Bernstein, *Challenge*, September-Oktober 1992. Allen Sinai, „What's Wrong with the Economy", *Challenge*, November-Dezember 1992. Dornbusch, *Economist*, 24. Oktober 1992. Robinson, *op. cit.* Rothstein, *American Prospect*, Sommer 1993. OECD und weitere Studien über Ungleichheit, *Left Business Observer*, 14. September 1993. UNICEF, AP, *Boston Globe*, 23. September 1993. Alfred Malabre, *Wall Street Journal*, 13. September; Judy Rakowsky, „Tufts study finds 12 million children in US go hungry", *Boston Globe*, 16. Juni 1993. Für weitere Diskussion, siehe *Deterring Democracy*, Kapitel 2; *The Year 501*, Kapitel 2, 4, 11.

der Armut war dasselbe wie „während der tiefsten Tiefen der heftigen Rezession Anfang der achtziger Jahre" vor den lauthals gefeierten „Jahren des Booms". Analytiker gehen davon aus, daß der Anteil der Armen auf lange Sicht „weiterhin steigen wird", begleitet von „sinkenden Löhnen, schrumpfender staatlicher Hilfe für die Armen und einer steigenden Zahl von Familien mit nur einem Elternteil". Letzteres ist eine Konsequenz der sich auflösenden sozialen Bindungen. „Die Anfang der achtziger Jahre rasch gewachsenen Einkommensungleichheiten blieben auch 1992 bestehen, wobei das oberste Fünftel der amerikanischen Haushalte seinen ohnehin gewaltigen Anteil am Einkommen" auf 47 Prozent des Gesamteinkommens erhöhte. „Die Reichen wurden ganz offensichtlich reicher", stellte ein Autor des Zensusbüros fest, während die durchschnittlichen Einkommen des untersten Fünftels der Familien mit 7.328 Dollar, also kaum dem nackten Existenzminimum, konstant blieben. Eine Studie des Handelsministeriums von 1994 fand, daß der Prozentsatz von Vollzeitarbeitern mit Armutslöhnen (bis 13.000 Dollar im Jahr) sich während der Reaganjahre um die Hälfte vergrößert hatte, von 12 Prozent 1979 auf 18 Prozent 1992. Der Nettobesitz amerikanischer Haushalte fiel nach Berichten des Zensusbüros von 1988 bis 1991 durchschnittlich um 12 Prozent, nachdem er während der „Boomjahre in den achtziger" nur wenig gestiegen und für viele gefallen war. Die Kinderarmut nahm von 1973 bis 1992 um 47 Prozent zu und betraf nunmehr 20 Prozent aller Kinder, ein Anstieg von 12 auf 14 Millionen seit der letzten Zählung ein Jahr zuvor. Die Armutsgrenze wird als ein jährliches Einkommen von 11.186 $ für eine dreiköpfige Familie definiert. „Sie lernen die Hoffnungslosigkeit sehr schnell", sagte der Leiter einer Studie der Tufts University, da sie erkennen, „daß sie ihre Umgebung nicht beeinflussen können. In einer hoffnungslosen Situation tun Menschen Dinge, die sie ansonsten nicht einmal in Betracht ziehen würden", darunter zum Beispiel Gewaltverbrechen, eine Epidemie, die nun der vorherrschenden Doktrin zufolge durch drakonische Strafen, nicht etwa durch Hinwendung zu ihren Ursachen unter Kontrolle gebracht werden soll.[10]

Während der ersten beiden Jahre der ökonomischen Erholung seit 1991 fielen die Löhne sowohl für Arbeiter als auch für Ange-

---

[10] Paulette Thomas, *Wall Street Journal*, 5. Oktober 1993. Robert Rosenthal, *Los Angeles Times*, 31. März; AP, *Chicago Tribune*, 26. Januar; David Holstrom, *Christian Science Monitor*, 27. Januar 1994.

stellte weiterhin, während der Abstand zwischen beiden Gruppierungen weiter zunahm. Nur bei den obersten 10 Prozent sind die Löhne über das Niveau von 1989 gestiegen. Darüber hinaus kam es auch nach achtundzwanzig Monaten der wirtschaftlichen Erholung zu keinem Rückgang der Arbeitslosigkeit, eine Erscheinung, die es seit Kriegsende noch nie gegeben hat. Ferner ist auch die Zahl der Teilzeitstellen und befristeten Anstellungen gewachsen, aber nicht, weil die Nachfrage danach so groß wäre, sondern weil damit die „Flexibilität" des Arbeitsmarkts erhöht wird, die laut geltender Doktrin für die wirtschaftliche Gesundheit höchst vorteilhaft ist; „Flexibilität" ist ein technischer Terminus, der bedeutet, daß man, wenn man abends zu Bett geht, nicht weiß, ob man am nächsten Morgen noch Arbeit hat. 1992 waren 28 Prozent aller neugeschaffenen Arbeitsplätze zeitlich befristet; weitere 26 Prozent lagen im Staatssektor, vorwiegend auf der Ebene der Einzelstaaten und der Gemeinden. 1993 waren 15 Prozent der neuen Arbeitsplätze Zeitstellen, wodurch es insgesamt 24,4 Millionen Teilzeit- oder Zeitarbeiter gab, was 22 Prozent aller Arbeitnehmer ausmacht und die höchste je erreichte Zahl darstellt. Der größte private Arbeitgeber ist Manpower, die größte der Zeitarbeitsfirmen, die 600.000 Arbeitnehmer und damit 200.000 Menschen mehr als General Motors beschäftigt.

Mit Fortgang der wirtschaftlichen Erholung wurden neue Arbeitsplätze geschaffen. Der März 1994 übertraf alle Erwartungen, was die *New York Times* (ebenso wie andere Zeitungen) zu einer enthusiastischen Titelgeschichte über die gute Nachricht veranlaßte, war es doch der höchste Zuwachs seit sechs Jahren. Nur im letzten Abschnitt der Fortsetzung des Artikels im Innenteil finden wir etwas zwiespältigere Zahlen. Laut *Financial Times* geht aus ihnen hervor, daß „in Wirklichkeit im März 349.000 der 456.000 neuen Arbeitsplätze Teilzeitjobs waren. Die Beschäftigung in der verarbeitenden Industrie stieg nur um 12.000."[11]

In England schuf die Thatcher-Regierung in beeindruckendem Tempo die schlimmste Krise der verarbeitenden Industrie seit der industriellen Revolution. Durch die blinde Verfolgung der Lehrsätze Milton Friedmans und anderer Laissez-faire-Doktrinen wurde innerhalb weniger Jahre beinah ein Drittel der verarbeitenden Industrie vernichtet. Das Resultat war laut Gil-

---

[11] Die Wirtschaftswissenschaftler Lawrence Mishel und Jared Bernstein, „The Joyless Recovery", *Dissent*, Winter 1994; Tamar Lewin, *New York Times*, 10. März; *Fortune* (Titelgeschichte), 24. Januar 1994. Robert Hershey, *New York Times*, 2. April; Jurek Martin, *Financial Times*, 2. April 1994.

mour eine „miserable Leistung" der Wirtschaft mit sinkenden Wachstumsraten und rasch zunehmender Armut, während die Thatcher-Ideologen „ausschließlich für die Wohlhabenden den guten Samariter" spielten. London nahm allmählich das Erscheinungsbild „einer Hauptstadt der Dritten Welt" an. Wie Gilmour hinzufügt, konnten nicht einmal die starke Stimulierung der Wirtschaft durch das Nordseeöl und der scharfe Rückgang der Exportpreise der Dritten Welt diese Entwicklungen verhindern. Der Ökonom Wynne Godley bemerkt, die Thatcherperiode sei durch verlangsamtes Wachstum, verringerte Wettbewerbsfähigkeit auf dem Weltmarkt, scharfes Anwachsen der Staats- und Haushaltsschulden und der Arbeitslosigkeit, „ein hysterisches auf und ab" in einer verblüffend instabilen Wirtschaft und einen Kapazitätsverlust in der verarbeitenden Industrie gekennzeichnet gewesen.

Laut Presseberichten im Juli 1993 lebt ein Viertel der Bevölkerung, darunter 30 Prozent der Kinder unter sechzehn, von Einkommen, die weniger als die Hälfte des Durchschnittseinkommens („was am ehesten als offizielle Armutsgrenze gelten könnte") betragen. So hat die Thatchersche Disziplin seit 1979 ein scharfes Anwachsen der Armut zustande gebracht, bei dem selbst das Einkommen der ärmsten Familien noch um 14 Prozent gesunken ist. Die Ungleichheit vergrößerte sich gewaltig und wuchs noch schneller als im Amerika Reagans, auch wenn sie bis jetzt noch nicht amerikanische Ausmaße erreichte. (Unter den reichen Ländern bestand in den Jahren 1984-87, der letzten Periode, für die verläßliche Daten vorliegen, folgende Reihenfolge im Grad sozialer Ungleichheit: Vereinigte Staaten, Australien, Israel, Großbritannien, Kanada...) Die Britische Kommission für Soziale Gerechtigkeit berichtet, daß heute in England mehr Ungleichheit herrscht als zu irgend einer Zeit während der letzten hundert Jahre. Während des Jahrzehnts unter Thatcher fiel der Einkommensanteil der unteren Hälfte der Bevölkerung von einem Drittel auf ein Viertel, während sich die Zahl der in Haushalten mit niedrigem Einkommen lebenden Kinder verdreifachte. Die Einzelheiten sind regelmäßig in den entsprechenden Berichten nachzulesen. Die Regierung plant, Landstreicherei zum kriminellen Vergehen zu erklären, was die marginalen Lebensmöglichkeiten für Obdachlose, die diese in verlassenen Gebäuden und U-Bahn-Stationen noch haben, beseitigen würde. Eine wachsende Zahl von Menschen verliert ihre Wasserversorgung, da die Privatindustrie Haushalte, die nicht bezahlen können, von der

Wasserversorgung abschneidet - eine Form der „bakteriologischen Kriegführung", wie der Mikrobiologe John Pirt kommentiert. Es zeichnet sich immer klarer ab, welche Zukunft für die Bevölkerung ins Auge gefaßt ist.[12]

„Die Kluft zwischen Reichtum und Armut, die in den achtziger Jahren immer ausgeprägter wurde, wird noch mindestens fünf Jahre lang weiterwachsen", berichtet die Marktforschungsorganisation Mintel und weist auf die „wachsende Nachfrage nach Luxusgütern und -dienstleistungen" hin, während „das Einkommen eines wachsenden Teils der Haushalte gerade für Standardprodukte und -güter ausreicht", was „wichtige Folgen für den Handel und den Markt" habe. Dieser Studie zufolge wuchs der Einkommensanteil der oberen 20 Prozent der Haushalte von 35 Prozent im Jahr 1979 auf 40 Prozent 1992, während der Anteil der unteren 20 Prozent von 10 Prozent auf 5 Prozent fiel. Dabei ist diese Kluft in den letzten Jahren, als die Thatcher-Politik sich einen festen Platz erobert hatte, immer schneller gewachsen. Die Wohlfahrtsorganisation Aktion für Kinder, die 1869 unter Schirmherrschaft der Königin gegründet wurde, kam in einer jüngst durchgeführten Studie zu dem Ergebnis, daß „die Kluft zwischen reich und arm heute wieder so groß ist wie zur viktorianischen Zeit", in mancher Hinsicht sogar größer. Eineinhalb Millionen Familien können es sich nicht leisten, ihre Kinder mit „der Art Nahrung" zu versorgen, „die ein vergleichbares Kind 1876 in einem Arbeitshaus in Bethnal Green bekam", ein „trauriger Spiegel der britischen Gesellschaft". Zahlen der Europäischen Kommission (EC) zeigen, daß in Großbritannien proportional mehr Kinder in Armut leben als in jedem anderen europäischen Land mit Ausnahme von Portugal und Irland, und daß dieser Anteil schneller als in jedem anderen Land Europas wächst. Die EC berichtet weiter, daß Großbritannien während der achtziger Jahre zu einem der ärmsten Länder Europas geworden ist und dabei hinter Italien und einige Regionen Spaniens zurückfiel. Schon ein Jahr zuvor war Großbritannien laut Bericht der *Financial Times* dem „Armenhaus Europas" zugerechnet wor-

---

[12] Gilmour, *op. cit.* Godley, *London Review of Books*, 8. April 1994; Steven Webb und Richard Thomas, *New Statesman and Society*, 30. Juli 1994; David Brindle, *Guardian Weekly*, 11. Juli 1993. Angelia Johnson, *Guardian*, 6. Juli 1994; David Nicholson-Lord, *Independent*, 12. Mai 1994; Pirt, Leserbrief, *Independent*, 18. Mai 1993. Rangliste der Ungleichheit gemessen nach dem „Gini-Index", berechnet aus der Datensammlung von Luxembourg Income Study; *Left Business Observer*, 14. September 1993.

den, „technisch gesehen arm genug, um" ebenso wie Spanien, Irland, Portugal und Griechenland „auf zusätzliche Gelder der Europäischen Gemeinschaft Anspruch zu erheben".[13]

Wie im Reaganschen Amerika finden wir auch in England inmitten sozialen und wirtschaftlichen Niedergangs eine dünne Schicht von Prosperität, die großenteils auf Kredite und die Umverteilung von unten nach oben zurückgeht. Und in einigen Kreisen sind die Ergebnisse dieser Politik in der Tat höchst populär. „Am Ende zahlt sich Thatchers Revolution aus" lautet eine Schlagzeile in *Business Week*, unter der dann begeistert berichtet wird, daß „Großbritanniens Wiedererstarken einige Lektionen für den Kontinent bereithält", insbesondere „sinkende Kosten für Arbeit", die inzwischen um ein Drittel niedriger sind als im westeuropäischen Durchschnitt, niedrigere Unternehmenssteuern und, ganz nach dem Vorbild der Vereinigten Staaten, größere „Flexibilität der Arbeitskräfte". „Das ist sehr weitgehend das Verdienst Margaret Thatchers, deren Reformen jetzt Früchte tragen." Dieser „neue Arbeitsmarkt hat sich als mächtiger Anreiz für ausländische Investoren erwiesen", die nur zu froh sind, Thatchers Errungenschaften zu nutzen, um ihre Profite in die Höhe zu treiben und das Lebensniveau der Arbeitskräfte in ihren eigenen Ländern auf ein ähnliches Niveau wie in den USA herunterzudrücken. „Wenn die [Arbeiter] sehen, wie Arbeitsplätze verschwinden, hat das einen heilsamen Effekt auf die Haltung der Leute", zitiert das *Wall Street Journal* einen britischen Unternehmensdirektor, der ebenfalls von den „positiven Ergebnissen der Revolution Thatchers" beeindruckt ist, die Großbritannien „eine niedrig bezahlte, schlecht ausgebildete Arbeiterschaft" beschert hat. Dank der verbesserten Ausbeutungsbedingungen und der dadurch erzeugten erfreulichen Haltung der Arbeiter werden neue Arbeitsplätze geschaffen, aber „praktisch alle der unter dem Strich entstandenen neuen Arbeitsplätze waren Teilzeitjobs, von denen die meisten an Frauen gehen und schlechter als Vollzeitarbeitsplätze bezahlt sind"; außerdem ist dank der neuen „Arbeitsflexibilität" und der Schwächung der Gewerkschaften und der Arbeiterrechte „die Zahl der vollzeitbeschäftigten britischen Arbeitskräfte mit einem Wochenlohn unterhalb der

---

[13] David Nicholson-Lord, *Independent*, 1. Februar 1994; Presseerklärung, Action for Children, 31. Januar 1994; Jeremy Laurance, „Workhouse gruel 'too costly for poor today'", *Times*, 1. Februar 1994; John Palmer, „UK joins poor of Europe", 30. Januar 1994. David Gardner, *Financial Times*, 16. Oktober 1992.

'Minimalgrenze' des Europäischen Rats von 28,3 % 1979 auf 37 % gestiegen".[14]

Australien „tanzte" mit denselben Dogmen, in diesem Fall unter einer Labourregierung. Das Resultat war eine „schlimme Geschichte wirtschaftlichen Niedergangs", schreibt der Konservative Robert Manne in der Geschäftspresse, wo er auch einen Überblick über das „Desaster" gibt. „Die Ära nach der Deregulierung war so ähnlich wie ein Großexperiment in einem chemischen Labor, in dem Elemente kombiniert werden, die nie zuvor miteinander gemischt worden waren", kommentierte ein führender politischer Analytiker. Es folgten ähnliche Konsequenzen wie in den Vereinigten Staaten und Großbritannien und in den weitaus verletzlicheren und um so grausamer betroffenen Ländern der Dritten Welt: eine massive Umverteilung von Mitteln von den Armen an die Reichen, Arbeitslosigkeit, Angriffe auf die Arbeiter und die Gewerkschaften, Abnahme der produktiven Investitionen, steigende Familien- und Kinderarmut, Anwachsen des ausländischen Besitzes und sogar ein Rückgang des Nationaleinkommens. „Im Schlepptau der Vereinigten Staaten und Großbritanniens gab sich die Plutokratie Australiens einer Orgie der Gier und Habsucht hin, wie man sie hier noch nie zuvor gesehen hatte", schreibt der Politikwissenschaftler Scott Burchill dazu.[15]

Diese Erfahrungen sollten „wenigstens einige Zweifel gesät haben", kommentiert Manne. Aber derartige Zweifel wurden in allen drei Gesellschaften mittels einer „Kombination von Verlogenheit und blanker Inkompetenz" beschwichtigt, so der MIT-Ökonom Paul Krugman, der sich damit insbesondere auf Versuche „des *Wall Street Journal*, des US-Schatzministeriums und einer Reihe angeblicher ökonomischer Experten" bezieht, die wahren Verhältnisse zu vernebeln, Bemühungen, die ihm zufolge „das Ausmaß des moralischen und intellektuellen Niedergangs des amerikanischen Konservatismus" demonstrieren.[16]

---

[14] *Business Week*, 21. Februar 1994; Dana Milbank, *Wall Street Journal*, 28. März 1994.

[15] Manne, „Wrong Way, Go Back", *ABM*, November 1992; Burchill, „Scenes from Market Life: Neoliberalism in Australia", Manuskript, University of Tasmania, 1993 (mit P. Kelly, *End of Certainty*, 1992, als Quelle). Für einen informativen Überblick und eine vergleichende Analyse, siehe Tom Fitzgerald, *Between Life and Economics* (1990 Boyer-Vorlesungen der Australian Broadcasting Company ABC, 1990); John Carroll und Robert Manne, eds., *Shutdown: The Failure of Economic Rationalism* (Melbourne: Text, 1992).

[16] Krugman, „The Right, the Rich, and the Facts", *American Prospect*, Herbst 1992.

Noch mehr Energie und Enthusiasmus beim Tanz mit den Dogmen des Marktmonetarismus legte Neuseeland an den Tag, das laut Einschätzung der OECD-Wirtschaftswissenschaftler Joumard und Helmut Reisen „das vollständigste Wirtschaftsreformprogramm" durchführte, „das je in den letzten Jahren von einem OECD-Land unternommen wurde". Ihnen zufolge war das Experiment in beinahe jeder Hinsicht ein Desaster. Das neue Rezept wurde offiziell seit 1984 praktiziert. In einem Vergleich der Jahre 1977-84 und 1984-89 finden die OECD-Ökonomen einen scharfen Niedergang im Beitrag der Produktion von Handelsgütern (verarbeitende Industrie, Bergbau, Landwirtschaft) zum BSP, ebenso im Exportanteil an verarbeiteten Gütern im Rahmen der OECD. Die Reformen riefen schwere strukturelle Verwüstungen hervor; ohne sie hätte der Export an verarbeiteten Gütern nach den Berechnungen der beiden Ökonomen um 20 Prozent höher gelegen.

Der neuseeländische Ökonom und Spezialist für internationalen Handel Tom Hazeldine führt die Bilanz des „Putsches" der „Marktradikalen" bis 1993 weiter. Die vorher praktisch bei Null liegende registrierte Arbeitslosigkeit erreichte 14,5 Prozent, nach Spanien das höchste Niveau in der OECD. Ebenso entstanden sehr schnell hohe Schulden von 11 Milliarden Dollar. Es gab praktisch kein wirtschaftliches Wachstum, und das schwache Wachstum der Produktivität resultierte hauptsächlich aus Rationalisierungen. Es gab eine Zunahme von Geschäftsgründungen, die Pleiten nahmen allerdings noch schneller zu, so daß der Anteil der *erfolgreichen* Geschäftsgründungen dank der Magie des Marktes sank. Die Staatsausgaben verzeichneten einen scharfen Anstieg von 30 % auf 49 % des BSP. Dementsprechend kommentiert Hazeldine, die vorherige sozialdemokratische Regierung habe dem Staat viel weniger Gewicht eingeräumt und sei „viel billiger - und effizienter" gewesen, während gleichzeitig „alle Arbeit hatten". Der Markt ist eben nicht nur für große Irrtümer anfällig, sondern auch sehr teuer im Unterhalt. „Der Anteil am BSP, der von den 'marktschaffenden' Wirtschaftszweigen - Finanz- und Geschäftsdienstleistungen - gehalten wird, verdoppelte sich von etwas mehr als 5 % auf knapp 10 %", berichtet Hazeldine, während „die Beschäftigung in den 'marktschützenden' Sektoren - Polizei, Recht, Versicherungen, Sicherheitsdienste - ebenfalls überproportional gewachsen ist". Abgesehen von den üblichen Gewinnen für die Reichen im In- und Ausland war kein ausgleichender Nutzen dieser Politik erkennbar.

Hazeldine weicht von der in seinem Beruf vorherrschenden professionellen Nüchternheit ab, um auf einen weiteren Punkt hinzuweisen, der langfristig gesehen vielleicht noch wichtiger ist. Die Experimente mit dem Marktmonetarismus bewirkten nicht nur eine scharfe Verschlechterung der wirtschaftlichen Bedingungen im engeren Sinn, sondern hatten auch sehr negative Auswirkungen auf „die Dinge, die im Leben wirklich zählen": „Liebe und Freundschaft, Arbeit und Spiel, Sicherheit und Autonomie", das „Mitgefühl" und das „Gefühl des gegenseitigen Verpflichtetseins" und der Sympathie, die „die Neuseeländer miteinander verbinden" und eine lebenswerte Gesellschaft ausmachen. Hazeldine zieht den Schluß, daß die Resultate des großen Experiments durch die Bank „fürchterlich" waren. Genau dieselben Konsequenzen sind auch in den Vereinigten Staaten und Großbritannien in dramatischer Weise offensichtlich und stellen eine natürliche Begleiterscheinung von Werten dar, die den Markt über alles stellen.[17]

Dabei ließen die bisherigen Erfahrungen eigentlich gar keine andere Erwartung zu. Die Ära nach dem Zweiten Weltkrieg bildet hierzu lediglich eine weitere Illustration. Sämtliche erfolgreichen Industriegesellschaften haben sich auf ihrem Weg nach oben einer Mischung staatskapitalistischer Entwicklungsprogramme bedient, die den Bedürfnissen der Mächtigen in diesen Ländern entsprach. Japan zum Beispiel arbeitete unter Mißachtung der üblichen neoklassischen wirtschaftlichen Ratschläge eine Form der Industriepolitik aus, die dem Staat eine vorherrschende Rolle zuwies. Dadurch wurde ein System geschaffen, das „der Organisation der industriellen Bürokratie in den sozialistischen Ländern sehr ähnlich [war] und in den anderen fortgeschrittenen westlichen Ländern kein Gegenstück zu haben scheint", so der Ökonom Ryaturo Komiya von der Universität Tokio in seiner Einführung zu einer Studie über die japanische Wirtschaftspolitik nach dem Krieg, die von einer Gruppe prominenter japanischer Wirtschaftswissenschaftler durchgeführt wurde. Die Autoren der Studie besprechen eine Reihe von Maßnahmen, die eingeführt wurden, um „Produktion, Investitionen, Forschung, Entwicklung, Modernisierung oder Umstrukturierung" in einigen Industrien zu stimulieren und sie gleichzeitig in ande-

---

[17] Gordon Campbell, *Listener* (Neuseeland), 30. Januar 1993. Hazeldine, „Taking New Zealand Seriously", Antrittsvorlesung an der Fakultät für Wirtschaftswissenschaft der University of Auckland, 10. August 1993.

ren zu dämpfen, um so die marktdeterminierte Ressourcenallokation und Wirtschaftsaktivität zu modifizieren. „Die 'Ideologie' der Industriepolitik während dieser Periode basierte nicht auf der neoklassischen Wirtschaftslehre oder keynesianischem Denken, sondern war eher neomerkantilistischer Herkunft" und „außerdem direkt vom Marxismus beeinflußt", merkt einer der Autoren an. Ein berühmter konservativer Japanwissenschaftler, Chalmers Johnson, beschreibt Japan als „das einzige kommunistische Land, das funktioniert". Ausgeprägter Protektionismus, Subventionen und Steuerkonzessionen, Finanzkontrollen und eine Reihe anderer Mechanismen wurden ins Spiel gebracht, um die Mängel des Marktes zu überwinden, ohne sich um die Doktrinen des komparativen Vorteils und der internationalen Arbeitsteilung zu scheren, die Japans industriellen Fortschritt verzögert und geschwächt hätten. Statt dessen führten die staatliche Bürokratie und die Industrie- und Finanzkonglomerate die Marktmechanismen langsam, schrittweise und immer mit Blick auf die kommerziellen Erfolgsaussichten ein. Die an der Studie beteiligten Ökonomen ziehen den Schluß, daß es die radikale Abkehr von den orthodoxen Wirtschaftsrezepten war, die den Boden für das japanische Wirtschaftswunder vorbereitet hat.

Die Schwellenländer an Japans Peripherie führten nur die wirtschaftliche Entwicklung weiter, die bereits unter dem japanischen Kolonialismus begonnen hatte, und verwendeten dabei ein ähnliches Modell. Es gibt zahlreiche weitere Beispiele, die „die positive Korrelation zwischen staatlicher Intervention und beschleunigtem wirtschaftlichen Wachstums" illustrieren, eine Korrelation, „deren Gültigkeit für alle Fälle wirtschaftlicher Entwicklung der Dritten Welt inzwischen allgemein akzeptiert ist" (Alice Amsden) und wie sie ja auch für den gesamten Verlauf der Geschichte der wichtigen Industriegesellschaften galt.[18]

Angesichts seiner eigenen historischen Erfahrung und seiner Mittelposition in der neokolonialen Ordnung ist es nicht überraschend, daß Japan die Strukturanpassungsprogramme der Weltbank und des IWF heftig kritisiert hat. Eine offizielle Kritik der japanischen Regierung gibt einen Überblick über die Gründe, aus denen es einen „wahrhaft beklagenswerten" „Mangel an Weitsicht" beweise, sich in Fragen der Entwicklungspolitik auf den

---

[18] Ryutaro Komiya, Yutaka Kosai und andere in Komiya, *Industrial Policy of Japan* (Tokio, 1984; Academic Press, 1988); siehe Fitzgerald, *op. cit.*, für weitere Diskussion. Johnson, *National Interest*, Herbst 1989. Amsden, in Peter Evans et al., *Bringing the State Back In* (Cambridge, 1985).

komparativen Vorteil, Liberalisierung und Marktmechanismen, Privatisierung, „Effizienz" ohne Sorge um „Fairneß und soziale Gerechtigkeit", längst diskreditierte Annahmen über den „Durchsickereffekt" und weitere derzeit verbreitete Platitüden zu verlassen. Von der Kritik wurde so gut wie keine Notiz genommen.[19]

Wie immer in der Geschichte sind solche Experimente mit Laissez-faire-Dogmen für die, die sie planen, keine Fehlschläge, ganz gleich, wie es anderen dabei geht. Von der Bevölkerung der betroffenen Länder werden sie jedenfalls nicht unterstützt. Im Westen gibt man gerne vor, „demokratisch gewählte Regierungen im Süden" folgten begierig den Ratschlägen ihrer Ratgeber aus den reichen Ländern, aber schon ein sehr flüchtiger Blick auf Geschichte und soziale Realität der letzten Zeit genügt, um diese zynischen Behauptungen zu widerlegen.

Meinungen aus der Dritten Welt zu solchen Themen sind bei uns meist nur in Form willkürlicher Behauptungen über sie bekannt, aber wer einmal genauer hinsieht, wird finden, daß man dort über die „Welle der Zukunft" nicht gerade begeistert ist. Die bereits zitierte Süd-Kommission ist nur ein Beispiel, das ebenso wie andere abweichende Stimmen ignoriert wurde. Auch von den lateinamerikanischen Bischöfen hört man so gut wie nichts, weil sie falsche Prioritäten setzen. Im Dezember 1992 hielten sie in Santo Domingo ihre Vierte Allgemeine Konferenz ab, die auch vom Papst besucht wurde. Der Vatikan hatte die Tagesordnung sorgfältig manipuliert, da man befürchtete, die Bischöfe könnten den von den historischen Konferenzen von Medellín und Puebla eröffneten Weg „des Vorrangs der Arbeit für die Armen" weiterverfolgen, der seinerzeit prompt die mörderischen Terrorkampagnen Reagans und Bushs zur Vernichtung dieser Ketzerei ausgelöst hatte, drohte diese Häresie doch, armen Menschen dabei zu helfen, eine gewisse Kontrolle über ihre Lebensbedingungen zu gewinnen und sich mit dem furchtbaren Erbe von Ausbeutung und Elend in Washingtons „Hinterhof" auseinanderzusetzen. Unter Mißachtung dieser Manipulationen warnten die Bischöfe vor „der vorherrschenden neoliberalen Politik" der Neuen Weltordnung George Bushs, die häufig zu einem Niedergang des demokratischen Lebens geführt und die große Mehrheit zu noch größerem Leiden verurteilt habe. Ferner bezeichneten sie die

---

[19] Overseas Economic Cooperation Fund, „Implications of the World Bank's Focus on Structural Adjustment: A Japanese Government Critique", *Third World Economics* (Malaysia), 31. März 1993.

„Stärkung der sozialen Verantwortlichkeit des Staates [als] höchst wichtige Form der Hirtenarbeit". Die grausame Armut der Region „ist nicht von selbst zustande gekommen", fügte die bolivianische Bischofskonferenz hinzu, „sondern ist das Produkt des gegenwärtigen völlig unkontrollierten Systems des freien Marktes und der Wirtschaftsreformen, die als Teil der neoliberalen Politik die soziale Dimension außer Acht lassen". Dabei können die bolivianischen Bischöfe auf höchst bedeutsame Erfahrungen aus erster Hand verweisen, auf die ich gleich (S. 184) noch zurückkomme.[20]

Auch die Stimmen der Bischöfe blieben ungehört und konnten den Triumphalismus des Westens nicht stören.

Selbst in den demokratischen Gesellschaften des Westens ist die Meinung der Bevölkerung bestenfalls ein marginaler Faktor. Dementsprechend weist Scott Burchill darauf hin, daß „die Schlüsselentscheidungen [über die neoliberalen Reformen]" in Australien „ohne jede Konsultation der Öffentlichkeit getroffen wurden, während man gleichzeitig über die voraussichtlichen Auswirkungen auf Gesellschaft und Gemeinwesen Australiens wenig oder nichts wußte". Während der gesamten Reaganzeit favorisierte die US-Bevölkerung insgesamt Maßnahmen im Stil des New Deal, in deren Rahmen sie Ausgaben für soziale Zwecke Militärausgaben bei weitem vorzog und sich sogar für neue Steuern aussprach, falls diese zu sozial konstruktiven Zwecken verwendet würden. Der Fall der Gesundheitsreform ist nur ein Beispiel für ein allgemeineres Muster. Innerhalb des höchst reduzierten Spektrums des politischen Systems wurden keine Alternativen angeboten, während regelrechte Propagandafluten für Passivität und Verwirrung in der Bevölkerung sorgten. Das PR-System zog alle Register, um breite Unterstützung für eine von der Bevölkerung abgelehnte Politik und den Führer der „konservativen Revolution" zu suggerieren, dessen Popularität indes weitgehend ein von den Medien erschaffener Mythos war und der mittlerweile zu den unbeliebtesten Personen des öffentlichen Lebens gehört.

Wie der Londoner *Guardian* berichtete, ergab das *Gesellschaftliche Meinungsbild für 1992* in Großbritannien, daß „die

---

[20] Patricia Corda, *Excelsior* (Mexiko), 4. Dezember 1992. Fernando Montes, S. J., Sprecher der chilenischen Delegation (*Mensaje*, Dezember 1992); Weihnachtsbotschaft der Bolivianischen Bischofskonferenz; beides in *LADOC* (Latin American Documentation), Lima, März/April 1993. Ian Linden, Direktor, Catholic Institute of International Relations, „Reflections on Santo Domingo", *The Month* (Januar 1993).

Befragten sich mit größeren Mehrheiten als je zuvor für staatliche Ausgaben aussprechen"; 65 Prozent befürworteten höhere Steuern in Kombination mit höheren Ausgaben. Die Politik der Regierung sieht natürlich ganz anders aus. Ähnlich negativ sind die Einstellungen gegenüber dem privaten Unternehmertum. Auf die Frage, wie Profite verwendet werden *sollten*, sprachen sich 42 Prozent für Investitionen, 39 Prozent für Leistungen für die Arbeitnehmer, 14 Prozent für die Weitergabe an die Konsumenten und 3 Prozent für Gratifikationen für die Anteilseigner und Manager aus. Aber auf die Frage, wie Profite ihrer Ansicht nach verwendet werden *würden*, nannten 28 Prozent Investitionen, 8 Prozent Verbesserungen für die Arbeitnehmer, 4 Prozent die Weitergabe an die Konsumenten und 54 Prozent Gratifikationen für die Anteilseigner und Manager. Ganz wie in den Vereinigten Staaten ist die Überzeugung, das Wirtschaftssystem sei „sowieso ungerecht", weit verbreitet, spielt aber praktisch keine Rolle in einem politischen System, das die große Masse der Bevölkerung weitgehend auf eine Zuschauerrolle reduziert, wie es führende Demokratietheoretiker schon vor langer Zeit gefordert haben.[21]

Die Rückkehr zur Herde

In den Ruinen des sowjetischen Imperiums sieht es nicht wesentlich anders aus. Die erste große Hoffnung auf einen neoliberalen Erfolg war Ungarn. 1993 sank die Wahlbeteiligung dort auf unter 30 Prozent, während 53 Prozent der Bevölkerung meinten, vor dem Zusammenbruch des alten Systems sei „es besser gewesen". Auf der Suche nach neuen Erfolgen stießen die westlichen Kommentatoren schließlich auf Polen, wo der enorme wirtschaftliche Niedergang in der gesamten Region seit 1989 vier Jahre später schließlich zum Stillstand gekommen zu sein schien. „Den meisten Polen geht es heute in sozialer, politischer und wirtschaftlicher Hinsicht besser als unter dem verhaßten kommunistischen System", schreibt Anthony Robinson begeistert in einer Beilage zur *Financial Times*. Nach all den Jahren harter Diktatur sollten die Trauben der Freiheit in der Tat süß schmecken, aber der frohlockende Bericht sagt uns wenig darüber, inwieweit die Bevölkerung einen Anteil an Polens „wachsender

---

[21] Siehe *Turning the Tide*, Kapitel 4.2.2, wo ich Untersuchungen von Vicente Navarro zusammenfasse; Thomas Ferguson & Joel Rogers, *Right Turn* (Hill & Wang, 1986). Ferner auch *Deterring Democracy*, Kapitel 2; The Year 501, Kapitel 11. *British Social Attitudes Survey* zitiert in *Guardian*, 18. November 1992.

Prosperität" hat oder wie sie darüber denkt, während Seite um Seite Gründe dafür dargelegt werden, weshalb die Entwicklungen für Investoren begeisternd sind, darunter niedrige Löhne, Steuerbefreiungen für Profite, der Niedergang der Gewerkschaft Solidarnosc, deren „Machtbasis durch die wachsende Arbeitslosigkeit untergraben wird", und der Fehlschlag der „in letzter Minute" von den Gewerkschaften unternommenen Versuche, die Form von Privatisierung zu „sabotieren", die das übliche Vorspiel zur Übernahme der Unternehmen durch Ausländer oder die einheimische Kleptokratie ist.

Wir erfahren ferner auch, daß die Einkommen der Bauern (die 30 Prozent der Bevölkerung stellen) sich seit 1988 halbiert haben, und daß „als Reaktion auf die geschrumpfte Nachfrage" in den Städten weniger Fleisch produziert wird; es wird ein weiteres Sinken der Produktion erwartet, und zwar auf „ein Niveau noch unter dem von 1980, als die Fleischknappheit den Hintergrund für die Arbeiterstreiks bildete, die schließlich den Kommunismus zu Fall brachten". 1992-93, das heißt, in dem Zensusjahr „wachsender Prosperität", von dem behauptet wird, ab da sei es nach dem Zusammenbruch nach 1989 wieder aufwärts gegangen, fielen die Reallöhne - für die, die noch einen Arbeitsplatz hatten - noch weiter und „blieben sehr niedrig, während die Preise auf Weltniveau hochschossen".[22]

An anderer Stelle entdecken wir, daß das „rosige Bild von der polnischen Wirtschaft", die in den westlichen Medien als „wirtschaftliche Erfolgsgeschichte" und „Bestätigung der Wirtschaftspolitik" der von westlichen Beratern verfochtenen „'Schocktherapie'" dargestellt wird, an Ort und Stelle „weniger heiter" aussieht. „Die Schocktherapie hat Polen gespalten, der Mehrheit der Bevölkerung geschadet und den politischen Prozeß des Landes paralysiert", berichtet ein führender polnischer Journalist. Kürzliche Umfragen zeigen, daß „mehr als 50 % der Befragten finden, das vorherige politische System - der Kommunismus - sei besser gewesen". Darüber hinaus, so Alice Amsden, übersieht „das generell rosige Bild", wie es dem Westen vermittelt wird, die „peinliche Tatsache", daß es immer noch Subventionen für Haushalte und Industrie gibt. „Ohne solche Unterstützungen wäre das menschliche Elend noch größer als es ohnehin schon ist", und die „nationale Not" ist noch um vieles schlimmer, als es ein

---

[22] Jean-Yves Potel, „La Hongrie n'est plus une 'île heureuse'", *Le Monde diplomatique*, Mai 1993. *Financial Times*, 17. Juni, 16. September 1993.

nur auf die Hauptstädte Osteuropas beschränkter Blick vermuten läßt.[23]

Die Verblüffung über die Reaktionen des polnischen Volkes auf sein „Wirtschaftswunder" wuchs in den Vereinigten Staaten noch weiter, als die Wahlen vom September 1993 näher rückten. Polen „ist weithin als ein Modell für die osteuropäischen Wirtschaften gelobt worden, die mit ihrer kommunistischen Vergangenheit gebrochen haben", berichtete die *Los Angeles Times* am Wahltag, als Meinungsumfragen „einen gewaltigen Sieg" für die „neuverpackten ehemaligen Kommunisten" voraussagten. Die Quelle des „weitverbreiteten Lobs" wird nicht genannt, obwohl der Satz, der dann folgt, eine dunkle Andeutung gibt: „Aber in Polen selbst ist das Wirtschaftswunder weitaus schwerer zu verkaufen gewesen", wo die Menschen es merkwürdigerweise kaum zu schätzen wissen, obwohl „die Fortschritte des Kapitalismus im Überfluß vorhanden sind: extravagante Importwagen rasen durch Warschaus zunehmend aufgeputzte Straßen, und neue Flitterläden bieten die feinsten Waren aus dem Ausland feil." Die gewöhnlichen Leute nehmen das „Wunder" wohl zur Kenntnis, aber ihr Kommentar dazu ist: „Wir sind verzweifelt." Das *Wall Street Journal* sorgt sich, das „Aufblühen des Kapitalismus" habe „Ungleichheiten" mit sich gebracht, die auch „wahrgenommen" würden. Diese „Wahrnehmung" berge eine Gefahr für die Demokratie, vielleicht sogar eine „schwere Gefahr", da „Polen gerade denselben Meinungsumschwung durchmacht, der die Linke letzes Jahr in Litauen wieder nach oben gespült hat" und „nächstes Jahr in Ungarn, und in Rußland sogar noch vorher dasselbe tun könnte". Das Konzept „Demokratie" wird als gleichbedeutend mit der Hinnahme der von westlichen Investoren favorisierten Variante der Marktdisziplin verstanden; dementsprechend ist die „Demokratie" in Gefahr, wenn die Menschen sich um „grundlegende menschliche Bedürfnisse" wie Erziehung, Ausbildung, Gesundheit, Arbeitsplätze und Essen für ihre Kinder sorgen und nicht nur um „wirtschaftliche Rationalität", die die Schaufenster mit Konsumgütern füllt, die sie nicht kaufen können, Profite an westliche Investoren fließen läßt und zur Etablierung einer neuen kapitalistischen *Nomenklatura* führt. In einem Kommentar zu den „supereleganten neuen Läden", die der früheren Industrie-

---

[23] Konstanty Gebert, Kolumnist der größten Tageszeitung Polens, der in den achtziger Jahren als „Journalist im Untergrund" tätig war, *WP Weekly*, 10. Mai 1993. Amsden, „After the Fall", *American Prospect*, Frühling 1993.

stadt Lodz „eine Patina von Prosperität verleihen", bebt eine gebildete junge Frau, die „theoretisch ... eine der Gewinnerinnen der polnischen Wirtschaftsrezession sein sollte, ... vor Zorn", berichtet Jane Perlez. „Gewiß gibt es ein paar Sachen in den Läden, aber wir können sie uns nicht leisten", kommentiert die Frau. „Sehen Sie sich die Leute an, sie sind seelisch so niedergeschmettert, daß man es ihnen am Gesicht ansehen kann." Solange dies so bleibt, ist die „Demokratie" in Sicherheit, aber es besteht immer die Gefahr, daß die Menschen aus ihrer Apathie erwachen.[24]

Ganz wie prophezeit zeigte sich, daß das „Wirtschaftswunder" „in Polen selbst schwer zu verkaufen" war. „Die auf Reformen eingestimmte Partei des freien Marktes, die Polen durch dessen jüngste wirtschaftliche 'Schocktherapie' geführt und sich dafür gute Noten im Westen verdient hat", landete bei den Wahlen mit etwa einem Zehntel der Stimmen auf dem dritten Platz. Obwohl die Parteien mit einer sozialdemokratischen Aura sowie die linke Bauernpartei die Wahlen gewannen, war die Beteiligung gering und lag unter 50 Prozent. Das sei „ein weiterer Hinweis auf das Desinteresse" an dem, was die Menschen als ein gescheitertes politisches System ansehen, kommentierte das *Wall Street Journal* - das seinen Lesern nichtsdestoweniger versicherte, daß die Reformen weitergehen werden, ganz gleich, was die Bevölkerung will. Was sie will, zeigten Umfragen, aus denen hervorging, daß 57 Prozent die Marktreformen ablehnen, was an ihrer Durchführung jedoch nichts ändern wird. „Die westlichen Investoren und die internationalen Banker versuchten", dem Wahlausgang „die bestmögliche Interpretation zu geben", „indem sie argumentierten, eine Rückkehr zur Kommandowirtschaft sei nicht möglich", berichtete die *New York Times*, nachdem die Wahlresultate bekanntgegeben wurden; angesichts der Kontrolle durch den Westen sind vernünftigere Alternativen als die doppelte Absurdität der Wahl zwischen Kommandowirtschaft oder dem Flirt mit neoliberalen Dogmen auch kaum realistisch.[25]

„Der Widerstand der Bevölkerung, besonders unter den Arbeitern, hat sich in der postkommunistischen Periode schon früh gezeigt", schreibt der Leiter für russische und osteuropäische

---

[24] Dean Murphy, *Los Angeles Times*, 19. September 1993; Barry Newman, *Wall Street Journal*, 16. September 1993; Jane Perlez, *New York Times*, 18. September 1993.
[25] Jonathan Kaufman, *Boston Globe*; Barry Newman, *Wall Street Journal*; Jane Perlez, *New York Times*; alle 20. September 1993.

Studien an der George Washington University. „So fand ein Überblick im Jahr 1990, daß nur 13 Prozent der Arbeiter, dafür aber 37 Prozent der Direktoren für die Privatisierung ihrer Unternehmen waren", während über ein Drittel sowohl der Arbeiter als auch der Direktoren staatliches Eigentum oder Kollektiveigentum der Arbeiter befürwortete. Aber die Einstellungen der Bevölkerung sind in den „neuen Demokratien" ohne Bedeutung - was vielleicht einer der Gründe dafür ist, weshalb „die kommunistische Ära" für die Polen „besser und besser" aussieht, wie ein anderer wissenschaftlicher Experte hinzufügt.[26]

In Rußland zeigt die Bevölkerung ebenfalls wenig Enthusiasmus für die raschen kapitalistischen Reformen, die von dem autokratischen früheren kommunistischen Parteichef Boris Jelzin verfochten werden, der in den Augen des Westens ein führender Demokrat ist, weil er eine Politik durchsetzt, die den westlichen Investoren nützt. Innerhalb Rußlands sank die Unterstützung für ihn ungeachtet der rasch wachsenden Popularität des Konzepts eines „starken Führers" von 1991 bis Anfang 1993 von 60 Prozent auf 36 Prozent. Eine Umfrage der EG vom Februar 1993 ergab, daß die Mehrheit der Russen, Belorussen und Ukrainern gegen den Wechsel zu einem freien Markt ist und die Ansicht vertritt, daß „das Leben unter dem alten kommunistischen System besser war"; „die Russen sehnen sich auch nach dem alten politischen System zurück" (*Financial Times*). Eine Gallup-Umfrage in zehn Ländern des Ostblocks zur selben Zeit fand, daß 63 Prozent der Befragten gegen die „Demokratie" waren, 10 Prozent mehr als 1991. „Im allgemeinen war der Enthusiasmus für den Wandel um so größer, je weniger Zeit im betreffenden Land seit dem Sturz des Kommunismus verstrichen war" - die Begeisterung verflog also, sobald die Auswirkungen des „Wandels" einsetzten (AP). Eine weitere US-Umfrage im Jahr 1993 (Times Mirror Center) ergab, daß die Russen mit 51 Prozent zu 31 Prozent, „beinahe umgekehrt" wie im Mai 1991, einen „starken Führer" gegenüber einer „demokratischen Regierungsform" vorziehen; die lauwarme Unterstützung für Boris Jelzin bei dem Referendum, das er im April 1993 abhielt, spiegelt sehr wahrscheinlich diese Stimmungen wider. „Weniger als ein Drittel der Befragten sprach sich für den Kapitalismus als zukünftiges Modell für die russische Gesellschaft aus, während es 17 Monate zuvor noch 40 Prozent waren", hieß es in derselben Umfrage. Im Au-

---

[26] Sharon Wolchik, Jane Leftwich Curry, *Current History*, November 1992.

gust 1993, so berichtete die *New York Times*, „zeigten relativ verläßliche Umfragen, daß die Zahl der Russen, die glauben, ihr Leben werde unter dem Kapitalismus besser sein, von 24 % auf 18 % gefallen ist". „Die Umfragen zeigen in fast allen Ländern eine Rückkehr zu sozialistischen Werten, wobei 70 % der Bevölkerung der Meinung waren, der Staat solle für Arbeitsplätze für alle, für einen nationalen Gesundheitsdienst, Wohnungen, Erziehung und Ausbildung sowie andere Dienstleistungen sorgen" (*Economist*).[27]

Zu denen, deren Meinung in die „rosigen" Berichte, die den Eliten des Westens so gut gefallen, nicht aufgenommen wird, gehören auch die Frauen, die in den Rotlichtbezirken westlicher Städte „in Schaufenstern ausgestellt" werden, nachdem sie von Verbrecherorganisationen aus dem ehemaligen Sowjetblock „in die gefräßige Sexindustrie Westeuropas" eingeschleust wurden, wo sie wenigstens überleben können. Oder viele Westeuropäer, darunter etwa die, die möglicherweise nicht so entzückt sind über die durch den Transfer von Arbeitsplätzen in die neue Dritte Welt im Osten geschaffenen Profitmöglichkeiten, oder über den verstärkten Drogenfluß in den Westen, während die „Schocktherapie" ihren üblichen Verlauf nimmt. Der Wirtschaftswissenschaftler der Harvard University Jeffrey Sachs, der das polnische Experiment leitete, bevor er weiterwanderte, um in Rußland sein Handwerk zu betreiben, verdiente sich seine Sporen in Bolivien, wo er ein viel bestauntes „Wirtschaftswunder" zustandebrachte, das ein makroökonomischer Erfolg und ein menschliches Desaster war. Der Westen applaudiert den Statistiken, und die Bolivianer durchleiden die soziale Realität, während besorgte Stimmen wie zum Beispiel die der bolivianischen Bischöfe nicht bis in die Gemächer der Privilegierten vordringen. Die statistischen Erfolge basieren zum großen Teil auf dem starken Anstieg der Herstellung illegaler Drogen, die inzwischen nach Einschätzung mehrerer Spezialisten möglicherweise der wichtigste Exportartikel sind. Es ist verständlich, daß Bauern, die durch die Regierungspolitik zum Agroexport getrieben werden, nach dem maximalen Gewinn streben und ebenso wie viele internationale Banken und Chemiekonzerne Teil des Kokainrackets werden. Dieselben Prozesse operieren im früheren Sowjetblock, der sich all-

[27] Abraham Brumberg, Gastkommentar, *New York Times*, 22. März; Andrew Hill, *Financial Times*, 25. Februar; AP, *Boston Globe*, 25. Februar; Times-Mirror, *New York Times* Nachrichtendienst, 26. Januar; Steven Erlanger, *New York Times*, 20. August; *Economist*, 13. März 1993.

mählich zu einem Hauptlieferanten des Westens entwickelt, besonders Polen, das gegenwärtig die besten illegalen Drogen in Europa herstellt. 20 Prozent der 1991 beschlagnahmten Amphetamine kommen von dort, während es Ende der achtziger Jahre noch 6 Prozent waren. Der Drogenkonsum in der Region steigt ebenfalls rapide an, und die kolumbianischen Kartelle heuern inzwischen polnische Kuriere zum Schmuggel von Kokain in den Westen an. Es wird erwartet, daß auch die früheren sowjetischen Regionen Zentralasiens im Lauf der nächsten Jahre zu wichtigen Drogenproduzenten werden.[28]

Insoweit gibt es bis jetzt nur wenig Überraschungen.

Besonders die in der gesamten Region in Umfragen zum Ausdruck gebrachten Haltungen sollten kaum überraschend sein. „Die IWF-Jelzin-Reformen bilden ein Instrument der 'Drittweltisierung'", schreibt der kanadische Ökonom Michael Chossudovsky ganz zutreffend. Als „exakte Kopie der Strukturanpassungsprogramme, die den Schuldnerländern [in der Dritten Welt] aufgezwungen werden", verfolgen sie das Ziel einer „Stabilisierung" der Wirtschaft, aber in Rußland resultierten sie in Preissteigerungen für Konsumgüter um das Hundertfache innerhalb eines Jahres, der Verringerung der Realeinkommen um 80 Prozent und der Auslöschung von lebenslänglichen Ersparnissen von vielen Milliarden Rubeln. Genau wie anderswo bildet das „im Namen der Demokratie beschlossene" Vorgehen „ein kohärentes Programm zur Verarmung großer Sektoren der Bevölkerung". „Während sie ausschließlich die Interessen von Rußlands Kaufleuten und Wirtschaftskapitänen fördert, tötet die 'wirtschaftliche Medizin' den Patienten, zerstört die nationale Wirtschaft und treibt das System der staatlichen Unternehmen in den Bankrott"; insbesondere blockiert sie einen Übergang zu einem „nationalen Kapitalismus", der für die ausländischen Herren ebenso inakzeptabel ist wie er es im Fall des „Kolosses im Süden" - Brasiliens - fünfzig Jahre zuvor gewesen war. Die offiziellen Zahlen berichten über einen Rückgang von 27 Prozent in der Industrieproduktion, aber der tatsächliche Rückgang wird in unterschiedlichen Analysen auf bis zu 50 Prozent geschätzt. Die Produktion von Konsumgütern ist laut offiziellen Zahlen zumeist um 20 bis 40 Prozent zurückgegangen. Die gegenwärtigen Pläne

---

[28] Marlise Simons, „In Europe's Brothels, Women from the East", *New York Times*, 9. Juni 1993. Über Bolivien und weitere „Erfolge des freien Marktes", siehe *The Year 501*, Kapitel 3 und 7. Rensselaer Lee und Scott MacDonald, „Drugs in the East", *Foreign Policy*, Frühling 1993.

zur „Privatisierung" werden wohl bis zur Hälfte der Fabriken in den Bankrott treiben und dabei den Rest weitgehend ausländischen Eigentümern überantworten. Gesundheitsfürsorge, staatliches Sozialsystem und Erziehungswesen stehen vor dem Zusammenbruch. Auf der anderen Seite finden wir ein rasches Wachstum von Kapitalflucht, Geldwäsche und des Marktes für Luxusimporte, „die durch die Plünderung von Rußlands Primärressourcen finanziert werden". Dem Modell der Dritten Welt entsprechend wird ein kleiner Sektor immer reicher, und zwar zum größten Teil die mit dem ausländischen Kapital verbundenen „Kompradoreneliten", unter denen wir viele der alten Namen und Gesichter an der Spitze wiederfinden. Das System behält viele seiner früheren totalitären Züge bei, indem „Stalinismus und 'freier Markt' sorgfältig miteinander verschmolzen werden". „Der Zusammenbruch des Lebensstandards und die Zerstörung der Zivilgesellschaft, die durch eine Reihe makroökonomischer Maßnahmen hervorgerufen wurden, ist in der russischen Geschichte ohne Beispiel", schließt Chossudovsky, der den skizzierten Vorgang mit zahlreichen Beispielen belegt.[29]

Der herausragende israelische Journalist Amnon Kapeliouk beschreibt in seinen Berichten aus Rußland verzweifeltes Elend und Verarmung, durch die sich nunmehr 87 Prozent der Bevölkerung unter der Armutsgrenze befinden, einen scharfen Rückgang im Nahrungskonsum seit 1989 (mit Ausnahme von Brot und Kartoffeln, der Nahrung der extrem Armen), wobei Ausgaben für Nahrung mehr als 80 Prozent der Familieneinkommen aufzehren, den Zusammenbruch der sowjetischen Wissenschaft, des Ausbildungs- und Erziehungswesens, des Krankenhausbetriebs und des sozialen Netzes, während Tuberkulose, Diphtherie und andere längst vergessen geglaubte Krankheiten sich erneut ausbreiten, Massengräber, weil die Menschen die Beerdigungen nicht mehr zahlen können, hohe Inflationsraten und die Zerstörung der sozialen Werte, da in einer Gesellschaft, in der „jeder nur auf sich gestellt ist", das Konzept der „'Solidarität' aus dem Vokabular verschwunden ist".[30]

In Osteuropa ebenso wie in der ganzen Dritten Welt befürworten die Eliten die „Reformen", von denen sie schließlich profitieren, während der wirkliche Machthaber, nämlich der Westen,

[29] „The 'Thirdworldisation' of Russia under IMF rule", *Third World Quarterly*, 16.-30. Juni 1993.
[30] „La grande détresse de la société russe", *Le Monde diplomatique*, September 1993.

ohnehin auf ihnen besteht. Dementsprechend werden sie im Namen der korrekt verstandenen „Demokratie" durchgepeitscht werden.

Die Hauptnutznießer sind natürlich bestimmte Machtsektoren im Westen. Die materiellen und menschlichen Ressourcen bieten wunderbare Profitmöglichkeiten. Die Investoren bereichern sich, während die Nomenklaturakapitalisten der neuen Dritten Welt die Ressourcen ihrer Länder zu Dumpingpreisen verschleudern. Das neue Reservoir an Arbeitskräften bietet den westlichen Investoren einen doppelten Vorteil: profitable Direktinvestitionen, mittels derer sie gut ausgebildete und fähige Arbeiter zu sehr niedrigen Löhnen und Sozialleistungen ausbeuten können, und ein Mittel, die Arbeitskosten bei sich zu Hause zu reduzieren, indem sie mit der Verlagerung der Produktion um ein paar Kilometer nach Osten drohen. Kurz, die üblichen Annehmlichkeiten der Dritten Welt.

Weitere Nutznießer sind die westlichen „Experten" und Berater, die hier um Subventionen der westlichen Steuerzahler konkurrieren, die rein theoretisch gesehen für den Osten gedacht sind. „Als der Westen nach dem Kalten Krieg eine Armee rekrutierte, um aufzuräumen", heißt es im *Wall Street Journal*, „waren keine Hilfsorganisationen gefragt. Der Westen wollte einen aus unternehmerischen Rollenmodellen - Beratern, Bankiers, Unternehmern - zusammengesetzten Kampftrupp, um eine freundliche Übernahme zustande zu bringen." Die ausländische „Hilfe" war auf diesen Zweck zugeschnitten, wobei das wichtigste Empfängerland Polen war, das als am leichtesten zu bewältigende Zielscheibe und als am ehesten zur Befolgung der neoliberalen Regeln gewillt galt. Von den 25 Milliarden Dollar, die der Westen für Polen lockermachte, erreichten weniger als 10 Prozent, was etwa der Hälfte der Kosten für eine einzige Autobahn entspricht, Polen als „reine Geschenke". Ein großes Kuchenstück der Hilfe wurde „auf westliche Berater aufgeteilt", die Polen überfluteten, um sich ihren Anteil an dem zur Durchführung der „freundlichen Übernahme" ins Land geschickten Kapital zu sichern. „Die für Beratung aus dem Westen ausgegebene Hilfe nützte am meisten den westlichen Beratern selbst", bemerkt das *Wall Street Journal*, und „von den westlichen Privatkrediten hat die westliche Wirtschaft am meisten profitiert". Westliche Berater können bis zu 1200 Dollar am Tag verdienen, zweihundertmal soviel wie nicht weniger kompetente polnische Berater. Auf diese Weise machen westliche Beraterfirmen fabelhafte Geschäfte, wobei die

Einnahmen großenteils (zu 80 Prozent, wie einer ihrer Repräsentanten in London schätzt) aus den Mitteln von Institutionen stammen, die eigentlich Polen helfen sollen. Hier haben wir also eine weitere Form des „Anspruchs" der Reichen auf staatliche Wohlfahrt. Der Polnisch-Amerikanische Unternehmensfond der Bush-Administration, „der eingerichtet wurde, um Kleinunternehmen zu finanzieren und dabei gleichzeitig seine eigenen Gewinne sowie die seiner Manager zu maximieren", war in der Erfüllung letzterer Aufgabe weitgehend erfolgreich und behielt dennoch seinen Ruf als „größter Erfolg der Bemühungen in Polen" - vielleicht nicht einmal zu unrecht. Die Manager des Fonds haben zahlreiche und phantasievolle Formen ersonnen, sich zu bereichern, indem sie den Strom von Hilfe und Investitionen anzapfen. Was Kredite angeht, so verlangen die Geber, daß mehr als die Hälfte „für westliche Exporte ausgegeben werden muß - von Getreide bis hin zum Salär von Wirtschaftswissenschaftlern". Die Wirtschaft und die Experten des Westens machen gute Geschäfte, während viele Polen dem Treiben mit wachsendem Ärger zusehen.

In Rußland verlief das Ganze sehr ähnlich. Die US-Hilfe war ein „Glücksfall", schlußfolgert das *Wall Street Journal*, allerdings „für US-Berater". Sie hat regelrechte „Freudentänze ausgelöst - wenn auch nicht gerade in Rußland". „Am meisten feiern" die „Horden von US-Beratern, die einen Großteil des Kuchens der US-Hilfe verschlingen", „bei den Hilfsverträgen zwischen 50 % und 90 % des Gelds einstecken" und ferner alles tun, um dafür zu sorgen, daß das wenige, was ab und zu für die eigentlichen Projekte übrigbleibt, für Ausrüstungen aus den USA ausgegeben wird. Die neu gebildeten Handelsgruppen wie zum Beispiel die Green-Giant-Abteilung von Pillsbury, die eine Schenkung der Agency for International Development (AID) über 3 Millionen Dollar zur Erweiterung ihrer Präsenz auf dem „potentiell riesigen russischen Markt an Dosengütern" benutzt, „verwenden [US-]Steuergelder, um der amerikanischen Wirtschaft dabei zu helfen, in Rußland zu expandieren". Die größte dieser Handelsgruppen, KPMG Peat Markwick, hat einen „Pool aller Großen" zusammengebracht, zu dem J.P. Morgan, Bechtel, Land O'Lakes, Young and Rubicam und andere gehören, die darauf aus sind, Geschenke der US-Steuerzahler als Basis für neue Profite zu verwenden. Aber wie die Manager der Gruppe erklären, werden „die Russen von dem AID-Geld, das durch diese Firma fließt, nicht viel sehen". „Das AID-Geld ist fast ausschließlich für ein- und wieder ausreisende Berater bestimmt."

„Nirgends ist die Enttäuschung [in Rußland] größer als auf dem Gebiet der Hilfe, die für die nukleare Abrüstung bestimmt ist - einem Bereich, in dem die Russen über beträchtliche brachliegende Expertise verfügen", berichtet das *Wall Street Journal*. Von den 1,2 Milliarden Dollar des US-Programms zur Realisierung dieses Projekts sind bis jetzt 754 Millionen Dollar an das Pentagon gegangen, das sie aber für Güter und Experten aus den USA ausgibt. Ein Hauptziel des Programms, so erklärte ein US-Unterstaatssekretär für Atomenergie „einer Gruppe jubelnder Pentagon-Vertragspartner", bestehe darin, den Russen „den Geist des freien Unternehmertums" zu zeigen. Falls sie gute Schüler sind, wird ihnen bald klar werden, daß „freies Unternehmertum" in Idealfall ein System ist, in dem öffentliche Gelder auf dem Weg über die Staatsmaschinerie in Profite verwandelt werden und der Steuerzahler US-Investoren und hochbezahlte Experten subventioniert. Wer sich mit der Geschichte der Hilfsprogramme für die Dritte Welt ein wenig auskennt, wir hier kaum Überraschendes finden.

Darüber hinaus verlangen die westlichen Investoren, daß der Steuerzahler die Entwicklung der Infrastruktur finanziert, um die Profitmöglichkeiten zu verbessern. Der schlimme Zustand der Infrastruktur „hat die westlichen Unternehmen hier behindert und es ihnen erschwert, Verteilernetze für ihre Produkte zu organisieren", erklärt die *New York Times*. Daher haben die westlichen Banken sich darauf geeinigt, 40 Prozent der Schulden abzuschreiben, die Polen nach dem Zusammenbruch seiner Wirtschaft 1989 angehäuft hat. Dieses Angebot an Polen „wird wahrscheinlich dessen wirtschaftliche Aussichten verbessern", erklärt die *New York Times* - das heißt, die wirtschaftlichen Aussichten westlicher Investoren und Banken, die von der „freundlichen Übernahme" profitieren werden. Wie die *New York Times* richtig beobachtet, war die Situation ganz ähnlich wie in Lateinamerika. Auch dort war eine Reduzierung der Schulden „an Schritte zu Öffnung der Märkte gekoppelt" und „half, das Wachstum zu fördern und ausländische Investitionen anzuziehen", wobei das Wachstum wiederum von der Art war, die den Reichen des In- und Auslands nützt, während die Bevölkerung, wenn sie Glück hat, wenigstens nicht noch tiefer nach unten gedrückt wird.[31]

---

[31] Barry Newman, „Disappearing Act: West Pledged Billions of Aid to Poland - Where Did It All Go?", *Wall Street Journal*, 23. Februar; John Fialka, „Helping

In seiner Abschiedsadresse als Vorsitzender der Gruppe 77 (die über hundert der weniger entwickelten Länder repräsentiert), sprach der kolumbianische Vertreter Luis Fernando Jaramillo sich scharf gegen die Praktiken des Westens aus, wobei er besonders hervorhob, daß es den Ländern des Südens „unverständlich ist, weshalb die internationale Gemeinschaft weder angemessene Maßnahmen ergreift noch die notwendigen Mittel zu Verfügung stellt, um den afrikanischen Ländern aus der akuten Krise herauszuhelfen, der sie gegenüberstehen", einer Krise, für die der Westen „zum großen Teil verantwortlich" sei und die in Afrika, wo „das menschliche Leiden Dimensionen angenommen hat, die in anderen Teilen der Welt unbekannt sind", „besorgniserregende" und „alarmierende" Ausmaße erreicht habe. Auch hier ist die Antwort nicht schwer zu finden. Die Schuldenentlastung für Polen nützt den Churchillschen reichen Männern des Westens; eine Schuldenentlastung für Afrika tut dies nicht. Dieselben Prinzipien gelten für die Entwicklungshilfe. Die für solche Zwecke bestimmten Steuergelder werden in erster Linie für die Bedürfnisse reicher Unternehmer und Investoren sowie für Fachleute aus den westlichen Geberländern verwendet; die Bedürfnisse hungernder Kinder sind definitiv zweitrangig. Das ist der „Geist des freien Unternehmertums", den US-Regierungsbeamte vor „jubelnden Vertragspartnern" erläutern, die indes kaum einer Belehrung aus dieser Quelle bedürfen.[32]

Die Ökonomen J. A. Kregel (Italien) und Egon Matzner (Österreich) beschreiben die Resultate „gut zweier Jahre des Experimentierens" mit „dem Marktschock" in Osteuropa als „äußerst enttäuschend". Diese Herangehensweise, schreiben sie, „ignoriert nicht nur die Lehren der Geschichte", sondern „bringt auch nicht die sozialen und wirtschaftlichen Bedingungen hervor, die notwendig sind, um eine Marktwirtschaft zu schaffen". Ihre eigenen Länder, Italien und Österreich, sind tatsächlich gute Beispiele für

Ourselves: US Aid to Russia Is Quite a Windfall - For US Consultants", *Wall Street Journal*, 24. Februar; Jane Perlez, 12. März 1994. Über das allgemeine Phänomen von Hilfsprogrammen „als Geldesel für privilegierte Dienstleistungsindustrien" in den Vereinigten Staaten unter spezifischer Bezugnahme auf Ägypten, siehe Robert Vitalis, „The Democratization Industry and the Limits of the New Interventionism", *Middle East Report*, März-Juni 1994. Der grundlegende Inhalt der „Demokratisierung", so bemerkt Vitalis, wird in der Zusammenfassung eines Berichts des Nahostbüros des Democratic Institutions Support Projects von USAID erläutert: das Demokratieprojekt zielt auf die praktische Realisierung einer Strategie zur „Unterstützung von Prozessen demokratischer institutioneller Reform, die das Ziel einer wirtschaftlichen Liberalisierung fördern".

[32] Jaramillo, *Third World Resurgence*, Nr. 42/43, 1994.

die Lektionen einer staatlich gelenkten Entwicklung, die jetzt ignoriert werden. Neben den Ökonomien Europas nach dem Krieg zitieren sie als Fälle aus jüngerer Zeit Japan und die „kleinen Tiger" Südostasiens. Ferner erläutern sie, daß auch der Marshallplan „auf der Ausarbeitung einer nationalen Rechnungsführung und Wirtschaftsplanung basierte", genau wie ja auch „in jeder kapitalistischen Firma der Erfolg auf strategischer Planung innerhalb des Marktsystems beruht".[33]

Eine vollständigere Diskussion müßte noch die Tatsache mit einbeziehen, daß staatliche Initiativen und Protektion nicht nur die von Kregel und Matzner besprochenen „Nachzügler"-Ökonomien in „der Geschichte kapitalistischer Entwicklung" kennzeichnen, sondern auch die Frühstarter, darunter sämtliche heutigen Industriegesellschaften; daß das „Marktsystem" weitgehend ein Mythos ist; und daß es sich bei den strategische Planung betreibenden „kapitalistischen Firmen" häufig um transnationale Konzerne handelt, neben denen sich das Wirtschaftsleben vieler Länder kümmerlich ausnimmt. Darüber hinaus sind „Experimente" wie die heute in Osteuropa angestellten über hunderte von Jahren hinweg wieder und wieder fehlgeschlagen - mit einem entscheidenden Vorbehalt, der für das Bengalen des achtzehnten Jahrhunderts ebenso gilt wie für das Brasilien und das Rußland von heute, nämlich Adam Smiths Beobachtung, daß die „Hauptarchitekten" der Politik aus diesen Maßnahmen in aller Regel tatsächlich große Vorteile ziehen.

Die Auswirkungen der Reformen wurden in einer UNICEF-Studie analysiert, die diese Politik als „unvermeidlich, wünschenswert und unentbehrlich" betrachtet, obwohl sie „weitaus höhere wirtschaftliche, soziale und politische Kosten mit sich brachte als vorhergesehen". Die von ebenso arroganten wie ignoranten Experten siegesgewiß ausgearbeitete „Schock-Therapie" „hat offenkundig in der Praxis nicht funktioniert" und ist nach Ansicht der Analytiker der UNICEF die Ursache für die „stärksten Jahreswachstumsraten der Armut" und weitere verderbliche soziale Konsequenzen. Die sozialen Folgen waren in der Tat außergewöhnlich. „So ist Schätzungen zufolge die jährliche Zahl von Sterbefällen in Rußland zwischen 1989 und 1993 um eine

---

[33] Kregel und Matzner, *Challenge*, September-Oktober 1992. Zu Italien, siehe Gerschenkron, *Economic Backwardness in Historical Perspective* (Harvard, 1962); zu Österreich, siehe Lars Mjøset, *The Irish Economy in a Comparative Institutional Perspective* (National Economic an Social Council, Government Publications, Dublin, Dezember 1992).

halbe Million gestiegen, eine Zahl, die auf mehr als krasse Weise demonstriert, wie tief die gegenwärtige Krise ist". Gleichzeitig könnte sie als grimmige Fußnote zu dem ungefähr zur selben Zeit geäußerten Urteil des früheren hochrangigen Weltbankökonomen Herman Daly gelesen werden, daß „die Präferenz unserer Disziplin für logisch elegante Resultate über eine Politik, die in den Fakten verankert ist, derart fanatische Ausmaße erreicht hat, daß wir Wirtschaftswissenschaftler mittlerweile für die Erde und ihre Bewohner eine Gefahr darstellen", auch wenn er dabei andere menschliche Kosten im Auge hatte. Von 1989 bis 1993 „stieg die Zahl der Sterbefälle in Rumänien um 17 Prozent, in Bulgarien um 12 Prozent, in Albanien und der Ukraine um einen ähnlichen Satz und in Rußland um 32 Prozent". Bis 1992 war die Lebenserwartung für Männer in Rußland um zwei Jahre gesunken; die Anzahl der Selbstmorde in Polen war um ein Drittel, in Rumänien um ein Viertel gestiegen. In den ersten sechs Monaten des Jahres 1993 stieg die Zahl der Selbstmorde in Rußland um ein Drittel. Auch Polen „erlebte einen beträchtlichen Anstieg der Armut, der Sterbefälle und einen Absturz weiterer demographischer und sozialstaatlicher Indikatoren", von der weiter anwachsenden Arbeitslosigkeit ganz zu schweigen. Nur die tschechische Republik, die traditionell Teil des Westens war, „kehrt möglicherweise allmählich zu normalen Bedingungen zurück".

Vor den „Wirtschaftsreformen" hatte Osteuropa funktionierende, wenn auch stagnierende Ökonomien, und es herrschte „eine wesentlich geringere wirtschaftliche Ungleichheit und relative Armut als in der Mehrheit der entwickelten Länder und der Länder mit mittleren Einkommen, ... selbst wenn man die Privilegien der Nomenklatura in die Rechnung mit einbezieht". Von letzterer gehört ein Großteil jetzt zu den „Nomenklaturakapitalisten", die sich im üblichen Stil der Kollaborateure mit den Reichen und Privilegierten des Westens in der Dritten Welt eines fabelhaften Reichtums erfreuen. Ferner gab es damals ein breites Spektrum staatlicher Vorsorge und sozialer Dienstleistungen. All das ist zusammengebrochen, und so ist der Anteil der Armen „in der gesamten Region massiv gestiegen". In Polen hat er sich allein von 1989 bis 1990 verdoppelt, und in den anderen Ländern sieht es ähnlich aus. In der Tschechischen Republik, der es immerhin noch besser geht, stieg der Prozentsatz der in Armut lebenden Bevölkerung von 5,7 Prozent 1989 auf 18,2 1992; in Polen von 20,5 auf 42,5 Prozent (bei leicht voneinander abweichenden Kriterien). „Besonders drastisch war das Sinken der realen Nettohaushaltseinkommen „in Bulgarien, Polen, Rumänien, Rußland und der Ukraine (1993)"; das Durchschnittseinkommen lag etwa 30-40 Prozent niedriger als vor der Reform, während die Ungleichheit dramatisch gewachsen ist. Der Nahrungskonsum hat „bedeutend abgenommen", dazu kam ein Rückgang der Tagesfürsorge für Kinder und der Vorschulplätze, womit die „bemerkenswerten in der Vergangenheit erreichten Resultate" in Mittel- und Osteuropa mit ihren wissenschaftlich etablierten „kognitiven, entwicklungspsychologischen und psychosozialen Vorteilen" zunichte gemacht wurden. Die Verbrechenszahlen sind „enorm" gestiegen und wuchsen in Ungarn von 1989 bis 1992 auf das Doppelte; dabei ist ein besonders hohes Wachstum beim Anteil der jugendlichen Gesetzesbrecher zu verzeichnen.

Weitere Forscher kommen zu ähnlichen Schlußfolgerungen und sehen „eine 'psychosoziale Krise'" voraus, „in der die stark wachsende Unsicherheit und Besorgnis über Kriminalität, Not und soziale Erschütterungen eine große Rolle spielen" (Judith Shapiro, eine britische Wissenschaftlerin, die mit dem russischen Finanzministerium zusammenarbeitet).[34]

Bis jetzt sind die Reaktionen der westlichen Wirtschaft auf die Entwicklungen in Osteuropa gemischt. Die Profite sind hinter den Erwartungen zurückgeblieben. „Tatsache ist, daß die Reformen [in Osteuropa] eine Pleite sind", berichtet das führende, monatlich erscheinende US-Geschäftsmagazin *Forbes* und zitiert einen „vernichtenden Bericht" der Europäischen Kommission, der „'Schocktherapeuten' wie Harvards Jeffrey Sachs" als die „Schurken im Stück" bezeichnet, die auf mechanische Weise abstrakte, empirisch nicht belegte Wirtschaftsprinzipien anwenden, ohne sich um die sozialen Realitäten zu kümmern. Dem Bericht zufolge bedeutet das „Qual", nicht „Leben" für die Ökonomien des Ostens, die „rigide, starr und bürokratisch" bleiben - und daher für Auslandsinvestoren nicht profitabel genug sind.[35]

---

[34] UNICEF, *Public Policy and Social Conditions: Central and Eastern Europe in Transition*, Florenz (Italien), November 1993. Francis Williams, *Financial Times*, 27. Januar 1994. Shapiro und andere Forscher, John Lloyd, *Financial Times*, 14. Februar 1994. Daly, „The Perils of Free Trade", *Scientific American*, November 1993. Die *New York Times* berichtete einige Wochen nach der ausländischen Presse über die wachsende Zahl der Sterbefälle in Rußland und diskutierte eine Reihe möglicher Gründe, wobei allerdings einer dieser Gründe merkwürdigerweise nicht vorkam, nämlich die wirtschaftlichen „Reformen", für die diese Zeitung so engagiert eingetreten ist; Michael Specter, *New York Times*, 6. März 1994.

[35] Steve Hanke und Sir Alan Walters, „The high cost of Jeffrey Sachs", *Forbes*, 21. Juni 1993.

Die reichen Männer der reichen Nationen erwarten sich bessere Gewinne aus dem „menschlichen Elend".

Das Europäische Institut für Regionale und Lokale Entwicklung erstellte später noch einen weiteren Bericht für die Europäische Gemeinschaft, der zu dem Schluß kam, die Mehrheit der Bevölkerung der vier behandelten Länder Osteuropas habe „Angst um ihre Zukunft". Aus dem Bericht ging hervor, daß 40 Prozent der Ungarn die gegenwärtige Regierung „schlechter" oder „viel schlechter" finden als die vorige. Der Leiter des Instituts „sagte, die Reaktion der Menschen auf die 'Schocktherapie' sei vermutlich für Experten wie Sachs eine Überraschung", berichtete Linnet Myers in der *Chicago Tribune*. Andere finden sie nur natürlich, wie etwa der Nobelpreisträger für Wirtschaft Jan Tinbergen, der ein schrittweises, sozialdemokratisches Herangehen an die Reform befürwortet. Der holländische Ökonom Jan Berkouwer, ein Mitforscher Tinbergens, sagt, Sachs liege vollkommen daneben, wenn er glaube, es gebe „keine Armen" in Polen und es gehe jetzt „dort jedem besser". „Über 90 Prozent haben ein geringeres Einkommen und einige Prozent ein höheres - manchmal ein viel höheres. Einen kapitalistisch orientierten Mann wie Sachs kümmert das nicht. Ich bin da allerdings anderer Ansicht." Auch die Studie des Instituts kam zu dem Ergebnis, daß die Menschen über die wachsende Kluft zwischen arm und reich beunruhigt sind.

In einem Telefoninterview zu all dem befragt, sagte Sachs: „Ich weiß wirklich nicht, was die Polen haben." Und weiter: „In Polen sind sie nicht reich, aber sie müssen auch keine Not leiden", wozu allerdings die meisten Menschen in Polen ganz anderer Ansicht sind, wo es laut Myers ausreicht, den Namen Sachs auch „nur zu erwähnen, um Bitterkeit auszulösen". „Die Menschen lehnen sich [gegen die Schocktherapie] auf, und sie haben recht damit", glaubt Berkouwer. „Sie haben recht", und sie leiden sehr wohl unter den Reformen von Leuten wie Sachs.[36]

In einem 1994 verfaßten Überblick kommt der Staatswissenschaftler Richard Parker von der Harvard University zu dem Ergebnis, die „Schocktherapie" sei ein Fehlschlag gewesen. Nach den vielgepriesenen Reformen liefern „die großen staatlichen Firmen - die von den Therapeuten so sehr als Dinosaurier verachtet werden - mindestens 60 Prozent der Exporte Polens". Die Marktreformen haben „große Einkommensungleichheiten in individu-

---

[36] Myers, *Chicago Tribune*, 28. Januar 1994.

eller und regionaler Hinsicht" hervorgerufen, und „für jeweils zwei neue Arbeitsplätze - bei oft erbärmlich niedrigen Löhnen und niedrigen Sozialleistungen - wird ein Arbeiter in die Arbeitslosigkeit entlassen". Er zitiert eine neuere Weltbankstudie, die vorhersagt, daß Polen mindestens bis zum Jahr 2010 brauchen wird, um den Lebensstandard der kommunistischen Ära wieder zu erreichen, und daß von einem Einholen des Westens keine Rede sein kann, während der Rest der Region möglicherweise noch länger brauchen wird, um wieder auf das Niveau von 1989 zu kommen. Ferner weist er wie schon viele andere vor ihm auch darauf hin, daß „die stärksten Leistungsträger während der letzten zwanzig Jahre gerade diejenigen Ökonomien Asiens sind, die den akademischen marktwirtschaftlichen Modellen der Schocktherapeuten am wenigsten ähneln", und daß die westlichen Industrieländer nicht einmal daran denken, „den Rat, den wir den ehemaligen Kommunisten geben", auf sich selbst anzuwenden. Dabei handelt es sich indes um genau den Rat, den wir der gesamten Dritten Welt geben, und in Anbetracht des Machtgefälles und der Waffen, über die der Westen verfügt, wäre ein durchaus stärkeres Wort als „Rat" angebracht.[37]

---

[37] Parker, „Clintonomics for the East", *Foreign Policy*, Frühling 1994.

V. Wege der Freiheit: Autokratie oder Anarchie?

9. Einige Aufgaben für die Linke*

Unheilschwangere Warnungen hinsichtlich des Zustands der amerikanischen Gesellschaft werden gegenwärtig keineswegs nur auf Seiten der Linken geäußert. So hat Senator Fulbright jüngst bemerkt, die Vereinigten Staaten hätten „bereits ein gutes Stück auf dem Weg zu einer Wahldiktatur zurückgelegt". Wenn wir auf unserem gegenwärtigen Kurs beharrten, so Fulbright „kann uns die Zukunft nichts bringen als endlose außenpolitische Abenteuer, ständigen Krieg, anschwellende Ausgaben und die Wucherung eines ohnehin schon riesigen militärisch-industriell-gewerkschaftlich-akademischen Machtkomplexes. ... Kurz gesagt, wenn Amerika zum Imperium werden sollte, besteht nur eine geringe Chance, daß es nicht zugleich auch zu einem Staat wird, der sich kaum von einer Diktatur unterscheidet."[1]

Senator Fulbright kommentierte mit seinen Bemerkungen einen Versuch, die Aushöhlung des verfassungsmäßigen Systems zu bekämpfen, eine Aushöhlung, die für alle westlichen parlamentarischen Systeme typisch ist, da die staatliche Macht sich immer mehr in der Exekutive konzentriert. Bei dem von Fulbright kommentierten Versuch handelt es sich um eine vom Senatskomitee für Auswärtige Beziehungen vorgeschlagene Resolution über den „Zweck des Senats". Der Bericht des Komitees vom 16. April 1969 stellt fest, daß der Präsident als oberster Amtsträger der Exekutive „heute über eine beinahe absolute Macht über Leben und Tod jedes Amerikaners - ganz zu schweigen von Millionen von Menschen überall auf der Welt - gebietet". Ferner warnt der Bericht, als Ergebnis dieser Entwicklung drohe dem amerikanischen Volk „Tyrannei oder eine Katastrophe".

Möglichkeiten der „internen Aggression"

Der Komiteebericht läßt an die Befürchtungen denken, die Abraham Lincoln äußerte, als Präsident Polk 1846 „den Zusammen-

---

* Erschienen in der Zeitschrift *Liberation*, Nr. 14:5-6 (August-September 1969) und eine der ersten und bekanntesten Stellungnahmen Chomskys zu Fragen der Entwicklung einer libertär-sozialistischen Bewegung (aus: *Radical Priorities*, S. 219 - 231).
[1] *Boston Globe*, 20. Juli 1969.

stoß auslöste, mit dem der Krieg gegen Mexiko begann": „Schon immer hatten Könige ihre Völker in Kriege verwickelt und dadurch ins Elend gestürzt, wobei sie meist, wenn nicht immer vorgaben, das Wohl des Volkes im Auge zu haben. Unsere verfassunggebende Versammlung verstand gerade dies als die schwerwiegendste Unterdrückung durch das Königtum; ihre Mitglieder waren daher entschlossen, die Verfassung so zu gestalten, daß kein einzelner Mann uns seiner Unterdrückung unterwerfen kann." Der Bericht bemerkt weiter, daß sich allein in Thailand 50.000 amerikanische Soldaten befinden, von denen „viele an Militäroperationen zur Niederschlagung von Aufständen beteiligt sind". Ferner wird ein Geheimmemorandum zitiert, in dem es heißt, „daß die Präsenz amerikanischer Streitkräfte in Spanien für Spanien eine wichtigere Sicherheitsgarantie bildet als ein schriftliches Abkommen es könnte". Da der einzige Angriff, der Spanien zur Zeit drohen könnte, das ist, was heutzutage „interne Aggression" genannt wird, ist klar, welche Form von „Sicherheit" durch dieses Geheimabkommen garantiert wird.

Der Bericht des Senatskomitees bemerkt gewiß zu Recht, daß die Bemühungen des „königlichen Unterdrückers", so herrliche Regimes wie die Spaniens und Thailands (und Saigons, und Griechenlands, und Brasiliens...) vor „interner Aggression" zu schützen, mit nur allzu großer Wahrscheinlichkeit auch zur Tyrannei in unserem eigenen Land führen. Wir können mit einiger Sicherheit davon ausgehen, daß jede aus dem Innern der USA selbst kommende ernsthafte Bedrohung des amerikanischen globalen Managements oder seiner ideologischen Grundlagen die repressiven Kräfte und schließlich auch gewaltsamen Reaktionen des Staates auf den Plan rufen wird. Demnach kann man für die Zukunft erwarten, daß sich die Bevölkerung entweder der autoritären Ideologie der Pax Americana und ihren repressiven Praktiken unterwirft oder daß offene Gewalt angewendet wird, um den fehlenden Gehorsam zu erzwingen; beides läuft auf eine Form der innenpolitischen Tyrannei hinaus.

Der Versuch, eine vom amerikanischen Kapital beherrschte integrierte Weltwirtschaft zu etablieren, bildet eines der großen Motive der gesamten Nachkriegsgeschichte. Obwohl es, was das betrifft, auch Rückschläge gegeben hat, wird dieses Projekt auf vielerlei Wegen mit erhöhter Intensität weiterbetrieben, und bis jetzt kann niemand sagen, inwieweit es erfolgreich sein wird. Es liegt auf der Hand, daß nur ganz bestimmte Formen nationaler Entwicklung der Dritten Welt mit diesem Ziel vereinbar sind, und tatsächlich war die amerikanische Außenpolitik immer darauf ausgerichtet, alle anderen Möglichkeiten zu blockieren. Wie Joan Robinson schreibt, bedeutete und bedeutet das in der Praxis oft, daß „der Kreuzzug der Vereinigten Staaten gegen den Kommunismus in Wirklichkeit eine Kampagne gegen die Entwicklung ist. Durch diesen Kreuzzug konnte man das amerikanische Volk dazu verleiten, der Aufrechterhaltung einer gewaltigen Kriegsmaschinerie zuzustimmen und zuzulassen, daß diese über die Androhung oder tatsächliche Anwendung von Gewalt zur Unterdrückung jeder Volksbewegung benutzt wird, die sich den Sturz alter wie moderner Tyranneien und den Versuch zum Ziel setzt, einen Weg zur Überwindung der Armut und zur Schaffung nationaler Selbstachtung zu finden."[2]

Wirtschaft und nationale Verteidigung

Die Aufrechterhaltung dieser gewaltigen Kriegsmaschine hat tiefere soziale Wurzeln als die Notwendigkeit, die Regimes Griechenlands, Spaniens und Brasiliens vor interner Aggression zu beschützen. Selbst wenn zur Erhaltung dieser Bastionen der Freiheit keine amerikanische Unterstützung nötig wäre, würde die Militarisierung der amerikanischen Gesellschaft wohl kaum nachlassen. Die besondere Form des staatlich subventionierten Kapitalismus, die sich in den Vereinigten Staaten entfaltet, erfordert eine enorme staatliche Unterstützung technologisch fortgeschrittener Sektoren der amerikanischen Industrie. Unter den gegenwärtig bestehenden gesellschaftlichen Bedingungen, unter denen die staatliche Politik weitgehend von privaten Imperien bestimmt wird, ist es ganz natürlich, daß diese öffentlichen Subventionen zur Kriegsvorbereitung verwendet werden. Es ist selbst beim besten Willen nicht leicht, andere Formen der staatlichen Intervention in die Wirtschaft zu entwickeln, die nicht nur nicht mit den Interessen dieser privaten Imperien in Konflikt geraten, sondern sie statt dessen fördern. Darüber hinaus müssen öffentliche Subventionen für die Gesamtbevölkerung akzeptabel sein. Selbst ein totalitärer Staat muß sich um ein gewisses Maß an Massenunterstützung für seine Politik und seine Ausgaben bemühen, und die „Verteidigung der Heimat" ist dann immer wieder der letzte Rettungsanker. Es ist kaum wahrscheinlich, daß ei-

---

[2] „Contrasts in economic development: China and India", in Neal Houghton, ed., *Struggle Against History*, New York, 1968.

ne Infragestellung dieses Systems der Kriegsvorbereitung toleriert werden wird.

Dennoch hat sich in den Vereinigten Staaten in den letzten Jahren eine solche Herausforderung entwickelt, zum großen Teil aus der Studentenbewegung und den schwarzen Befreiungsbewegungen. Die derzeit wachsende Welle der Unterdrückung ist daher alles andere als überraschend. Die Herausgeber der *Monthly Review* haben sehr zurecht auf die Parallele zu der Unterdrückung hingewiesen, die auf den Zweiten Weltkrieg folgte und half, den engstirnigen Konservatismus durchzusetzen, der das amerikanische Leben während der letzten zwanzig Jahre dominiert hat. Es ist typisch für die repressiven Regimes auf der ganzen Welt, daß sie die Kontrolle über das Kriegs- und das Innenministerium den fanatischsten und reaktionärsten Figuren anvertrauen. Auch die Nixon-Administration hat diese geläufige Praxis (in Gestalt der Minister Laird und Mitchell) übernommen. Ein Gesetz, das derzeit dem Kongreß zur Beratung vorliegt, sieht die Einführung eines Verbrechens des Verrats zu Friedenszeiten sowie schwere Strafen für jene vor, die „irgend einer fremden Nation oder bewaffneten Gruppe, die in offene Feindseligkeiten" gegen die amerikanischen Streitkräfte verwickelt ist, „Hilfe und Unterstützung" zukommen lassen. Was das bedeutet, ist klar. Aber selbst ohne eine solche „legale" Absicherung gibt es viele warnende Anzeichnungen für eine Entwicklung, die schließlich zu einem Polizeistaat führen könnte, der vielleicht sogar breite Unterstützung der Bevölkerung genießen würde: koordinierte Aufstandsbekämpfungsoperationen wie in Berkeley, kriminelle Polizeigewalt gegen die Black Panthers, Schikanierung durch pseudolegale Mittel, hohe Haftstrafen für geringfügige Rechtsverletzungen, Untersuchung der Universitäten durch den Kongreß und ähnliches mehr.

Schon vor zwanzig Jahren leistete der amerikanische Liberalismus einen keineswegs geringen Beitrag zur Repression. Eine der ersten Handlungen der Americans for Democratic Action bestand „in der Verwendung der Taktik der Kontaktschuld, indem sie in den großen städtischen Zeitungen die Namen der wichtigsten Spender der Progressive Party abdrucken und sodann die auf der bundesanwaltschaftlichen Liste der subversiven Gruppen aufgeführten Organisationen hinzufügen ließen, zu denen diese

Spender gehörten - oder gehört hatten",[3] all das lange, bevor McCarthy die Führung des Kreuzzugs der Unterdrückung übernahm. Die hysterische Reaktion, die das Wiederaufleben politischer Betätigung in den sechziger Jahren in einigen Kreisen ausgelöst hat, deutet darauf hin, daß die Geschichte sich wiederholen könnte. Unter solchen Umständen wird schon die simple Verteidigung der bürgerlichen Freiheiten zu einem radikalen Anliegen.

Eine genuin revolutionäre Bewegung

Der beste Weg zur Verteidigung der bürgerlichen Freiheiten ist der Aufbau einer Bewegung für soziale Veränderung mit einem positiven Programm, das breite Schichten anspricht, freie und offene Diskussion ermutigt und eine große Bandbreite an Möglichkeiten zur Mitarbeit und zum Handeln bietet. Das Potential für eine solche Bewegung ist mit Sicherheit vorhanden. Ob es auch realisiert werden wird, bleibt eine offene Frage. Repression von außen stellt eine durchaus ernste Bedrohung dar. Die wesentlich größere Gefahr liegt wahrscheinlich in Fraktionsstreitereien und in Dogmatismus, haltlosen Phantasien und auf Manipulation basierenden Taktiken.

Eine Bewegung der Linken sollte einen klaren Unterschied zwischen ihren langfristigen revolutionären Zielen und bestimmten unmittelbaren Wirkungen machen, die sie schon jetzt erreichen kann. Insbesondere gibt es heute für uns keine höhere Priorität, als den Krieg in Vietnam durch einen Abzug sämtlicher amerikanischer Streitkräfte möglichst rasch zu Ende zu bringen. Das könnte eines der erreichbaren Ziele sein. Es würde den Bruch mit einer Politik erfordern, die zwanzig Jahre lang als Teil einer allgemeineren Strategie zur Etablierung eines integrierten, mit den bewußten Bedürfnissen der Vertreter des amerikanischen Kapitals übereinstimmenden und in Konformität mit den vorherrschenden Prinzipien der amerikanischen Ideologie organisierten weltweiten Imperiums verfolgt wurde. Nichtsdestoweniger könnte dieses spezielle Unternehmen zweifellos ohne einen allzu schweren Schlag für das System „liquidiert" werden - zum Glück für die Völker in Vietnam und Laos, denn wenn dem

---

[3] Walter LaFeber, *America, Russia and the Cold War*, S. 73. Siehe Christopher Lasch, *The Agony of the American Left*, für eine hellsichtige Diskussion des „kulturellen Kalten Krieges" der fünfziger Jahre.

nicht so wäre, sähe ihre Zukunft wirklich düster aus. Ich bin auch weiterhin der Ansicht, daß gewaltfreier Widerstand die beste Möglichkeit darstellt, dieses Ziel zu erreichen.

Aber auf lange Sicht hat eine Bewegung der Linken keine Aussicht auf Erfolg und verdient auch keinen, wenn sie kein Verständnis der gegenwärtigen Gesellschaft und keine Vision einer zukünftigen gesellschaftlichen Ordnung entwickelt, die für eine große Mehrheit der Bevölkerung überzeugend wären. Ihre Ziele und organisatorischen Formen müssen durch ihre aktive Teilnahme am politischen Kampf und an der Erneuerung gesellschaftlicher Strukturen Gestalt annehmen. Eine genuin radikale Kultur kann nur durch die geistige Transformation einer riesigen Anzahl von Menschen erreicht werden. Das ist das wesentlichste Kennzeichen jeder sozialen Revolution, die sich wirklich das Ziel einer Erweiterung der Möglichkeiten menschlicher Kreativität und Freiheit gesetzt hat. Dabei können wir zweifellos aus den Leistungen und Fehlschlägen revolutionärer Kämpfe in den weniger entwickelten Ländern lernen, und es wäre ebenso dumm, dies nicht zu tun, wie es ein Verbrechen wäre, nicht überall, wo wir dazu in der Lage sind, unsere Hilfe anzubieten. Es liegt jedoch auf der Hand, daß die angesprochenen Erfahrungen nicht mechanisch auf eine Gesellschaft wie die unsere übertragen werden können. In einer fortgeschrittenen Gesellschaft stimmt es ganz offensichtlich keineswegs, daß die Masse der Bevölkerung nichts zu verlieren hat als ihre Ketten, und es ist sinnlos, so zu tun, als verhielte es sich anders. Sie hat im Gegenteil ein ganz beträchtliches Interesse an der Aufrechterhaltung der bestehenden Ordnung. Dementsprechend wird, wie unter anderem André Gorz richtig hervorgehoben hat, das kulturelle und intellektuelle Niveau jeder ernsthaften radikalen Bewegung weitaus höher sein müssen als früher. Eine solche Bewegung wird sich nicht mit einer Litanei von Formen der Unterdrückung und Ungerechtigkeit zufriedengeben können. Sie wird zwingende Antworten auf die Frage liefern müssen, wie diese Mißstände durch Revolution oder weitgehende Reformen überwunden werden können. Um dieses Ziel zu erreichen, wird die Linke eine Haltung der Aufrichtigkeit und des Engagements für libertäre Werte einnehmen und beibehalten müssen. Sie darf sich nicht der Illusion hingeben, daß eine „Vorhutpartei", die sich selbst zum Hort von Wahrheit und Tugend erklärt, die Staatsmacht ergreifen und auf wundersame Weise eine Revolution zustandebringen kann, durch die rationale Werte und wahrhaft demokratische Strukturen als Grundlagen des sozialen Lebens etabliert würden. Wenn die einzigen von der Linken klar zum Ausdruck gebrachten Ziele in Gewalt und Zerstörung bestehen, wird es ihr höchstens gelingen, sich selbst zu unterminieren und zu zerstören. Darüber hinaus wird eine radikale Bewegung, wenn sie in der Lage sein will, den Imperialismus oder die Arten von Unterdrückung, sozialer Manipulation und sozialen Zwangs, die Ergebnis der sich entwickelnden internationalen Wirtschaftsinstitutionen sein werden, zu bekämpfen, sowohl in ihren organisatorischen Formen als auch in dem von ihr angestrebten kulturellen Niveau ebenfalls international sein müssen. Eine solche Bewegung aufzubauen wird keine geringe Aufgabe sein. Es könnte allerdings tatsächlich sein, daß der Erfolg eines solchen Unternehmens die einzige Alternative zur Tyrannei und großen Katastrophen darstellt.

Libertärer Sozialismus

Die Gefahr von Tyrannei und Desaster und selbst ihre sich bereits abzeichnenden Manifestationen liefern von sich aus noch keine ausreichende Basis für die Schaffung einer bedeutenden radikalen Massenbewegung. Diese Gefahr könnte sogar eine konservative Abwehrreaktion auslösen. Damit sich ein Mensch angesichts all der Ungewißheit und all der Risiken, die dies mit sich bringt, in einer Bewegung für radikale soziale Veränderung engagiert, muß er starke Gründe für den Glauben haben, daß der Versuch, eine neue Gesellschaftsordnung zu schaffen, eine gewisse Aussicht auf Erfolg hat. Dabei geht es nicht lediglich um die Befriedigung persönlicher materieller Bedürfnisse, des eng begrenzten Eigeninteresses in dem Sinn, wie er von der kapitalistischen Ideologie kultiviert wird. Allerdings gibt es durchaus auch im Rahmen des Eigeninteresses in diesem engen Sinn eine Rechtfertigung für radikale Politik. Die enorme Verschwendung von Ressourcen, die keineswegs unbegrenzt sind, und der von den beiden Supermächten betriebene Wettlauf in die gegenseitige Vernichtung liefern einem rational denkenden Mensch Grund genug, aktiv nach einer weitreichenden Veränderung zu suchen. Davon abgesehen wird jetzt in weiten Kreisen realisiert, daß die „externen Kosten", von denen die Ökonomen immer sprechen, nicht länger in den Bereich einiger Fußnoten verbannt werden können. Niemand, der auch nur einen Augenblick lang über die Probleme der gegenwärtigen Gesellschaft nachdenkt, kann umhin, die sozialen Kosten von Produktion und Konsum zu sehen, die fortschreitende Zerstörung der Umwelt, die extreme Irrationalität der Verwendung der heutigen Technologie, die Unfähigkeit eines auf Profit und Wachstumsmaximierung basierenden Systems zur Befriedigung von Bedürfnissen, die nur auf kollektive Weise zum Ausdruck gebracht werden können, und die enorme Verzerrung, die dieses System zugunsten der Maximierung von Gütern zum persönlichen Gebrauch statt zur allgemeinen Verbesserung der Lebensqualität erzwingt. All das sind Faktoren des modernen Lebens, die zum Wachstum einer starken Linken führen sollten, die danach strebt, die vorherrschende Barbarei durch eine Form des libertären Sozialismus zu ersetzen. Aber es liegt etwas unerträglich Arrogantes in dem Glauben, „wir" seien radikal, weil ach so menschlich, und „sie" würden sich uns anschließen, sobald sie erst einmal sehen, daß dies in ihrem eigenen Interesse liegt. Mitgefühl, Solidarität und Freundschaft sind ebenfalls menschliche Bedürfnisse, und zwar nicht weniger vitale Bedürfnisse als der Wunsch, den eigenen Anteil an den produzierten Gütern zu erhöhen oder seine Arbeitsbedingungen zu verbessern. Außerdem zweifele ich nicht daran, daß es ein fundamentales menschliches Bedürfnis ist, aktiv an der demokratischen Kontrolle gesellschaftlicher Institutionen teilzunehmen. Wenn das stimmt, dann sollte die Forderung nach industrieller Demokratie zu einem zentralen Ziel jeder sich auf die Arbeiterschaft stützenden wiederbelebten Linken werden.

Technologie und Selbstverwaltung

Tatsächlich hat sich in Frankreich und England nach langen Jahren des Schweigens wieder neues Interesse an industrieller Demokratie und Arbeiterkontrolle entwickelt.[4] Das ist eine höchst begrüßenswerte Entwicklung. Es wird oft argumentiert, die Bildung riesiger Planungsinstitutionen - der zentralisierten Staatsbürokratie, gigantischer Konzerne, oder beider in konzertierter Zusammenarbeit - sei ein technologischer Imperativ, ein Erfordernis der wirtschaftlichen Gesundheit und der angemessenen Verwendung von Ressourcen in einer fortgeschrittenen Industriegesellschaft. Mir ist bis heute keinerlei Argument dafür bekannt, daß fortgeschrittene Technologie eine zentralisierte auto-

---

[4] Siehe zum Beispiel die neue französische Zeitschrift *Autogestion* [„Selbstverwaltung", *A.d.Ü.*] und die Publikationen des Institute for Workers' Control, 91 Goldsmith Street, Nottingham, England.

ritäre Verwaltung erfordert. Dieselbe Technologie, die die Autorität einer kleinen Elite von Eigentümern, Managern oder Technokraten stärken kann, könnte auch dazu verwendet werden, die industrielle Demokratie zu erweitern. In seinen frühen Stadien erforderte das Industriesystem die Art von spezialisierter Arbeit, die, wie Adam Smith bemerkte, die Menschen in Stumpfsinnige, in bloße Werkzeuge der Produktion verwandelt. Heute gilt das schon lange nicht mehr. Im Rahmen der modernen Technologie können Werkzeuge Werkzeuge und Menschen Menschen sein. Die Notwendigkeit von Managern ist eine Begleiterscheinung der Spezialisierung der Arbeitskräfte. Sie verringert sich in dem Maß, wie sich für sämtliche Teilnehmer am Produktionsprozeß die Möglichkeiten erweitern, relevante, zur qualifizierten Entscheidungsfindung erforderliche Informationen zu erhalten und das kulturelle Niveau zu erreichen, das sie in die Lage versetzt, sich an den alle betreffenden Entscheidungen zu beteiligen. Die Technik der Simulation ermöglicht es, bestimmte Experimente durchzuführen, ohne die Kosten von Fehlschlägen tragen zu müssen. Die Automation könnte die Möglichkeit liefern, sich geisttötender Schinderei zu entledigen. Diese Möglichkeiten in einer konkreten und detaillierten Form zu entwickeln, ist eine wichtige Aufgabe für die Linke. Es ist eine Aufgabe, die nur durch die direkte Teilnahme von Handarbeitern wie Arbeitern im intellektuellen Bereich durchgeführt werden kann; das sollte zu einer Verwischung, vielleicht sogar zum Verschwinden dieser sozialen Kategorien führen.

Es gibt allerdings plausible Argumente dafür, daß Planung in einer fortgeschrittenen Industriegesellschaft eine Notwendigkeit ist. Man sollte jedoch eine Beobachtung im Gedächtnis behalten, die kürzlich sehr gut von Ken Coates in seiner Eröffnungsansprache anläßlich eines Symposiums über die Arbeiterkontrolle zum Ausdruck gebracht wurde:

Wenn Planung zu einem entscheidenden Bedürfnis geworden ist, dann ist es aber ebenfalls glasklar geworden, daß keiner der grundlegendsten und elementarsten liberalen Werte eine Planung auf einem solchen Maßstab überleben kann, wenn diese nicht auf der Basis von Grundsätzen organisiert wird, die zuinnerst und zutiefst demokratisch sind.[5]

---

[5] *Can the Workers Run Industry*, Ken Coates, ed., Sphere Books and the Institute for Workers' Control, 1968.

Das Problem, wie man Planung mit Demokratie kombinieren und auf diese Weise die liberalen Werte bewahren und bedeutend erweitern und bereichern kann, kann nicht am grünen Tisch, sondern nur durch eine Kombination von praktischer Erfahrung und intellektueller Analyse gelöst werden. Dies ist fast per definitionem eine Aufgabe für eine erneuerte Bewegung der Linken, eine Bewegung, die das höchste Niveau an Wissenschaft und Technologie mit einer ernsthaften Erforschung der Quellen und sozialen Bedingungen von Kreativität und Freiheit verbinden wird.

Von der Autokratie zur freien Gesellschaft

Fragen dieser Art werden in der bestehenden akademischen Sozialwissenschaft so gut wie überhaupt nicht gestellt. So beschreibt zum Beispiel das führende Lehrbuch der modernen Wirtschaftstheorie die Bandbreite der möglichen ökonomischen Systeme innerhalb eines Spektrums, in dem vollständiges Laissez-faire am einen und eine „totalitäre Diktatur über die Produktion" am anderen Pol angesiedelt sind:

> Die relevante Option für die Politik von heute kann keine Entscheidung zwischen diesen Extremen sein, sondern nur die Entscheidung über das *geringere* oder *größere* Maß, in dem die staatliche Politik zur Modifikation des Wirkens bestimmter privater Wirtschaftsaktivitäten eingreifen soll.[6]

Es ist offensichtlich, daß durch die Charakterisierung des Spektrums möglicher Systeme auf diese Art einige grundsätzliche Fragen ganz einfach umgangen werden. Man könnte sich genauso gut ein ganz anderes Spektrum vorstellen, bei dem demokratische beziehungsweise autokratische Kontrolle des Produktionssystems die jeweiligen Pole bilden. Gemessen an dieser Richtschnur fallen die beiden polaren Gegensätze Samuelsons in dieselbe extreme Kategorie; sowohl der „ideale" Privatkapitalismus als auch die „totalitäre Diktatur über die Produktion" bilden Formen der autokratischen Kontrolle, Formen, die der demokratischen Basiskontrolle der Wirtschaft durch Arbeiterräte, Gemeindeversammlungen und andere denkbare Formen der Organisation von unten entgegengesetzt sind. Ähnlich wurde kürzlich auf einem Symposium der American Academy of Arts and Sci-

---

[6] Paul Samuelson, *Economics*, sechste Ausgabe, 1964.

ences über „Perspektiven der Wirtschaft"[7] viel über die Frage diskutiert, ob es eher die Manager oder eher die Eigentümer sind, die die Kontrolle über die Wirtschaft ausüben (und inwiefern sich technologische Entwicklungen auf diese relative Machtverteilung auswirken), während die Möglichkeit, daß das ökonomische System auch unter die demokratische Kontrolle der Bevölkerung gebracht werden könnte, gar nicht erst erwähnt wurde.

Die Annahmen, von denen sich der Großteil der Wissenschaft leiten läßt, unterscheiden sich kaum von denen, die in vielen Manifesten der herrschenden Elite Amerikas geäußert werden, wie zum Beispiel im Bericht der Studiengruppe zur *Politischen Ökonomie der amerikanischen Außenpolitik*, die die westliche Zivilisation umstandslos (und im Gegensatz zur kollektivistischen Ablehnung von Freiheit, Initiative und Fortschritt) mit kapitalistischen Formen in eins setzt und „das Ziel der wirtschaftlichen Aktivität im Westen (als) die Maximierung der ein oder anderen Form von individuellem Geldeinkommen durch die Investition von Kapital oder von Arbeit auf eigene Rechnung oder für andere bzw. unter deren Leitung" definiert.[8] Das Dokument fährt dann in der üblichen Manier fort, diese spezielle Abart gesellschaftlicher Organisation als das universell gültige Ideal zu beschreiben. Wir können nicht lediglich die Rolle eines „unparteiischen Schiedsrichters... bei der Aufrechterhaltung der Weltordnung"

---

[7] *Daedalus*, Winter 1969.

[8] Woodrow Wilson Foundation and National Planning Association, Holt, 1955. Die bei uns herrschenden menschlichen Werte werden in diesem wichtigen Dokument noch in vielerlei anderer Hinsicht illustriert. So „brauchen wir ganz offensichtlich eine konstruktive Politik im Hinblick auf die Löhne und auf sozialstaatliche Maßnahmen". Und warum?: „Um industrieller Unruhe vorzubeugen." Gleichzeitig ist es notwendig, die von linken und sozialistischen Regierungen verübten Exzesse egalitärer und sozialstaatlicher Gesetzgebung zu bekämpfen. Die kapitalistische Elite wäre sicherlich mit Stalins Meinung einverstanden, daß Egalitarismus „eine reaktionäre kleinbürgerliche Absurdität" ist, „die einer Sekte von Asketen würdig wäre" (Rede auf dem 17. Parteitag der KPdSU). Das Dokument besteht dann weiter darauf, daß wir uns in der Dritten Welt, sofern dort noch nicht verantwortliche Elemente der Mittelklasse die Vorherrschaft erlangt haben, das Recht vorbehalten müssen, zur Unterstützung „traditionell herrschender Gruppen" zu intervenieren, die einsehen, „daß ihre zukünftige Unabhängigkeit im Bündnis mit dem Westen liegt". Wir müssen auch weiterhin dafür sorgen, daß sich Westeuropa und Japan nicht dem „Neutralismus und Pazifismus" hingeben - im Falle Japans, indem wir „eine größere Beteiligung Japans an der Entwicklung Südasiens ermöglichen" - was nebenbei bemerkt ein nicht zu vernachlässigender Faktor für den Vietnamkrieg war. Wir müssen irrationale, kommunistisch inspirierte Landumverteilungen bekämpfen, wie in Guatemala, wo es (ebenso wie in Iran) „nationalistisch-totalitären und kryptokommunistischen Regimes beinahe gelungen wäre, ihre Herrschaft zu festigen" (das bezieht sich auf die Regierung Arbenz in Guatemala und die Regierung Mossadegh im Iran). Und so weiter und so weiter und so weiter.

spielen, sondern müssen als aktiver Führer im Kampf zur Rettung der Zivilisation und der „universalen Ideale der menschlichen Freiheit, der individuellen Entfaltung und der wirtschaftlichen Gerechtigkeit" auftreten, die („wie unvollkommen auch immer") in den kapitalistischen Institutionen des Westens ihren Ausdruck finden.

Gewiß ist dieses Konzept des homo ökonomicus eine psychologische Absurdität, und die, die versuchen, sich in dieses Muster einzupassen, müssen dafür unermeßliches Leid in Kauf nehmen. Das gilt natürlich erst recht für ihre Opfer. Die Devise „Kämpfe, um zur Nummer eins zu werden" ist ein Rezept, das zu Demoralisierung, Korrumpierung und schließlich in die Katastrophe für alle führt, ganz unabhängig davon, welchen Wert sie in den frühen Stadien der Industrialisierung einmal gehabt haben mag. Wenn die von der kapitalistischen Gesellschaft hervorgetriebene Barbarei überwunden werden soll, muß die gemeinsame Arbeit für das gemeinsame Wohl und die Sorge für die Rechte und Bedürfnisse anderer an die Stelle der trostlosen Jagd nach Maximierung persönlicher Macht und persönlichen Konsums treten.

Der Vorteil der Linken

Die Linke hat den unschätzbaren Vorteil, daß sie hoffen kann, im Gegensatz zur barbarischen Irrationalität auf Konkurrenz gegründeter Gesellschaften und der autokratischen Herrschaft privater Wirtschaftsimperien, Staatsbürokratien, Vorhutparteien, technokratisch-meritokratischer Eliten oder was die Zukunft sonst noch an Monstrositäten bereithalten mag, für menschliche Werte zu sprechen. Genau diesen Vorteil wird sie nutzen müssen, wenn es in den entwickelten Gesellschaften irgend eine Hoffnung auf eine ernsthafte, antiimperialistische, antimilitaristische Bewegung auf breiter Basis geben soll. Kommen wir noch einmal auf das oben zitierte Manifest zurück. Es definiert den wesentlichen Aspekt der kommunistischen Gefahr folgendermaßen:

Der Kommunismus hat bedeutet: (1) Eine ernste Reduzierung des westlichen Zugangs zu Ressourcen und Märkten, die auf den Verlust der kommunistischen Gebiete für die internationale Wirtschaft und eine Form der wirtschaftlichen Transformation zurückgeht, die ihre Bereitschaft und Fähigkeit, die

industriellen Ökonomien des Westens zu ergänzen, reduziert.[9]

Diese Interpretation der kommunistischen Gefahr (aus der sich
zum großen Teil Joan Robinsons oben zitiertes Urteil erklärt, der
amerikanische Kreuzzug gegen den Kommunismus sei in Wirklichkeit eine Kampagne gegen die Entwicklung) wird natürlich
einen ziemlich zwingenden Eindruck auf die Reichen machen,
die leicht verstehen werden, weshalb es unser Ziel sein muß,
„den Mühlenarbeitern Kalkuttas, den Bauern Ägyptens und den
Indianern Guatemalas" zu helfen, „politisch verläßlichere und
wirtschaftlich kooperativere Mitglieder der Gemeinschaft der
freien Welt zu werden" und dadurch erst „die Fähigkeit zur
Selbstkontrolle, zu rationalen und moralisch richtigen Entscheidungen und zum verantwortlichen Handeln" zu erwerben. Die
amerikanische Vorherrschaft in der Welt erfordert nun einmal
eine solche politische Verläßlichkeit, Kooperationsbereitschaft
und moralische Verantwortlichkeit. Für die Reichen und Privilegierten ist es leicht, die amerikanische Beherrschung der Ressourcen der Welt „mit dem dauerhaften Bestand menschlicher
Freiheit und einer humanen Gesellschaft überall" gleichzusetzen.
Formen nationaler Unabhängigkeit oder internationaler Koope-
ration, die die Ressourcenverwendung zugunsten jener umlen-
ken, die heute „die industriellen Ökonomien des Westens ergänzen", können nicht umhin, diese Vorherrschaft zu bedrohen.
Diese Art von „Bedrohung" sollte, ebenso wie das Gegenstück
dieser Bedrohung in unserem eigenen Land, von der Linken be-
grüßt und ermutigt werden. Es ist klar, daß eine internationale
Linke auch internationale Gerechtigkeit anstreben sollte. Aber
das heißt zugleich, daß die Teilnehmer an einer solchen Bewegung in den fortgeschrittenen Ländern eher durch Mitgefühl und
Brüderlichkeit als durch die Verfolgung des unmittelbaren Ei-
gennutzes motiviert sein müssen. Wenn eine gerechte Verteilung
der Ressourcen der Erde mit der Beendigung der für die entwik-
kelten Industriegesellschaften charakteristischen irrationalen
Zerstörung und Verschwendung dieser Ressourcen verbunden

---

[9] Es gibt noch drei weitere Aspekte dieser Bedrohung: „Eine geplante Zerrüttung der
Wirtschaften der freien Welt", die höhere Wachstumsrate der sowjetischen Schwerin-
dustrie (man vergesse nicht, daß dies 1955 geschrieben wurde) und ferner „die Tatsache, daß der sowjetische Kommunismus nicht nur die politischen und wirtschaftlichen
Institutionen des Westens, sondern den Fortbestand der menschlichen Freiheit und einer humanen Gesellschaft überall auf der Welt bedroht".

wird, gibt es außerdem langfristig gesehen keinen Grund, weshalb eine gerechte Verteilung zu einem Absinken des Lebensstandards in den fortgeschrittenen Ländern führen müßte. Auch hier ist eine tiefgreifende „Kulturrevolution" eine Vorbedingung für die Entwicklung einer fest in den technologisch entwickelten Gesellschaften verankerten Bewegung der Linken - oder besser gesagt, ihre unverzichtbare Begleiterscheinung.

Eine Aufgabe für Radikale

Dieselben Überlegungen gelten, wenn wir an die dringliche Aufgabe denken, den Rüstungswettlauf zu beenden. Es wird zu Anfang zweifellos außerordentlich schwierig sein, eine Kampagne gegen den Militarismus zu organisieren, die auch die Unterstützung von Arbeitern, Technikern, Ingenieuren und Wissenschaftlern genießt, die schließlich in hohem Maß auf das Budget für Militärausgaben angewiesen sind, um Arbeit zu haben. Als es radikalen Studenten am MIT gelang, die militärische Forschung an der Universität in ernste Schwierigkeiten zu bringen, bestand die erste Reaktion der Arbeitergewerkschaft der Universitätslabors in einer Klage vor dem Bundesgericht, die das MIT zur Weiterführung der Militärforschung verpflichten sollte. Diese Reaktion war nicht einmal unvernünftig, da die Wirtschaft Neuenglands solchen Leuten keine Alternative bietet. Ähnliche Faktoren machen es auch für Ingenieure und viele Wissenschaftler ziemlich schwierig, die Arbeit an Projekten aufzugeben, deren Begleiterscheinung und Resultat Krieg und Verschwendung sind. Wenn eine radikale Bewegung wirklich Fortschritte unter Facharbeitern, Ingenieuren und Wissenschaftlern erzielen will, wird sie diese Menschen davon überzeugen müssen, daß ihre kurzfristigen Interessen durch andere Faktoren aufgewogen werden. So muß ja zum Beispiel jeder vernünftige Mensch ein persönliches Interesse daran haben, daß die intellektuellen und materiellen Ressourcen der Gesellschaft sinnvollen Zwecken zugeleitet werden, und daß die gegenwärtigen Kriegsvorbereitungen, die leicht in die endgültige Katastrophe führen können, endlich beendet werden. Die Aufgabe für Radikale besteht in diesem Fall darin, konkrete Alternativen zu entwickeln und zu zeigen, wie sie unter veränderten sozialen Bedingungen realisiert werden könnten. Darüber hinaus müssen sie die psychotische Weltsicht bekämpfen, die eigens entwickelt worden ist, um dem Wettlauf in die Zerstörung einen rationalen Anschein zu geben. Sie müssen versuchen, einen grundlegenden Wandel der Werte zu erreichen und ein Engagement für weitreichende Ziele zu verankern, die, sobald sie einmal erreicht sind, ein Ende von imperialistischer Herrschaft, Militarismus und Unterdrückung bedeuten werden.

Noch vor zehn Jahren wäre nur ein Visionär imstande gewesen, diese Fragen auch nur theoretisch ins Auge zu fassen. Heute sind das sehr aktuelle und aufregende Themen. Die Illusionen, die die Wissenschaft nach dem Krieg beherrschten, sind von den revisionistischen Historikern erfolgreich erschüttert worden. Gruppen wie die North American Conference on Latin America (NACLA), das Committee of Concerned Asian Scholars (CCAS), die Union for Radical Political Economics (URPE) und viele andere haben das Potential, ihren Berufssparten neues Leben einzuhauchen und eine radikale intellektuelle Kultur mit einer breiten Basis an den Universitäten zu schaffen, deren Auswirkungen sich über die konventionellen - oder vielleicht eigens zu diesem Zweck geschaffene - Medien, die Schulen sowie vielerlei verschiedene Gemeinschaften und aktivistische Organisationen weiter verbreiten könnten. Natürlich waren diese Berufsgruppen nur die Speerspitze einer ganzen Welle von politischer Aktivität. Eine von den Beschränkungen, die durch die vorherrschenden gesellschaftlichen Institutionen auferlegt werden, freie Forschungstätigkeit wird kaum möglich und überdies leicht abzutun sein, solange das allgemeine politische Klima Herausforderungen und Neuerungen nicht begünstigt. Ohne eine lebendige und gesunde radikale politische Bewegung fallen die „Geisteswissenschaften" leicht der Versuchung zum Opfer, sich gesellschaftlichen und institutionellen Pressionen zu beugen, wie das in der Vergangenheit oft der Fall war. Gleichzeitig verurteilt eine Bewegung der Linken sich zur Niederlage und zur Bedeutungslosigkeit, wenn sie nicht eine intellektuelle Kultur schafft, die durch ihre herausragenden Leistungen die Vorherrschaft erringt und auch der Masse der Bevölkerung etwas zu sagen hat, die im übrigen in einer fortgeschrittenen Industriegesellschaft an ihrer Schaffung und Vertiefung teilnehmen kann.

Die Universität und die Linke

Meines Erachtens bestehen gute Aussichten, daß die kleinen Gruppen, die jetzt bereits bestehen, weiter wachsen werden und untereinander sowie mit einer politischen Bewegung der Linken zusammenarbeiten können, die ihre Wurzeln in vielen Schichten der amerikanischen Gesellschaft hat. Ich denke, daß die Universitäten derzeit einen naheliegenden und relativ begünstigten Ort für ein solches Wachstum und eine derartige Zusammenarbeit darstellen. Dabei ist mit Sicherheit mit Widerstand gegen eine Wissenschaft und Lehrtätigkeit zu rechnen, die sich den Beschränkungen der vorherrschenden konservativen Ideologie nicht beugt. Es wird zweifellos Bemühungen zur Unterdrückung des politischen Aktivismus geben, der ein natürliches Resultat ernsthafter Forschung ist. Die Universitäten sind durch den Einfluß der vorherrschenden gesellschaftlichen Institutionen, nämlich des Bundesstaates und der großen Konzerne, mit denen er eng verflochten ist, hochgradig politisiert worden. Der natürliche Konservatismus des Lehrkörpers wird sich mit dem durch äußeren Druck erzeugten politischen Konservatismus verbinden, um freier Forschung Barrieren in den Weg zu stellen. Beispiele für derartige Unterdrückung gibt es leider nur zu viele. Dennoch sollte diese Tendenz nicht hochgespielt werden. Wir sollten klar erkennen, daß es auf jedem Gebiet auf Seiten derer, die einen gewissen Status und ein gewisses Prestige erreicht haben, Widerstand gegen Neuerungen gibt. Dieser natürliche Widerstand, der leicht zu belegen ist, bildet eine Art Maßstab, anhand dessen man ausmachen kann, wie groß der Anteil der politischen Unterdrückung im eigentlichen Sinn an den Universitäten tatsächlich ist. Wenn man diesen sicherlich vernünftigen Maßstab anlegt, finden wir meines Erachtens an den Universitäten keine sehr umfassende politische Unterdrückung. So ist es jedenfalls bis jetzt. Sie mag in Zukunft zunehmen, aber das heißt noch lange nicht, daß sie auch Erfolg haben wird. Im Augenblick gibt es in dieser Hinsicht keinen besonderen Grund zum Pessimismus.

Meiner Ansicht nach sind einige der Aktionen, die letztes Jahr unter Wissenschaftlern und Ingenieuren unternommen wurden, von ganz besonderer Bedeutung. So ist es zum Beispiel einer Handvoll von Magisterstudenten am MIT innerhalb weniger Monate gelungen, einen eintägigen Forschungsstreik zu organisieren, der sich auf etwa 50 Colleges ausdehnte und zur Bildung aktiver und permanenter Organisationen der Studenten, Dozenten und Professoren führte. Diese Initiative entstand aus dem Asyl, das dem fahnenflüchtigen Soldaten Mike O'Connor letzten Herbst am MIT gewährt wurde, einer Aktion, die das politische Klima auf dem Campus dramatisch verändert hat.

Radikale Kultur und soziale Veränderung

Die Schaffung einer radikalen Bewegung von Wissenschaftlern und Ingenieuren weist in mancher Hinsicht Analogien zur Organisierung des Widerstands der amerikanischen GIs auf. Die imperiale Vorherrschaft Amerikas basiert schließlich ebenso sehr auf der Technik wie auf dem massenhaften Einsatz von Streitkräften. Wie Franz Schurman zu Recht festgestellt hat, „ist es außer im Fall einer wirklichen Notlage unwahrscheinlich, daß die Vereinigten Staaten noch einmal in der Lage sein werden, eine massive Armee ins Feld zu schicken", und er stellt ferner fest, daß „sich außer einigen Marionettenstaaten wie Südkorea kein Land bereit gezeigt hat, die US-Militaristen mit dem Menschenmaterial zu versorgen, das nötig ist, um fern der Küsten Amerikas 'begrenzte Kriege' auszufechten. ... So müssen (die USA) sich auf die Technologie stützen, um ihre Kriege zu führen."[10] Darüber hinaus sind sich viele Wissenschaftler und Ingenieure durchaus der Korrumpierung der Intelligenz bewußt, die durch ein System aufgenötigt wird, das derart irrational ist, daß die Mehrheit der Ingenieure dazu gezwungen ist, bei der NASA, bei der AEC (die im wesentlichen eine Institution zur Waffenproduktion ist) oder für das Verteidigungsministerium zu arbeiten. So gesehen ist die Tatsache, daß sich eine erfolgreiche Bewegung von Wissenschaftlern und Ingenieuren nicht zuletzt aus einer Demonstration der Solidarität mit einem GI-Wehrdienstverweigerer entwickelt hat, von symbolischer Bedeutung. Durch eine derartige Organisationstätigkeit von Wissenschaftlern und Ingenieuren kann ein System, das auf der Subventionierung technologisch fortgeschrittener Industriezweige und der Verfolgung des Ziels der globalen Vorherrschaft mittels einer politisch mißbrauchten Technologie beruht, an seinem schwächsten Punkt - den ausführenden Menschen - getroffen werden. Wissenschaftler und Ingenieure können zu einer radikalen Kultur und schließlich zu einer erfolgreichen Bewegung für einen tiefgreifenden sozialen Wandel einen ebenso großen Beitrag beisteuern, wie sie ihn jetzt für Militarismus und Repression leisten.

Wie bereits erwähnt, ist ein Erfolg der Linken in einer fortgeschrittenen Industriegesellschaft gänzlich undenkbar, wenn die Linke nicht die intellektuellen Ressourcen entwickelt, um plausi-

---

[10] „The Nixon administration and the Vietnam War", Referat für die Vietnam-Konferenz in Stockholm im Mai 1969.

ble, konkrete Lösungen für die Probleme unserer Gesellschaft zu liefern. Diejenigen, die der Meinung sind, daß besagte Probleme nur angegangen werden können, wenn die Institutionen der Gesellschaft nach demokratischen Grundsätzen umstrukturiert werden, stehen vor der Aufgabe, zu zeigen, daß das tatsächlich stimmt. Wenn die Lösungen für solche Probleme nur in Form spezialisierter Fachliteratur vorgelegt werden, sind sie nur von begrenztem Interesse (obwohl schon das allein eine keineswegs zu vernachlässigende Leistung wäre). Sie müssen Bestandteil des Bewußtseins derer werden, die diese Lösungen in die Tat umsetzen und unter den Bedingungen leben werden, die dadurch geschaffen werden. Für eine vitale Bewegung der Linken ist eine vielfältige Zusammenarbeit zwischen Wissenschaftlern, Ingenieuren, Technikern und Facharbeitern, ungelernten Arbeitern, Freiberuflichen und anderen „höhergestellt" Arbeitenden, Schriftstellern, Künstlern und vielen anderen unentbehrlich. Einige dieser notwendigen Querverbindungen habe ich bereits erwähnt; so bildet insbesondere die Anwendung der modernen Technologie zur Schaffung der Bedingungen für industrielle Demokratie und den vernünftigen und humanen Gebrauch von Ressourcen eine wichtige Aufgabe, der wir uns schon jetzt stellen müssen. An einer ernsthaften Massenbewegung der Linken sollten sämtliche der erwähnten Schichten der amerikanischen Gesellschaft beteiligt sein. Politik und Selbstverständnis dieser Bewegung können sich nur aus den vereinten Anstrengungen all dieser Schichten zur Schaffung einer neuen Welt entwickeln.

10. Die heutige Relevanz des Anarchosyndikalismus [*]

Professor Chomsky, vielleicht sollten wir mit dem Versuch beginnen, einmal zu sagen, was mit Anarchismus nicht gemeint ist - das Wort Anarchie stammt ja aus dem Griechischen und bedeutet wörtlich „keine Herrschaft". Nun meinen vermutlich Leute, die von Anarchie oder Anarchismus als politischer Philosophie sprechen, nicht einfach, daß beispielsweise zum ersten Januar des nächsten Jahres die Regierung, so wie wir sie kennen, einfach abgeschafft wird: daß es dann keine Polizei, keine Straßenverkehrsregeln, keine Gesetze, keine Finanzämter, keine Post und so weiter mehr gibt. Ich nehme an, die Sache ist doch ein wenig komplizierter.

Nun, hier würde ich auf einige Ihrer Fragen mit ja, auf andere mit nein antworten. Es kann durchaus so sein, daß es keine Polizei mehr gibt, aber ich denke nicht, daß damit auch die Straßenverkehrsregeln abgeschafft sind. Zunächst einmal sollte ich sagen, daß der Begriff Anarchismus zur Bezeichnung einer ganzen Bandbreite politischer Ideen verwendet wird, aber ich persönlich würde ihn am liebsten als Sammelbegriff für die libertäre Linke benutzen, und von diesem Standpunkt aus kann man den Anarchismus als eine Form des freiwilligen Sozialismus ansehen, das heißt, als libertär-sozialistische oder anarchosyndikalistische oder kommunistisch-anarchistische Richtung, in der Tradition etwa von Bakunin, Kropotkin und anderen. Ihnen schwebte eine hochorganisierte Form der Gesellschaft vor, aber eine Gesellschaft, die auf der Basis organischer Institutionen, organischer Gemeinschaften organisiert sein sollte. Damit meinten sie im allgemeinen den Arbeitsplatz und das jeweilige Wohngebiet, und auf diesen beiden grundlegenden Formen aufbauend, könnte durch föderale Vereinbarungen eine hochintegrierte Art der gesellschaftlichen Organisation entstehen, die nationale oder sogar internationale Dimensionen haben könnte. Die Entscheidungen, um die es dabei geht, könnten sich jeweils auf einen weiten Bereich beziehen, würden aber immer von Delegierten getroffen,

[*] Das folgende Interview wurde von Peter Jay geführt und am 25. Juli 1976 im britischen Fernsehen gesendet. Es ist abgedruckt in dem von Carlos Otero zusammengestellten Sammelband *Radical Priorities* (Black Rose Books, 1981/87, S. 245 - 261). Es erschien zuerst auf Deutsch in dem Band *Arbeit - Sprache - Freiheit* (herausgegeben und übersetzt von Peter Peterson) der vier weitere Texte zu diesem Thema enthält (Trafik Verlag, Mühlheim, 1987).

die Teil der organischen Gemeinschaft bleiben, aus der sie entsendet wurden und in die sie dann wieder zurückkehren, und die sie in Wirklichkeit gar nicht verlassen.

Demnach bedeutet der Begriff nicht so sehr eine Gesellschaft, in der es überhaupt keine Regierung mehr gibt, als vielmehr eine Gesellschaft, in der die gesellschaftliche Macht im wesentlichen von unten nach oben und nicht von oben nach unten organisiert ist. Während die repräsentative Demokratie, wie wir sie in den Vereinigten Staaten und Großbritannien haben, als eine Form der Autorität von oben nach unten betrachtet würde, obwohl ja letztlich die Wähler entscheiden.

Ein Anarchist der erwähnten Strömung würde die repräsentative Demokratie, wie wir sie etwa in den Vereinigten Staaten oder Großbritannien haben, aus zweierlei Gründen kritisieren. Zunächst einmal deshalb, weil hier ein im Staat zentralisiertes Machtmonopol besteht, und zweitens - und das ist am wichtigsten -, weil die repräsentative Demokratie auf die politische Sphäre beschränkt ist und sich nicht ernstlich auf den Bereich der Wirtschaft erstreckt. Die Anarchisten dieser Tradition haben immer die Auffassung vertreten, daß demokratische Kontrolle im Bereich der Produktion der Kern jedes ernstzunehmenden Projekts menschlicher Befreiung und überhaupt aller sinnvoller demokratischer Bestrebungen sein muß. Das heißt, solange Menschen dazu gezwungen sind, sich auf dem Markt an jene zu vermieten, die bereit sind, sie einzustellen, solange sich ihre Rolle in der Produktion auf die letztlich entbehrlicher Werkzeuge beschränkt, haben wir drückende Elemente von Zwang und Unterdrückung, angesichts derer von Demokratie nur sehr begrenzt, wenn überhaupt die Rede sein kann.

Hat es in der Geschichte je in größerem Maßstab dauerhafte Beispiele von Gesellschaften gegeben, die dem anarchistischen Ideal entsprechen?

Es gab und gibt einige kleinere Gemeinschaften, die meines Erachtens in der Verwirklichung dieser Ideale sehr erfolgreich waren, und es hat einige wenige Beispiele großer libertärer Revolutionen gegeben, die weitgehend auf anarchistischen Strukturen beruhten. Was die kleineren Gemeinschaften betrifft, die teilweise über eine lange Zeit hinweg bestanden haben, bin ich persönlich der Ansicht, daß das vielleicht beeindruckendste Beispiel die israelischen Kibbuzim sind, die lange wirklich nach anarchistischen Prinzipien aufgebaut waren, das heißt: Selbstverwaltung, direkte Arbeiterkontrolle, Integration von Landwirtschaft, Industrie und Dienstleistungen, Teilnahme jedes Einzelnen an der Selbstverwaltung. Und so weit ich sehen kann, waren sie in fast jeder nur denkbaren Hinsicht ein wirklicher Erfolg.

Aber sie operierten und operieren ja wohl im Rahmen eines konventionellen Staates, der gewisse grundlegende Bedingungen der Stabilität garantiert.

Nun, das war nicht immer so. Ihre Geschichte ist wirklich ziemlich interessant. Seit 1948 befanden sie sich im Rahmen des konventionellen Staates. Davor wurden sie im Rahmen der jüdischen kolonialen Enklave betrieben, in der tatsächlich eine unterirdische, weitgehend auf kooperativen Prinzipien aufgebaute Gesellschaft bestand, die nicht wirklich Teil des britischen Mandatssystems war, sondern außerhalb dieses Systems funktionierte. Und diese Gesellschaft hat in gewissem Ausmaß die Gründung des Staates überdauert, obwohl sie natürlich in den Staat integriert wurde und durch diesen Prozeß und durch andere Prozesse, die mit der Geschichte dieser Region zu tun haben und auf die wir hier nicht einzugehen brauchen, meiner Ansicht nach viele Aspekte ihres libertär-sozialistischen Charakters verloren hat.

Ich meine jedoch, daß die Kibbuzim ein interessantes Modell funktionierender libertär-sozialistischer Institutionen darstellen, das für fortgeschrittene Industriegesellschaften von viel größerem Interesse ist als einige der anderen Beispiele, die es in der Vergangenheit gegeben hat. Ein gutes Beispiel für eine anarchistische Revolution im wirklich großen Maßstab - meines Wissens sogar das beste Beispiel - ist die spanische Revolution von 1936, während der im größten Teil des republikanischen Spanien eine sehr aufregende anarchistische Revolution stattfand, die die Industrie und Landwirtschaft weiter Gebiete erfaßte und sich auf eine Art entwickelte, die auf den ersten Blick einen spontanen Eindruck macht. Aber wenn man sich die Wurzeln dieser Revolution einmal genauer ansieht, entdeckt man, daß sie auf den Experimenten, den Gedanken und der organisatorischen Arbeit dreier Generationen von Spaniern beruhte, durch die die anarchistischen Ideen in weiten Teilen der Bevölkerung dieser weitgehend, wenn auch nicht vollständig vorindustriellen Gesellschaft verbreitet worden waren. Und auch diese Revolution war sowohl im Hinblick auf ihre menschlichen Resultate als auch nach allen geläufigen wirtschaftlichen Maßstäben sehr erfolgreich. Das heißt, die Produktion lief effizient weiter; die Arbeiter in der Landwirtschaft und in den Fabriken erwiesen sich als durchaus fähig, ihre Angelegenheiten ohne Zwang von oben zu verwalten, ganz im Gegensatz zu dem, was viele Sozialisten, Kommunisten, Liberale und andere gerne glauben wollten. Es ist heute leider unmöglich zu sagen, wie sich all das weiterentwickelt hätte. Die anarchistische Revolution wurde gewaltsam zerschlagen, aber bevor sie vernichtet wurde, war sie meines Erachtens äußerst erfolgreich und legte in vielerlei Hinsicht Zeugnis von der Fähigkeit armer, arbeitender Menschen ab, ihre Angelegenheiten selbst zu organisieren und zu verwalten, und zwar mit großem Erfolg und ohne Zwang und Kontrolle. Wie relevant die spanische Revolution für eine fortgeschrittene Gesellschaft ist, müßte man anhand einzelner Fragen diskutieren.

Die grundlegende Idee des Anarchismus ist ja wohl die Forderung nach dem Vorrang des Individuums - nicht notwendigerweise für sich allein genommen, sondern in Verbindung mit anderen Individuen - und der Befriedigung seines Freiheitsbedürfnisses. In gewisser Hinsicht ähnelt das sehr stark den Gründungsideen, die am Anfang der Vereinigten Staaten von Amerika standen. Welcher Aspekt der amerikanischen Tradition ist es, der die Freiheit, so wie sie in dieser Tradition verstanden wird, in der Vorstellung von Anarchisten und libertär-sozialistischen Denkern wie Ihnen zu einer verdächtigen und sogar besudelten Phrase gemacht hat?

Dazu möchte ich zunächst einmal sagen, daß ich mich nicht als einen „anarchistischen Denker" betrachte. Ich bin nichts weiter als einer der Anhänger dieser Idee. Eine Reihe von anarchistischen Denkern hat sich immer sehr, sehr wohlwollend auf die amerikanische Erfahrung und das Jeffersonsche Ideal der Demokratie bezogen. So wurde zum Beispiel Jeffersons Konzept, nach dem die beste Regierung diejenige ist, die am wenigsten regiert oder Thoreaus Zusatz, die beste Regierung sei diejenige, die überhaupt nicht regiert, von anarchistischen Denkern im Verlauf der modernen Zeit häufig wiederaufgegriffen.

Abgesehen von der Tatsache, daß die damalige Gesellschaft eine Sklavenhaltergesellschaft war, entwickelte sich das Ideal der

Jeffersonschen Demokratie jedoch innerhalb eines Systems, das im wesentlichen vorkapitalistisch war, das heißt, in einer Gesellschaft, in der es keine monopolistische Kontrolle, keine bedeutenden Zentren privater Macht gab. Es ist in der Tat hochinteressant, einmal zurückzugehen und heute einige der klassischen libertären Texte wiederzulesen. Wenn man zum Beispiel Wilhelm von Humboldts Kritik des Staates von 1792 liest, einen bedeutenden klassisch libertären Text, der unter anderem auch John Stuart Mill inspirierte, sieht man, daß er überhaupt nicht von der Notwendigkeit spricht, privaten Machtkonzentrationen etwas entgegen zu setzen: statt dessen spricht er von der Notwendigkeit, sich der Ausbreitung unterdrückender staatlicher Macht zu widersetzen. Und das ist genau das, was man auch in der frühen amerikanischen Tradition findet. Aber das liegt daran, daß das damals praktisch die einzige Art von Macht war, die es gab. Humboldt setzt einfach voraus, daß die Einzelnen hinsichtlich der privaten Macht, die sie ausüben können, im wesentlichen gleich sind, und daß das einzig wirklich gefährliche Machtgefälle durch die Macht des zentralisierten autoritären Staats zustandekommt, vor dessen Eingriffen die individuelle Freiheit geschützt werden muß - vor dem Staat oder der Kirche. Ihren Eingriffen muß man seiner Ansicht nach Widerstand leisten.

Wenn er also zum Beispiel von der Notwendigkeit der Kontrolle über das eigene schöpferische Leben spricht, wenn er die Entfremdung der Arbeit beklagt, die aus Zwang oder selbst Belehrungen oder Anleitung bei der Arbeit resultiert, an deren Stelle die Selbstbestimmung über die eigene Arbeit stehen sollte, bringt er damit eine antistaatliche und antitheokratische Ideologie zum Ausdruck. Aber dieselben Prinzipien lassen sich ebenso gut auf die kapitalistische Industriegesellschaft anwenden, die erst später entstand. Und ich würde davon ausgehen, daß Humboldt, wenn er seinen Ansichten treu geblieben wäre, schließlich zum libertären Sozialisten geworden wäre.

Läßt sich aus Vorläufern wie diesen nicht schließen, daß die libertären Ideen sich ausschließlich auf vorindustrielle Gesellschaften anwenden lassen - daß sie nur in einer weitgehend ländlichen Gesellschaft mit einer ziemlich einfachen Technologie und Produktion funktionieren können, deren wirtschaftliche Organisation auf kleinen, örtlich beschränkten Einheiten beruht?

Dazu würde ich gern zweierlei Bemerkungen machen: erstens darüber, was Anarchisten im Lauf der Geschichte dazu gesagt haben, und zweitens dazu, wie ich die Sache sehe. Was die anarchistischen Reaktionen betrifft, so gibt es deren zwei. Es hat eine bestimmte Tradition (als deren Repräsentanten man, sagen wir einmal, Kropotkin sehen könnte) gegeben, die größtenteils so aussah, wie Sie es beschrieben haben. Aber es gibt außerdem noch eine weitere anarchistische Tradition, die sich später zum Anarchosyndikalismus entwickelte und die die anarchistischen Ideen ganz einfach als Anleitung zur angemessenen Organisation einer hochkomplexen fortgeschrittenen Industriegesellschaft betrachtete. Und diese Tendenz im Anarchismus ist fast identisch, oder hat zumindest sehr starke Ähnlichkeiten, mit einer Variante des Linksmarxismus, der Art von Marxismus, die man etwa bei den aus der Luxemburgschen Tradition kommenden Rätekommunisten findet und die später von marxistischen Theoretikern wie Anton Pannekoek repräsentiert wurde, der eine ganze Theorie der Arbeiterräte in der Industrie entwickelte und als Wissenschaftler und Astronom selbst unmittelbar Teil der industriellen Welt war.

Welche dieser beiden Ansichten ist richtig? Gehören anarchistische Konzepte notwendigerweise der vorindustriellen Phase der menschlichen Gesellschaften an, oder ist der Anarchismus die rationale Form der Organisation für eine hochgradig fortgeschrittene Industriegesellschaft? Nun, ich persönlich glaube letzteres, das heißt, ich denke, daß die Industrialisierung und der Fortschritt der Technologie Möglichkeiten für die Selbstverwaltung in einem sehr breiten Rahmen eröffnen, die zu früheren Zeiten ganz einfach nicht existierten. Und daß der Anarchismus tatsächlich die vernünftige Organisationsform für eine fortgeschrittene und komplexe Industriegesellschaft ist, in der die Arbeiter sehr gut die Herren ihrer eigenen unmittelbaren Angelegenheiten werden, das heißt, ihren Betrieb selbst leiten und kontrollieren können. Und genauso gut können sie es sein, die die wichtigen Grundsatzentscheidungen in Bezug auf die Struktur der Wirtschaft, die sozialen Institutionen, die regionale und überregionale Planung treffen. Die heutigen Institutionen erlauben ihnen weder den Zugang zu der Information, die dafür notwendig ist, noch zu der Art von Ausbildung, die ihnen ein Verständnis dieser Dinge ermöglichen würde. Sehr viele Aufgaben könnten automatisiert werden. Ein Großteil der Arbeit, die notwendig ist, um der Gesellschaft einen vernünftigen Lebensstandard zu ermöglichen, kann - zumindest im Prinzip - Maschinen übertragen werden, was bedeuten würde, daß die Menschen die Freiheit haben, sich weitgehend mit schöpferischer Arbeit zu beschäftigen, was vielleicht während der frühen Phasen der industriellen Revolution objektiv noch nicht möglich war.

Ich möchte auf die Frage der wirtschaftlichen Organisation einer anarchistischen Gesellschaft gleich noch einmal zurückkommen. Könnten Sie vielleicht zunächst einmal die politische Verfassung einer anarchistischen Gesellschaft, wie Sie sie unter modernen Bedingungen anvisieren würden, etwas detaillierter skizzieren? Würde es zum Beispiel politische Parteien geben? Was für sonstige Formen der Regierung würden in ihr übrigbleiben?

Lassen Sie mich einige Auffassungen darlegen, von denen ich glaube, daß die allermeisten Anarchisten ihnen zustimmen würden, Auffassungen, denen auch ich mich im wesentlichen anschließen würde. Wenn wir mit den beiden Formen unmittelbarer Organisation und Kontrolle, nämlich der Organisation und Kontrolle am Arbeitsplatz und auf kommunaler Ebene beginnen, könnte man sich auf der einen Seite ein Netz von Arbeiterräten vorstellen, dem sich auf einer höheren Ebene Vertretungen anschließen, die die Grenzen von Betrieb, Branche oder Beruf überschreiten. Das könnte dann weiter bis hin zu Generalversammlungen der Arbeiterräte auf regionalem, nationalem und internationalem Niveau gehen. Vom kommunalen Gesichtspunkt her kann man sich ein Regierungssystem vorstellen, das auf örtlichen Versammlungen basiert. Diese Versammlungen wären regional föderiert und würden sich berufs-, industrie- und branchenübergreifend mit regionalen Fragen beschäftigen, was auch hier wieder über föderative oder ähnliche Formen bis zur nationalen Ebene oder darüber hinaus gehen könnte.

Wie diese Formen sich im einzelnen entwickeln und in welche Beziehungen sie zueinander treten würden, und ob man beide benötigen würde oder nur eine davon - das sind Fragen, über die unter anarchistischen Theoretikern debattiert worden ist und zu denen es viele Vorschläge gibt, und ich fühle mich nicht berufen, hier eine bestimmte Position einzunehmen. Das sind Fragen, die letztlich durch die Praxis entschieden werden müssen.

Aber es würde zum Beispiel keine direkten nationalen Wahlen oder landesweit organisierte politische Parteien geben? Denn wenn es das gäbe, würde das vermutlich eine Form zentraler Autorität schaffen, die sich mit der anarchistischen Idee nicht vereinbaren lassen würde.

Nein, der Idee des Anarchismus zufolge sollte die Delegation von Autorität auf ein Minimum beschränkt werden, und die Mitglieder all dieser Regierungsebenen sollten direkt gegenüber der organischen Gemeinschaft verantwortlich sein, in der sie leben. Die optimale Situation wäre, daß die Arbeit auf jeder dieser Ebenen zeitlich beschränkt und selbst während der Periode, wo sie geleistet wird, nicht die ganze Zeit des Delegierten in Anspruch nimmt; das heißt, die Mitglieder eines Arbeiterrats, die für eine gewisse Zeit die Funktion übernehmen, Entscheidungen zu treffen, an denen andere, die mit etwas anderem beschäftigt sind, nicht direkt teilnehmen können, sollten daneben auch weiterhin ihre Arbeit an ihrem Arbeitsplatz oder in dem Wohngebiet tun, in dem sie leben.

Was die politischen Parteien betrifft, denke ich, daß auch eine anarchistische Gesellschaft ihr Aufkommen vielleicht nicht verhindern kann. Aber an sich beruhte der Anarchismus immer auf dem Gedanken, daß jede Art von Prokrustesbett, jedes dem sozialen Leben von außen aufgezwungene System dessen Energie und Vitalität beschränkt und unterschätzt, und daß sich auf diesem höheren Niveau der materiellen und intellektuellen Kultur vielerlei neue Möglichkeiten der freiwilligen Organisation entwickeln werden. Von daher gesehen würde ich sagen, daß die anarchistische Organisation an bestimmten Punkten versagt hat, wenn in der Gesellschaft die Auffassung bestehen würde, daß politische Parteien unbedingt nötig sind. Bei direkter Partizipation der Menschen an der Selbstverwaltung, an der Leitung der wirtschaftlichen und sozialen Angelegenheiten sollte es möglich sein, Gruppenmeinungen, Konflikte, unterschiedliche Interessen, Ideen und Ansichten, die man im übrigen begrüßen und fördern sollte, auf jeder einzelnen der durch die Selbstverwaltung der Gesellschaft geschaffenen Ebenen zum Ausdruck zu bringen. Ich sehe keinen Grund dafür, daß man sie zum Anlaß nehmen sollte, zwei, drei oder x verschiedene Parteien zu organisieren. Ich denke, daß die Form der politischen Partei der Komplexität der menschlichen Interessen und des menschlichen Lebens einfach nicht entspricht. Parteien repräsentieren im wesentlichen Klasseninteressen, und die Klassenspaltung sollte in einer solchen Gesellschaft eigentlich abgeschafft oder überwunden sein.

Eine letzte Frage zur politischen Organisation: Besteht denn keine Gefahr bei dieser Art der hierarchischen Schichtung von Versammlungen und regierungsartigen Strukturen ohne direkte Wahlen, daß die zentrale Körperschaft, die ja in gewisser Weise an der Spitze dieser Pyramide steht, sich sehr weit von den Menschen an der Basis entfernen würde? Wenn sie zum Beispiel in internationalen Angelegenheiten handlungsfähig sein will, muß sie ja über eine gewisse Macht verfügen und vielleicht sogar die Kontrolle über bewaffnete Streitkräfte und ähnliches ausüben - könnte sie denn da nicht einer demokratischen Kontrolle noch weniger zugänglich sein als das bestehende Regime?

Es ist ein sehr wichtiges Ziel jeder libertären Gesellschaft, eine Entwicklung in die Richtung, die Sie gerade beschrieben haben, zu verhindern; die Institutionen sollten von einer Art sein, die zur Verhinderung dieser Entwicklung beiträgt. Und meiner Ansicht nach ist das durchaus möglich. Ich persönlich bin in keiner Weise davon überzeugt, daß die Beteiligung an der Regierungstätigkeit die ganze Zeit des jeweiligen Delegierten in Anspruch nehmen muß. Das mag in einer irrationalen Gesellschaft so sein, in der sich aus der irrationalen Natur der Institutionen alle möglichen Probleme ergeben. Aber ich denke, daß in einer wirklich funktionierenden, nach anarchistischen Prinzipien organisierten fortgeschrittenen Industriegesellschaft die Ausführung von Entscheidungen, die durch repräsentative Körperschaften getroffen werden, eine Teilzeitarbeit ist, die umschichtig von Mitgliedern der Gemeinschaft wahrgenommen werden sollte und darüber hinaus von Menschen durchgeführt werden sollte, die auch weiterhin ihren eigenen Beruf ausüben.

Es könnte allerdings auch sein, daß die Regierungstätigkeit sich als gesellschaftliche Funktion nicht wesentlich von einer Funktion wie etwa der Stahlproduktion unterscheidet. Ich denke, das ist eine empirische Frage, die man auch empirisch lösen muß und die sich nicht aufgrund vorgefaßter Meinungen beantworten läßt. Wenn sich herausstellt, daß es so ist, dann scheint mir das Naheliegendste zu sein, daß die Regierungstätigkeit nach dem Vorbild der restlichen Wirtschaft organisiert wird, das heißt, einfach als eine der verschiedenen Wirtschaftsbranchen, die ihre eigenen Arbeiterräte und ihrer eigene Selbstverwaltung hat und sich auf dieser Basis an den sonstigen demokratischen Organen beteiligt.

Ich sollte hinzufügen, daß genau das bei den Rätebewegungen, die sich hier und da spontan entwickelt haben, auch passiert ist - zum Beispiel während der ungarischen Revolution von 1956. Ich weiß noch, daß es damals einen Arbeiterrat der Staatsangestellten gab, der ganz einfach nach industriellen Richtlinien organisiert war, genau wie jeder andere Industriezweig. Das liegt vollkommen im Bereich des Möglichen und sollte oder könnte eine Barriere gegen die Schaffung einer abgehobenen, Zwang ausübenden Bürokratie darstellen, wie sie natürlich gerade von den Anarchisten am meisten gefürchtet wird.

Wenn wir einmal annehmen, daß weiterhin die Notwendigkeit einer technisch hoch entwickelten Selbstverteidigung bestehen würde, kann ich mir anhand Ihrer Beschreibung schlecht vorstellen, wie das von Ihnen skizzierte System zeitlich begrenzt arbeitender, auf verschiedenen Ebenen von unten herauf fungierender Vertretungsräte die Kontrolle über eine Organisation ausüben könnte, die so mächtig und technisch komplex ist wie zum Beispiel das Pentagon.

Zuerst sollte man hier auf eine etwas klarere Terminologie achten. Sie bezeichnen das Pentagon ganz der üblichen Praxis entsprechend als ein Organ der Verteidigung. Als 1947 das Gesetz zur Nationalen Verteidigung verabschiedet wurde, wurde das frühere Kriegsministerium, das bis dahin aufrichtigerweise auch „Kriegsministerium" hieß, in „Verteidigungsministerium" umbenannt. Ich war damals noch Student und bildete mir durchaus nicht viel auf meine politisch-analytischen Fähigkeiten ein, aber mir und auch jedem sonst war sofort klar, daß es jetzt mit der Verteidigung vorbei war, ganz gleich, in welchem Maß sich das amerikanische Militär einmal mit Verteidigung beschäftigt haben mochte (was es ja während des Zweiten Weltkriegs tatsächlich zum Teil getan hatte). Da man diesen Apparat nun Verteidigungsministerium nannte, würde es sich in Zukunft um ein Ministerium für Aggression handeln und sonst nichts.

Entsprechend dem Prinzip, daß man nichts glauben sollte, bevor es nicht offiziell dementiert wurde.

Genau. Hierzu braucht man nur davon auszugehen, daß Orwell die Natur des modernen Staates im wesentlichen richtig erfaßt hatte. Ich denke, das tat er. Damit meine ich, daß das Pentagon in keiner Weise ein Verteidigungsministerium ist. Es hat nie die Vereinigten Staaten gegen irgendwen verteidigt: es hat ausschließlich der Aggression gedient, und ich bin der Ansicht, daß es der amerikanischen Bevölkerung ohne das Pentagon wesentlich besser gehen würde. Zur Verteidigung würde man bestimmt keinen Apparat wie das Pentagon aufbauen. Das Pentagon hat nie in internationale Angelegenheiten interveniert, um Freiheit oder Bürgerrechte zu unterstützen oder Völker gegen Aggression zu verteidigen. Nie ist vielleicht ein starkes Wort, aber ich denke, man müßte sich schon sehr anstrengen, um auch nur einen Fall zu finden. Sagen wir also, daß das gewiß nicht die charakteristische Motivation des Pentagon gewesen ist. Das ist durchaus nicht die Rolle dieser massiven, vom Verteidigungsministerium kontrollierten Militärorganisation. In Wirklichkeit dient das Pentagon zweierlei Aufgaben, die beide sehr antisozial sind.

Die erste besteht darin, ein internationales System zu schützen, in dem das, was gemeinhin die amerikanischen Interessen genannt wird, also in Wirklichkeit Geschäftsinteressen, florieren kann. Und zweites hat es eine wirtschaftliche Aufgabe im Inneren. Ich denke, das Pentagon war immer der wichtigste keynesianische Mechanismus, mittels dessen der Staat interveniert, um einen Zustand aufrechtzuerhalten, der lächerlicherweise wirtschaftliche Gesundheit genannt wird. Das Pentagon schafft eine Nachfrage nach Rüstungsgütern und stimuliert so die Produktion von Hochtechnologiemüll.

Beide Funktionen dienen bestimmten vorherrschenden Interessen, nämlich den Klasseninteressen, die die amerikanische Gesellschaft beherrschen. Aber ich bin keineswegs der Ansicht, daß sie in irgend einer Weise den Interessen der Bevölkerung nützen, und ich denke, daß dieses System der Produktion von Abfall und Zerstörungswerkzeugen in einer libertären Gesellschaft beseitigt werden würde. Auf der anderen Seite gibt es in dieser Hinsicht durchaus Probleme. Wenn wir einmal einen vermutlich noch recht langen Zeitraum ins Auge fassen und uns eine soziale Revolution in den Vereinigten Staaten vorstellen, würde es danach wohl kaum einen Feind von außen geben, der diese soziale Revolution irgendwie glaubwürdig bedrohen könnte. Wir müßten dann nicht mit einem Angriff von Seiten, sagen wir einmal, Mexikos oder Kubas rechnen. Ich gehe davon aus, daß im Fall einer amerikanischen Revolution eine Verteidigung gegen Aggression von außen praktisch überflüssig wäre. Wenn allerdings in Westeuropa eine libertäre Revolution stattfände, wäre die Verteidigung ein sehr wichtiges Problem.

Ich wollte eigentlich darauf hinaus, daß die Ablehnung der militärischen Selbstverteidigung sicherlich kein untrennbarer Bestandteil der anarchistischen Idee ist, zumal ja diejenigen anarchistischen Experimente, die es gegeben hat, tatsächlich von außen zerstört worden sind.

Nun, ich denke, daß man auf diese Fragen keine allgemeingültige Antwort geben kann; sie müssen je nach den spezifischen historischen und objektiven Bedingungen Fall für Fall gesondert betrachtet werden.

Ich finde es einfach ein wenig schwierig, ihrer Beschreibung der angemessenen demokratischen Kontrolle solcher Organisationen zu folgen, weil es mir schwerfällt, mir vorzustellen, wie die Generäle sich auf eine Art selbst kontrollieren sollen, die Ihre Zustimmung fände.

Gerade darum weise ich ja auf die Komplexität der Angelegenheit hin. All das hängt immer davon ab, von welchem Land und von welcher Gesellschaft wir sprechen. Die Vereinigten Staaten habe ich ja schon erwähnt, aber wenn es einmal eine libertäre Revolution in Europa geben sollte, dann würden die Probleme, die Sie angesprochen haben, sehr dringlich werden, weil sich dann sehr ernsthaft die Frage der Verteidigung stellen würde. Das heißt, wenn in Westeuropa in größerem Maßstab libertärsozialistische Gesellschaften entstehen würden, würde es eine direkte militärische Bedrohung sowohl von Seiten der Sowjetunion als auch der Vereinigten Staaten geben. Und es würde sich die Frage stellen, wie man dem entgegentreten soll. Das ist das Problem, dem die spanische Revolution gegenüberstand. Dort gab es direkte militärische Interventionstätigkeit der Faschisten, der Kommunisten und im Hintergrund auch der liberalen Demokraten, und unter solchen Bedingungen stellt die Frage, wie man sich gegen diese Angriffe verteidigen kann, ein schwerwiegendes Problem dar.

Wir müssen jedoch auch die Frage aufwerfen, ob die üblichen zentralisierten Armeen mit ihrer Hochtechnologierüstung die effizienteste Art des Umgangs mit diesem Problem sind. Und das ist alles andere als offensichtlich. So glaube ich zum Beispiel nicht, daß eine zentralisierte westeuropäische Armee einen russischen oder amerikanischen Angriff zur Unterdrückung des libertären Sozialismus abschrecken könnte - wobei man ziemlich sicher sein kann, daß ein solcher Angriff in der ein oder anderen Form käme: vielleicht nicht militärisch, aber ganz bestimmt wirtschaftlich.

Aber auf der anderen Seite würde ein Haufen von Bauern mit Mistgabeln und Schaufeln wohl kaum...

Wir sprechen hier ja nicht von Bauern; wir sprechen von einer hochentwickelten, weitgehend städtischen Gesellschaft. Und da scheint es mir so zu sein, daß die beste Verteidigung der libertären Gesellschaft ihre Anziehungskraft auf die Arbeiterklasse in den Ländern wäre, aus denen der Angriff kommen würde. Aber ich möchte das Problem durchaus nicht einfach abtun; es könnten Panzer nötig sein, man könnte Armeen brauchen. Und wenn das der Fall wäre, können wir sicher sein, daß es zum möglichen Scheitern oder zumindest zum Niedergang der revolutionären Kräfte beitragen würde - und zwar aus genau den Gründen, die Sie erwähnt haben. Das heißt, es ist äußerst schwierig, sich vorzustellen, wie eine effektive zentralisierte Armee, mit Panzern, Flugzeugen, strategischen Waffen und so weiter, in einem solchen Rahmen funktionieren könnte. Wenn es das ist, was nötig ist, um die revolutionären Strukturen zu bewahren, können sie vielleicht überhaupt nicht bewahrt werden.

Wenn die beste Verteidigung die politische Anziehungskraft, oder die Anziehungskraft der politischen und ökonomischen Organisation ist, sollten wir uns diese Faktoren vielleicht einmal etwas näher ansehen.

Sie haben in einem Ihrer Essays geschrieben, daß „in einer menschenwürdigen Gesellschaft jeder die Möglichkeit haben würde, interessante Arbeit zu finden, und jedem Menschen die möglichst vollständige Entfaltung seiner Talente offenstünde". Und im weiteren haben Sie dann gefragt: „Würden darüber hinaus noch äußere Belohnungen in Form von Reichtum und Macht erforderlich sein? Nur wenn wir von der Annahme ausgehen, daß die Entfaltung des eigenen Talents in interessanter und sozial nützlicher Arbeit nicht Belohnung genug in sich selbst ist." Ich denke, daß solche Überlegungen für viele Leute attraktiv sind. Aber ich meine dennoch, daß erst einmal geklärt werden muß, ob die Art von Arbeit, die die Menschen interessant und anziehend und erfüllend finden, denn überhaupt mit der Sorte von Arbeit zusammenfallen würde, die tatsächlich getan werden muß, wenn wir auch nur annähernd den Lebensstandard aufrechterhalten wollen, den die Menschen sich wünschen und den sie gewohnt sind.

Sicher gibt ein gewisses Maß an Arbeit, die einfach getan werden muß, wenn wir diesen Lebensstandard aufrechterhalten wollen. Unklar ist dagegen bisher, wie mühselig diese Arbeit sein muß. Wir müssen schließlich daran denken, daß die wissenschaftlichen, technologischen und intellektuellen Kapazitäten der Gesellschaft bisher nicht der Untersuchung dieser Frage oder der Überwindung des mühseligen und selbstzerstörerischen Charakters dieser für die Gesellschaft notwendigen Arbeit gewidmet worden sind. Das liegt daran, daß immer einfach davon ausgegangen worden ist, daß man auf eine enorme Menge von Lohnsklaven zurückgreifen kann, die diese Arbeit dann schon tun werden, weil sie ansonsten hungern müssen. Wir können jedoch jetzt noch nicht sagen, wie die Antwort aussehen wird, wenn wir unsere Intelligenz einmal auf die Frage anwenden, wie man die notwendige Arbeit der Gesellschaft in sich selbst bedeutsam machen kann. Ich würde vermuten, daß ein Großteil dieser Arbeit vollkommen erträglich gestaltet werden kann. Selbst von harter körperlicher Knochenarbeit wäre es falsch, anzunehmen, sie müsse notwendigerweise widerwärtig sein. Viele Menschen - zu denen auch ich selbst gehöre - tun solche Arbeit zur Entspannung. So bin ich erst kürzlich auf die Idee verfallen, im Rahmen des staatlichen Forstprogrammes vierunddreißig Bäume auf dem Rasen hinter meinem Haus zu pflanzen. Das bedeutete, daß ich vierunddreißig Löcher in den Boden graben mußte. Angesichts dessen, womit ich sonst meistens meine Zeit verbringe, ist das für mich ziemlich harte Arbeit, aber ich kann nur sagen, daß ich es genossen habe. Nicht gefallen hätte es mir natürlich, wenn ich dabei Arbeitsnormen und einen Aufseher gehabt hätte, und wenn man mir befohlen hätte, es zu einer bestimmten Zeit zu tun und so weiter. Aber wenn man so etwas aus eigenem Antrieb tut, gibt es da überhaupt kein Problem. Und oft ist wie in diesem Fall keine Technologie, kein besonderer Arbeitsplan und auch sonst nichts von dieser Art nötig.

Dem möchte ich doch entgegenhalten, daß eine solche Sicht der Dinge vielleicht nichts weiter ist als eine höchst romantische Täuschung, der sich nur eine kleine Elite von Leuten hingeben kann, die sich zudem wie Professoren, vielleicht auch Journalisten und ähnliche Leute, in der sehr privilegierten Situation befinden, für das bezahlt zu werden, was sie sowieso gerne tun.

Genau darum habe ich vor all das ein großes „Wenn" gestellt. Ich sagte, daß wir zuerst danach fragen müssen, inwieweit die für die Gesellschaft notwendige Arbeit - die Arbeit, die erforderlich ist, um den Lebensstandard aufrechtzuerhalten, den wir uns wünschen - zwangsläufig widerwärtig und abstoßend sein muß. Meines Erachtens könnte dies in viel geringerem Maß der Fall sein als heute; nehmen wir aber an, daß ein Teil davon einfach widerlich bleibt. Nun, in diesem Fall ist die Antwort auf unser Problem ganz einfach: diese Arbeit muß dann unter all denen, die fähig sind, sie zu verrichten, gleichmäßig aufgeteilt werden.

Und jeder verbringt dann eine gewisse Anzahl von Monaten im Jahr am Fließband, um Autos herzustellen, und eine bestimmte Anzahl von Monaten bei der Müllabfuhr...

Wenn es sich herausstellt, daß es sich jeweils wirklich um Aufgaben handelt, in denen niemand eine Erfüllung finden kann. Ich glaube das im übrigen gar nicht unbedingt. Wenn ich Leuten bei der Arbeit zusehe, sagen wir einmal Handwerkern wie zum Beispiel Automechanikern, dann finde ich dort oft eine Menge Stolz auf die Arbeit, die sie tun. Ich denke, daß diese Art von Stolz auf kompetent erledigte Arbeit, auf komplizierte Arbeit, die gut getan ist, die Arbeit in eine befriedigende und lohnende Tätigkeit verwandeln kann, weil viel an Gedankenreichtum und Intelligenz in sie einfließt, besonders, wenn man auch an der Verwaltung des Unternehmens und den planerischen Entscheidungen darüber, wie die Arbeit organisiert werden soll, wozu sie getan werden soll, was der Zweck der Arbeit ist, was mit den Produkten geschehen soll und so weiter beteiligt ist - daß das Arbeit ist, die tatsächlich Kenntnisse und Fähigkeiten erfordert, Fähigkeiten, deren Anwendung die Menschen auch genießen. Das sind natürlich zunächst einmal Hypothesen. Nehmen wir an, es stellt sich heraus, daß es noch einen Rest von Arbeit gibt, den wirklich niemand tun will, was immer das dann sein mag - nun, dann würde ich denken, daß dieser Rest gerecht aufgeteilt werden

228

muß, und daß die Menschen von diesem Bereich abgesehen frei sein werden, ihre Begabungen so zu verwenden, wie es ihnen gefällt.

Wenn aber nun, wie einige Leute behaupten, dieser Rest sehr groß wäre, wenn er neunzig Prozent der für die Konsumgüter, die wir alle haben wollen, notwendigen Arbeit ausmachen würde, nähme ja die Organisation der Aufteilung dieser Arbeit ein uferloses Ausmaß an, wenn jeder einen kleinen Teil all dieser häßlichen Arbeiten verrichten würde. Denn schließlich muß man, selbst um die häßliche Arbeit verrichten zu können, ausgebildet und geschult werden, wodurch die Effizienz der ganzen Wirtschaft leiden würde. Aufgrund des ineffizienten Charakters der Produktion würde der Lebensstandard dann sinken.

Nun, zum einen scheint mir das jetzt wirklich sehr hypothetisch, weil ich glaube, daß die tatsächlichen Zahlen doch ganz anders aussähen. Wenn die menschliche Intelligenz, wie ich vorhin bereits vorgeschlagen habe, mehr der Frage danach gewidmet würde, wie man die Technologie so gestalten kann, daß sie den Bedürfnissen der produzierenden Menschen entspricht statt umgekehrt - heute fragen wir ja in erster Linie danach, wie der Mensch mit seinen besonderen Eigenschaften an ein technologisches System angepaßt werden kann, das ganz anderen Zwecken, nämlich der Produktion für den Profit dient -, dann würden wir meiner Ansicht nach finden, daß es von der wirklich unerwünschten Arbeit viel weniger gibt, als Sie eben angedeutet haben. Aber wie hoch der Anteil dieser Arbeit auch sein mag: Wir müssen feststellen, daß es im wesentlichen zwei Alternativen gibt. Die eine Alternative ist, sie auf alle gleich aufzuteilen, die andere, daß wir soziale Institutionen schaffen, durch die eine bestimmte Gruppe von Menschen einfach gezwungen sein wird, diese Arbeit zu tun, weil sie sonst nicht leben kann. Das sind die beiden Alternativen.

Sie müssen ja nicht unbedingt gezwungen sein, sie zu tun. Vielleicht wären sie freiwillig dazu bereit, wenn man ihnen dafür eine Summe zahlt, die es in ihren Augen lohnend machen würde.

Vielleicht. Ich gehe allerdings von der Annahme aus, daß jeder im großen und ganzen die gleiche Entlohnung erhält. Sie dürfen nicht vergessen, daß die Menschen, die die widerwärtige Arbeit tun, in der heutigen Gesellschaft keineswegs viel höher entlohnt werden als die Leute, die in einem Bereich arbeiten, den sie sich ausgesucht haben - ganz im Gegenteil. Die Funktionsweise unserer Gesellschaft und überhaupt jeder Klassengesellschaft sorgt ja gerade dafür, daß die Leute, die die Arbeit tun, die sonst keiner machen will, zugleich die mit der niedrigsten Entlohnung sind. Diese Arbeit wird trotz allem erledigt, und so blenden wir sie aus unserem Bewußtsein aus, indem wir stillschweigend davon ausgehen, daß es ja schließlich eine sehr große Klasse von Menschen gibt, die nur einen einzigen Produktionsfaktor besitzen, nämlich ihre Arbeit, und daß ihnen gar nichts anderes übrigbleibt, als sie zu verkaufen. Sie müssen die Arbeit machen, die die anderen nicht wollen, weil sie gar keine andere Möglichkeit haben, und sie bekommen sehr wenig dafür. Aber ich akzeptiere Ihren Einwand. Stellen wir uns also drei verschiedene Gesellschaftsformen vor: erstens, die gegenwärtige Gesellschaft, in der die unerwünschte Arbeit Lohnsklaven übertragen wird. Als zweite Möglichkeit hätten wir ein System, in dem die unerwünschte Arbeit, nachdem man alle Anstrengungen unternommen hat, ihr einen sinnvollen Charakter zu verleihen, aufgeteilt wird, und drittens hätten wir eine Gesellschaft, in der die unerwünschte Arbeit mit hohen Extrazahlungen entlohnt wird, so daß viele Leute sie freiwillig wählen werden. So, wie ich die Sache sehe, sind die beiden letztgenannten Systeme im großen und ganzen mit anarchistischen Prinzipien vereinbar. Ich persönlich würde die zweite Variante der dritten vorziehen, aber beide stellen eine Art der sozialen Organisation dar, die sich von sämtlichen gegenwärtig existierenden Modellen und Tendenzen gesellschaftlicher Organisation scharf unterscheidet.

Ich möchte es noch einmal anders ausdrücken. Unabhängig davon, wie man die Sache kaschiert, scheint mir hier doch eine grundlegende Wahl zu bestehen: entweder man organisiert die Arbeit so, daß sie für die Menschen, die sie tun, befriedigend ist, oder man organisiert sie so, daß sie für die Menschen, die die Produkte gebrauchen oder konsumieren, einen maximalen Wert hat. Mir scheint, daß eine Gesellschaft, die so organisiert ist, daß jeder die maximale Möglichkeit erhält, seine Hobbys auszuleben, was ja alles in allem heißt, daß die Arbeit um der Arbeit selbst willen getan werden sollte - daß der logische Kulminationspunkt einer solchen Gesellschaft das Kloster ist. Die Art von Arbeit, die dort verrichtet wird, nämlich das Gebet, ist Arbeit zur see-

lisch-geistigen Bereicherung des Arbeitenden, produziert aber auch nichts, was für irgend jemand von Nutzen ist, weshalb der Lebensstandard sehr niedrig ist oder man sogar hungern muß.

Bei dem, was Sie da sagen, gehen sie von einigen Annahmen über die Tatsachen aus, denen ich nicht zustimmen würde. Meiner Ansicht nach entsteht der sinnvolle Charakter einer Arbeit teilweise daraus, daß sie nützlich ist, daß ihre Produkte nützlich sind. Ein Handwerker mißt seiner Arbeit zum Teil deswegen Bedeutung zu, weil er seine Intelligenz und seine Fähigkeiten ihn ihr anwenden kann, zum Teil aber auch deshalb, weil seine Arbeit nützlich ist, und ich möchte hinzufügen, daß dasselbe auch für Wissenschaftler gilt. Damit meine ich, daß die Tatsache, daß die Arbeit, mit der man beschäftigt ist, weiterführende Ergebnisse hat, auf denen andere aufbauen können, der Wissenschaft erst ihre eigentliche Bedeutung gibt und ganz abgesehen von der Eleganz und Schönheit der Theorien, die man vielleicht aufstellen kann, in der Tätigkeit des Wissenschaftlers einen großen Stellenwert einnimmt. Und ich denke, daß das für den gesamten Bereich menschlicher Tätigkeiten gilt. Und wenn wir uns die Geschichte einmal genauer ansehen, werden wir meiner Ansicht nach finden, daß die Menschen sehr häufig tatsächlich eine gewisse Befriedigung, oft sogar große Befriedigung aus der produktiven und kreativen Arbeit gezogen haben, die sie verrichteten. Und meines Erachtens sind die Möglichkeiten in dieser Hinsicht durch die Industrialisierung enorm erweitert worden. Warum? Gerade deshalb, weil durch die Industrialisierung ein Großteil der sinnlosesten Fronarbeit von Maschinen übernommen werden kann, wodurch der Bereich wirklich kreativer menschlicher Arbeit erheblich erweitert werden kann.

Sie bezeichnen Arbeit, die aus freien Stücken getan wird, als Hobby. Das sehe ich nicht so. Ich bin der Meinung, daß Arbeit, die aufgrund freier Entscheidung getan wird, zugleich nützliche, sinnvolle, gut getane Arbeit sein kann. Außerdem stellen Sie hier ebenso wie viele andere ein Dilemma zwischen dem Bedürfnis nach befriedigender Arbeit und dem Erfordernis auf, Dinge zu produzieren, die für die Gemeinschaft von Wert sind. Aber es steht überhaupt nicht fest, daß hier überhaupt ein Dilemma oder ein Widerspruch vorliegt. So ist es keineswegs klar, daß die Lust und Befriedigung, die man aus seiner Arbeit zieht, in umgekehrter Beziehung zum Wert des Arbeitsergebnisses stehen müssen. Ich bin nicht der Ansicht, daß das der Fall ist.

Vielleicht nicht in umgekehrter Beziehung, aber es könnte ja sein, daß da gar keine Beziehung besteht. Nehmen wir einmal so etwas Einfaches wie einen Eisverkäufer, der an einem Feiertag am Strand Eis verkauft. Damit leistet er der Gesellschaft einen Dienst: vielleicht ist es heiß, und die Leute freuen sich, wenn es Eis gibt. Aber ich finde, es ist schwer zu erkennen, inwiefern es die Freude eines Handwerkers an seiner Tätigkeit oder ein großes Gefühl sozialer Tugend oder von Edelmut vermitteln soll, wenn man diese Aufgabe erledigt. Warum sollte jemand so etwas machen, wenn er nicht dafür belohnt wird?

Ich muß aber sagen, daß ich schon einige Eisverkäufer gesehen habe, die sehr fröhlich aussahen...

Natürlich, sie verdienen ja auch eine Menge Geld.

...oder denen einfach der Gedanke Freude bereitet, daß sie dafür sorgen, daß Kinder Eis bekommen. Und wenn ich das mit tausend anderen Beschäftigungsarten vergleiche, die ich mir vorstellen kann, scheint es mir eine vollkommen vernünftige Art zu sein, seine Zeit zu verbringen.

Mir scheint, daß die meisten Berufe, besonders sogenannte Dienstleistungsberufe, bei denen es ja um Beziehungen zu Menschen geht, schon in sich etwas Befriedigendes und Lohnendes haben, nämlich durch den Umgang mit den Menschen, mit denen man dabei zu tun hat. Das gilt zum Beispiel für Lehrtätigkeiten, aber durchaus auch fürs Eisverkaufen. Ich gebe zu, daß Eisverkaufen nicht das Engagement oder die Intelligenz erfordert wie die Tätigkeit als Lehrer, und es mag sein, daß dieser Beruf daher nicht so begehrt ist. Aber falls es so ist, dann sollte die Tätigkeit aufgeteilt werden. Ich möchte jedoch vor allem darauf hinweisen, daß die Ausgangsannahme, daß Freude an der Arbeit und der Stolz, den man aus der Arbeit zieht, entweder nichts mit dem Wert des Arbeitsresultats zu tun haben oder zu diesem in negativer Beziehung stehen, eng mit einer bestimmten Stufe der Geschichte verbunden ist, nämlich dem Kapitalismus, in dem die Menschen als Werkzeuge der Produktion angesehen werden. Aber diese Annahme stimmt nicht einmal unter dem Kapitalismus unbedingt. Wenn Sie sich zum Beispiel die vielen von Arbeitspsychologen durchgeführten Interviews mit Fließbandarbeitern ansehen, dann finden Sie als eine der Beschwerden, die von den Arbeitern wieder und wieder vorgebracht wird, die Tatsache, daß es am Fließband unmöglich ist, gute Arbeit zu leisten, daß das Band zu schnell läuft, um gute Arbeit liefern zu können. Erst kürzlich habe ich mir in einer gerontologischen Zeitschrift eine Studie angesehen, in der versucht wurde, die Faktoren zu bestimmen, anhand derer man die voraussichtliche Lebenserwartung bestimmter Personengruppen prognostizieren kann. Dabei wurde die Auswirkung von Faktoren wie Rauchen, Alkohol, genetischen Ursachen und ähnlichem untersucht. Es stellte sich heraus, daß der stärkste Indikator, der bedeutsamste Faktor für eine hohe Lebenserwartung die Zufriedenheit am Arbeitsplatz war.

Leute, die gute Jobs haben, leben länger.

Leute, die mit ihrer Arbeit *zufrieden* sind. Und ich denke, daß das ziemlich einsichtig ist, denn der Arbeitsplatz ist der Ort, wo man einen Großteil seines Lebens verbringt, wo man seine Kreativität zur Geltung bringen kann. Und was führt zu Zufriedenheit bei der Arbeit? Das sind gewiß viele verschiedene Dinge, und das Wissen, daß man dabei etwas Nützliches für die Gemeinschaft tut, gehört als wichtiger Teil dazu. Viele Leute, die mit ihrer Arbeit zufrieden sind, sind dies genau deshalb, weil sie das Gefühl haben, daß das, was sie tun, wichtig ist. Das können Lehrer sein, das können Ärzte sein; es können Wissenschaftler sein, es können Handwerker sein, es können Bauern sein. Ich denke einfach, daß das Gefühl, daß die eigene Tätigkeit wichtig ist, daß sie es wert ist, getan zu werden, und etwas zum Wohl derer beisteuert, denen man sich verbunden fühlt, ein sehr bedeutsamer Faktor für die persönliche Zufriedenheit ist.

Davon abgesehen gibt es natürlich noch den Stolz und die Erfüllung, die man aus einer Arbeit bezieht, die man gut gemacht hat - daraus, daß man sich seine Fähigkeiten zunutze macht und sie anwendet. Ich sehe gar nicht ein, weshalb das den Wert des Produkts in irgend einer Weise beeinträchtigen sollte; eigentlich sollte genau das Gegenteil der Fall sein.

Aber gehen wir dennoch einmal davon aus, daß die Möglichkeit, bei der Arbeit Befriedigung zu finden, in irgend einer anderen Hinsicht negative Konsequenzen hat. Nun, dann müßte die Gesellschaft, die Gemeinschaft darüber entscheiden, wie man einen Kompromiß findet. Jeder Einzelne ist schließlich sowohl Produzent als auch Konsument, und das würde bedeuten, daß jeder Einzelne sich an diesen von der Gesellschaft beschlossenen

Kompromissen beteiligen müßte - falls solche Kompromisse überhaupt nötig sind. Und ich möchte noch einmal sagen, daß ich der Auffassung bin, daß die Schwierigkeit, hier einen Kompromiß zu finden, oft stark übertrieben wird, weil sie durch das verzerrende Prisma des von Zwang bestimmten, für die einzelne Person zerstörerischen Systems gesehen wird, in dem wir leben.

Sie sagen also, daß die Gemeinschaft Entscheidungen über Kompromisse treffen muß, und all das ist ja in der kommunistischen Theorie mit ihren Ideen über nationale Planung, Investitionsentscheidungen, die Lenkung von Investitionen und so weiter auch vorgesehen. Wie es scheint, wollen Sie aber in einer anarchistischen Gesellschaft nicht die Art von staatlichem Überbau haben, der notwendig wäre, um diese Pläne zu machen, um Entscheidungen über Investitionen zu fällen und um zu entscheiden, ob man den Konsumwünschen der Bürger oder ihren Wünschen hinsichtlich der Arbeit, die sie tun wollen, Priorität einräumt.

Das sehe ich ganz anders. Soweit ich sehen kann, liefern anarchistische oder auch linksmarxistisch inspirierte Strukturen, die auf Systemen von Arbeiterräten und -föderationen basieren, genau die Vielfalt von Entscheidungsebenen, auf denen Beschlüsse über einen nationalen Plan gefällt werden können. Eine solche Entscheidungsebene - wie zum Beispiel die Nation - zur Ausarbeitung nationaler Pläne finden wir tatsächlich auch in den staatssozialistischen Gesellschaften; in dieser Hinsicht gibt es keinen Unterschied. Der Unterschied zwischen Anarchismus und Staatssozialismus liegt in der Antwort auf die Frage, wer an diesen Entscheidungen teilnimmt und die Kontrolle über sie in der Hand hat. Nach Auffassung der Anarchisten und der Linksmarxisten - ebenso wie der Vertreter der Arbeiterrätebewegung oder der Rätekommunisten, die ja Linksmarxisten waren - sollten diese Entscheidungen von einer wohlinformierten Arbeiterschaft über die von ihr organisierten Versammlungen und die Repräsentanten, die in ihrer Mitte arbeiten und leben, getroffen werden. In den staatssozialistischen Systemen wird der nationale Plan von einer nationalen Bürokratie beschlossen, die sämtliche relevanten Informationen an sich zieht, Entscheidungen fällt, die sie erst danach veröffentlicht, und alle paar Jahre einmal vor die Öffentlichkeit tritt und sagt: „Ihr könnt diesen oder jenen von uns wählen, aber wir sind samt und sonders Teil dieser über allem stehenden Bürokratie." Das sind die Pole, das sind die polaren Gegensätze innerhalb der sozialistischen Tradition.

Also gibt es in Wirklichkeit eine beträchtliche Rolle für den Staat und sogar für Staatsbeamte, für eine Bürokratie, nur daß die Kontrolle über all das auf eine andere Art ausgeübt wird.

Nein, denn ich glaube wirklich nicht, daß wir eine abgetrennte Bürokratie brauchen, um Regierungsentscheidungen durchzuführen.

Man braucht vielerlei Arten von Fachwissen.

Sicher doch, aber nehmen wir einmal das Fachwissen in Bezug auf die ökonomische Planung, weil man in einer komplexen Industriegesellschaft natürlich Techniker brauchen wird, die dann die Aufgabe haben werden, Pläne auszuarbeiten und die Konsequenzen der jeweiligen Entscheidungen offenzulegen - indem sie beispielsweise den Menschen, die die Entscheidungen zu treffen haben, erklären, daß die wahrscheinlichen Konsequenzen einer bestimmten Entscheidung anhand dessen, was ihr programmiertes Modell zeigt, so und so aussehen werden, und ähnliches mehr. Der Punkt dabei ist, daß diese Planungssysteme selbst ebenfalls nur Wirtschaftszweige darstellen, die gleichfalls ihre Arbeiterräte haben und Teil des gesamten Rätesystems sind; der Unterschied besteht einfach darin, daß es nicht diese Planungssysteme sind, die schließlich die Entscheidungen treffen. Sie produzieren in genau demselben Sinn Pläne wie Autobauer Autos produzieren. Genau wie die Autos ein Produkt sind, das von den Konsumenten zum Fahren benutzt wird, stehen die Pläne dann den Arbeiterräten und Räteversammlungen zur Verfügung. Dazu ist natürlich eine gut informierte und gebildete Arbeiterklasse nötig. Aber gerade das kann in einer fortgeschrittenen Industriegesellschaft leicht erreicht werden.

Inwieweit hängt der Erfolg des libertären Sozialismus oder des Anarchismus letztlich von einer grundlegenden Veränderung der menschlichen Natur im Hinblick auf allgemeine Motivation, Altruismus, Wissen und Kulturniveau ab?

Ich meine nicht nur, daß der Erfolg dieses Projekts von all dem abhängt, sondern sogar, daß der ganze Zweck des libertären Sozialismus gerade darin besteht, zu dieser Veränderung beizutragen. Er wird zu einer geistigen Transformation beitragen - zu genau der Art von Transformation in der Einstellung der Menschen zu sich selbst und ihrer Fähigkeit, zu handeln, Entscheidungen zu treffen, schöpferisch tätig zu sein, zu produzieren, zu forschen, deren Bedeutung soziale Denker eines Spektrums, das von der linksmarxistischen Tradition etwa Rosa Luxemburgs bis hin zum Anarchosyndikalismus reicht, immer unterstrichen haben. Also ist es einerseits so, daß diese Form der sozialen Organisation eine solche Transformation voraussetzt. Auf der anderen Seite ist es gerade ihr eigentlicher Zweck, Institutionen zu schaffen, die zu dieser Transformation im Wesen der Arbeit, im Wesen der kreativen Aktivität und in den sozialen Beziehungen zwischen den Menschen generell beitragen werden; durch diese Interaktion zwischen Bewußtsein und Institutionalisierung sollte es möglich sein, Institutionen zu schaffen, die es neuen Aspekten der menschlichen Natur erlauben, sich frei zu entfalten. Aus dieser Entwicklung entstehen dann aufgrund der Beiträge freierer Menschen weitere libertäre Institutionen: das ist die Evolution des Sozialismus, wie ich ihn verstehe.

Eine letzte Frage, Professor Chomsky: Wie denken sie über die Chancen, daß in den großen Industrieländern des Westens im Verlauf, sagen wir einmal, der nächsten fünfundzwanzig Jahre Gesellschaften entstehen, die nach diesen Prinzipien organisiert sind?

Ich glaube nicht, daß ich klug oder informiert genug bin, um darüber etwas sagen zu können, und ich denke, daß Vorhersagen über Dinge, von denen wir so wenig verstehen, im allgemeinen eher auf persönlichen Meinungen als auf Tatsachen beruhen. Aber ich glaube, wir können zumindest so viel sagen: Im Industriekapitalismus sind ganz offensichtlich Tendenzen wirksam, durch die die Macht immer stärker in privaten Wirtschaftsimperien und einem immer totalitärer werdenden Staat konzentriert wird. Diese Tendenzen bestehen schon seit geraumer Zeit, und bisher sehe ich nichts, was sie wirklich aufhalten könnte. Ich denke, sie werden auch in Zukunft anhalten; sie sind Teil der Stagnation und des Niedergangs der kapitalistischen Institutionen.

Es steht aber auch zu vermuten, daß die - natürlich eng miteinander verbundenen - Entwicklungen zum staatlichen Totalitarismus und zur wirtschaftlichen Konzentration mehr und mehr zur Abwendung der Menschen von diesen Institutionen, zu Bemühungen um persönliche Befreiung und organisatorischen Anstrengungen zur Bewerkstelligung sozialer Befreiung führen werden. Und dieser Prozeß wird alle möglichen Formen annehmen. Es gibt heute in ganz Europa die Forderung nach sogenannter Arbeiterbeteiligung oder Mitbestimmung, oder manchmal sogar auch nach Arbeiterkontrolle. Die Resultate dieser Bemühungen sind zumeist minimal. Ich denke, daß sie leicht in eine falsche Richtung führen können und daß sie unter Umständen sogar die Bemühungen der Arbeiterklasse, sich zu befreien, unterminieren können. Aber sie bilden zum Teil eine Reaktion auf ein starkes intuitives Verständnis, daß Zwang und Unterdrükkung, ob nun durch private ökonomische Macht oder durch eine Staatsbürokratie, keineswegs notwendige Bestandteile des menschlichen Lebens bilden. Und je stärker die Konzentrationsprozesse von Macht und Autorität weitergehen, desto mehr werden wir Zeuge des Widerwillens gegen diese Prozesse sowie von Bemühungen sein, sich zu organisieren und ihnen ein Ende zu machen - Bemühungen, die, wie ich hoffe, früher oder später erfolgreich sein werden.

VI. Blick in die Zukunft

*11. Die ungezähmte Meute**

Humes Paradox der Regierung entsteht nur, wenn wir davon ausgehen, daß ein entscheidendes Element der menschlichen Natur das ist, was Bakunin den „Freiheitsinstinkt" nannte. Es ist gerade die Tatsache, daß die Menschen nicht nach diesem Instinkt handeln, die Hume überraschend fand. Genau davon war auch Rousseaus klassische Klage inspiriert, wonach die Menschen frei geboren sind, aber - verführt von den durch die Reichen zur Sicherung ihrer Pfründe geschaffenen Illusionen über die bürgerliche Gesellschaft - überall in Ketten liegen. Manche Menschen mögen sich die Annahme eines Freiheitsinstinkts als eine der „natürlichen Überzeugungen" zu eigen machen, von denen sie ihr Verhalten und ihr Denken leiten lassen. Es hat Bemühungen gegeben, den Freiheitsinstinkt in einer begründeten Theorie der menschlichen Natur zu verankern. Sie sind nicht ohne Interesse, aber es gelingt ihnen gewiß nicht im Entferntesten, ihr Anliegen zu beweisen. Wie andere Grundsätze des gesunden Menschenverstands bleibt diese Überzeugung ein regulatives Prinzip, das man auf Glaubensbasis akzeptiert oder ablehnt. Welche Wahl wir in dieser Hinsicht treffen, kann weitreichende Konsequenzen für uns selbst und andere haben.

Diejenigen, die das Prinzip des gesunden Menschenverstands akzeptieren, demzufolge Freiheit ein unverzichtbares Bedürfnis und unser Recht ist, werden Bertrand Russell darin zustimmen, daß der Anarchismus „das eigentliche Ideal ist, an das die Gesellschaft sich annähern sollte". Strukturen, die auf Hierarchie und Herrschaft aufgebaut sind, sind ihrem Wesen nach illegitim. Sie können nur im Rahmen selten auftretender Notlagen verteidigt werden, aber dieses Argument hält selten einer Analyse

---

* Diese Bemerkungen bilden den Schluß von Chomskys Buch *Deterring Democracy* (Verso, 1991). In seinen *Ersten Prinzipien der Regierung* fand der schottische Philosoph David Hume „nichts überraschender", als „die Leichtigkeit, mit der es den Wenigen gelingt, die Vielen zu regieren", da doch „die Herrschenden" in jeder Gesellschaft „nichts zu ihrer Unterstützung haben als die Meinungen". Das Problem, das Volk - die „ungezähmte Meute", von der die Staatstheoretiker des siebzehnten und achtzehnten Jahrhunderts sprachen - im Zaum zu halten, stellt sich nur dann, wenn diese Meute sich aufgrund ihrer innersten Instinkte von der Herrschaft „der Wenigen über die Vielen" vergewaltigt fühlt, was zur Zeit der neoliberalen Herrschaft am Ausgang des Jahrtausends oft hingebungsvoll bestritten wird.

stand. Wie Russell vor siebzig Jahren weiter feststellte, haben „die alten Bande der Autorität" nur wenig inneren Wert. Um Menschen dazu zu bringen, auf ihre Rechte zu verzichten, muß man Gründe ins Feld führen, „und die Gründe, die uns geboten werden, sind betrügerische Gründe, die nur jene überzeugen, die ein selbstsüchtiges Interesse daran haben, sich überzeugen zu lassen. ... Die Voraussetzungen für eine Revolte", so fuhr er fort, „finden sich bei den Frauen gegenüber den Männern, bei den unterdrückten Nationen gegenüber ihren Unterdrückern, und vor allem bei den Arbeitern gegenüber dem Kapital. Wie die gesamte vergangene Geschichte zeigt, ist das ein Zustand, der viele Gefahren, gleichzeitig aber auch viele Hoffnungen in sich birgt."[1]

Russell führte die Gewohnheit der Unterwerfung teilweise auf von Zwang bestimmte erzieherische Praktiken zurück. Seine Ansichten erinnern an die Denker des siebzehnten und achtzehnten Jahrhunderts, die die Auffassung vertraten, der Geist solle nicht „wie ein Gefäß von außen" mit Wissen gefüllt werden, sondern „angeregt und erweckt" werden. „Das Wachstum des Wissens [erinnert] an das Wachstum einer Frucht; wie sehr es auch stimmen mag, daß äußere Gründe in gewissem Maß mitwirken, so ist es dennoch die innere Kraft und Bestimmung des Baumes, die seine Säfte zur richtigen Reife bringen muß." Ähnliche Konzeptionen liegen dem aufklärerischen Denken über die politische und intellektuelle Freiheit sowie über die entfremdete Arbeit zugrunde, die aus dem Arbeiter ein Werkzeug für fremde Ziele macht statt ein menschliches Wesen, das seine inneren Bedürfnisse erfüllt - letzteres ein fundamentales Prinzip des klassischen liberalen Denkens, das indes aufgrund seiner revolutionären Konsequenzen längst vergessen ist. Diese Ideen und Werte behalten ihre Kraft und Bedeutung, obwohl sie überall auf der Welt weit von ihrer Verwirklichung entfernt sind. Solange das so ist, bleiben die libertären Revolutionen des achtzehnten Jahrhunderts unvollendet und eine Vision für die Zukunft.[2]

In der Tatsache, daß die Meute trotz aller Bemühungen, sie davon abzuhalten, weiterhin für ihre fundamentalen Menschenrechte kämpft, könnte man eine Bestätigung der erwähnten

---

[1] Für eine ausführlichere Diskussion, siehe mein Buch *Problems of Knowledge and Freedom*, Vorlesungen zum Gedächtnis an Russell am Trinity College, Cambridge/England (Pantheon, 1971).

[2] James Harris, Ralph Cudworth. Siehe meine Studie *Cartesian Linguistics* (Harper & Row, 1966), und für weitere Diskussion meinen Essay „Language and Freedom", abgedruckt in *For Reasons of State* und *The Chomsky Reader*.

spontanen Überzeugung sehen. Und im Lauf der Zeit sind einige libertäre Werte teilweise verwirklicht oder sogar zum festen Bestandteil unseres Lebens geworden. So sehen zum Beispiel viele der seinerzeit empörenden Ideen der radikalen Demokraten des siebzehnten Jahrhunderts heute recht zahm aus, obwohl andere frühe Einsichten jenseits unseres gegenwärtigen moralischen und intellektuellen Horizonts bleiben.

Der Kampf für die Meinungsfreiheit ist ein interessanter Fall - und ein sehr wichtiger, da er sich im Zentrum einer ganzen Reihe von Freiheiten und Rechten befindet. Ein zentrales Problem der modernen Zeit ist die Frage, wann, wenn überhaupt jemals, der Staat auf den Plan treten darf, um in den Inhalt des freien Meinungsaustauschs einzugreifen. Selbst viele von denen, die als führende Verfechter der Bürgerrechte gelten, haben sich restriktive und von Vorbehalten bestimmte Ansichten zu dieser Frage zu eigen gemacht.[3] Ein kritisches Element ist der im traditionellen englischen Recht verankerte Tatbestand der aufrührerischen Verleumdung, die Idee, daß der Staat durch bloße Meinungsäußerung in verbrecherischer Weise angegriffen werden kann - „das typische Kennzeichen geschlossener Gesellschaften auf der ganzen Welt", wie der Rechtshistoriker Harry Kalven bemerkt. Eine Gesellschaft, die Gesetze gegen „aufrührerische Verleumdung" toleriert, ist nicht frei, was immer sonst ihre Verdienste sein mögen. Im England des späten siebzehnten Jahrhunderts wurden Menschen für dieses Verbrechen kastriert, aufgeschlitzt, geviertelt und geköpft. Während des ganzen achtzehnten Jahrhunderts bestand ein allgemeiner Konsens, die etablierte Autorität könne nur aufrechterhalten werden, indem subversive Diskussionen erstickt werden und „jede Bedrohung, ob real oder eingebildet, für den guten Ruf der Regierung" durch Gewalt verhindert wird (Leonard Levy). „Privatbürger sind nicht die Richter ihrer Herren, ... denn dies würde jede Regierung umstürzen", schrieb damals ein Publizist. Die Wahrheit der in Frage stehenden Behauptungen galt dabei nicht als Verteidigungsgrund: wahre Beschuldigungen sind noch verbrecherischer als falsche, weil sie in viel stärkerem Maß geeignet sind, die Autorität in ein schlechtes Licht zu rücken.[4]

---

[3] Für weitere Diskussion und Quellen, siehe mein Buch *Necessary Illusions*, Appendix V, Abschnitt 8.

[4] Levy, *Emergence of a Free Press*, S. XVII, 9, 102, 41, 130.

Nebenbei bemerkt, folgt der Umgang mit abweichenden Meinungen in unserer freiheitlicheren Ära einem ähnlichen Modell. Falsche und lächerliche Beschuldigungen sind kein wirkliches Problem; es sind gerade *die* unverantwortlichen Kritiker, die unerwünschte *Wahrheiten* enthüllen, vor denen die Gesellschaft geschützt werden muß.

Die Doktrin der aufrührerischen Verleumdung wurde auch in den amerikanischen Kolonien beibehalten. Die Intoleranz, die während der revolutionären Periode gegenüber abweichenden Meinungen herrschte, ist berüchtigt. Auch der führende amerikanische Libertäre Thomas Jefferson vertrat die Meinung, ein „Verräter in Gedanken, nicht in Taten" müsse bestraft werden, und genehmigte dementsprechend die Internierung politisch Verdächtiger. Er und die anderen Gründerväter waren der Meinung, daß „verräterische oder respektlose Worte" gegen die Autorität des nationalen Staats oder seiner einzelnen Institutionen verbrecherisch seien. „Während der Revolution", schreibt Leonard Levy,

> meinte Jefferson, ebenso wie Washington, die beiden Adams und Paine, es dürfe keine Tolerierung ernsthafter Meinungsverschiedenheiten in Bezug auf die Unabhängigkeit, keine Alternative zur vollständigen Unterordnung unter die patriotische Sache geben. Es gab allenthalben die grenzenlose Freiheit, den Patriotismus zu preisen, aber keine Freiheit, ihn zu kritisieren.

Zu Beginn der Revolution verlangte der Kontinentalkongreß von den Staaten, Gesetze zu verabschieden, die das Volk davon abhalten sollten, „getäuscht und in Irrtümer hineingezogen" zu werden. Erst als die Jeffersonanhänger Ende der neunziger Jahre selbst repressiven Maßnahmen ausgesetzt wurden, entwickelten sie zu ihrem eigenen Schutz ein libertäreres Denken - wobei sie jedoch den Kurs wieder wechselten, als sie selbst die Macht übernahmen.[5]

Bis zum ersten Weltkrieg gab es in den Vereinigten Staaten nur eine schwache Basis für die Meinungsfreiheit, und erst 1964 wurde das Gesetz über aufrührerische Verleumdung vom Obersten Gerichtshof für unrechtmäßig erklärt. 1969 schließlich stellte der Gerichtshof die freie Rede mit Ausnahme der „An-

---

[5] Ebenda, S. 178-79, 297, 337 ff; Levy, *Jefferson and Civil Liberties*, S. 25 f.

stiftung zu sofortigem ungesetzlichem Handeln" unter Schutz. Zwei Jahrhunderte nach der Revolution übernahm der Gerichtshof schließlich die Position, die schon 1776 von Jeremy Bentham vertreten wurde, der argumentierte, eine freie Regierung müsse „Unzufriedenen" erlauben, „ihre Gefühle zu artikulieren, ihre Pläne zu verabreden und jede Art der Opposition diesseits direkter Revolte zu praktizieren, bevor die Exekutive das gesetzliche Recht haben kann, sie zu stören". Die Entscheidung des Obersten Gerichtshofs von 1969 formulierte einen libertären Standard, der meiner Ansicht nach in der Welt einzig dasteht. In Kanada zum Beispiel werden immer noch Menschen für die Verbreitung „falscher Nachrichten" ins Gefängnis geworfen, ein Verbrechen, das 1275 zum Schutz des Königs definiert wurde.[6]

In Europa ist die Situation noch primitiver. Dabei ist Frankreich aufgrund des dramatischen Kontrasts zwischen der Rhetorik der Selbstbeglückwünschung und einer repressiven Praxis, die so gebräuchlich ist, daß sie gar nicht mehr bemerkt wird, ein besonders verblüffender Fall. In England gibt es nur einen begrenzten Schutz für die Meinungsfreiheit. Dort duldet man sogar eine solche Schande wie das Blasphemiegesetz. Die Reaktion auf die Rushdie-Affaire war besonders bemerkenswert, am dramatischsten auf Seiten der selbsternannten „Konservativen". Rushdie wurde vor Gericht der aufrührerischen Verleumdung und der Blasphemie angeklagt, aber das Oberste Gericht beschloß, daß das Gesetz über Blasphemie nur für das Christentum gilt, nicht für den Islam, und daß nur ein verbaler Angriff „gegen Ihre Majestät oder die Regierung Ihrer Majestät oder eine andere Institution des Staates" als aufrührerische Verleumdung gilt. So zementierte das Gericht eine fundamentale Doktrin von Gestalten wie Ajatollah Khomeini, Stalin, Goebbels und anderen Gegnern der Freiheit, während es zugleich festlegte, daß das englische Gesetz nur die einheimische Macht vor Kritik schützt. Zweifellos würden viele Conor Cruise O'Brien zustimmen, der während seiner Zeit als Post- und Telegraphenminister in Irland das Rundfunkgesetz dahingehend erweiterte, daß die Behörden die Ausstrahlung jeglicher Sendungen verweigern konnten, die im Urteil des Ministers „die Autorität des Staates tendenziell untergraben würden".[7]

---

[6] Levy, *Emergence*, S. 6, 167.

[7] Für einige der vielen Fälle, die in Bezug auf Frankreich zitiert werden könnten, siehe *Necessary Illusions*, S. 344. Über die Rushdie-Affaire, siehe Christopher Frew, „Craven evasion on the threat to freedom", *Scotsman*, 3. August 1989, wo er sich auf

Wir sollten uns darüber im klaren sein, daß das Recht auf Meinungsfreiheit nicht durch den ersten Verfassungszusatz, sondern nur durch die langjährigen engagierten Bemühungen der Arbeiterbewegung und der Bürgerrechts- und Antikriegsbewegungen der sechziger Jahre und weiterer Volkskräfte etabliert wurde. James Madison wies darauf hin, daß eine „Barriere aus Papier" niemals genügen wird, um Tyrannei zu verhindern. Rechte werden nicht durch Worte etabliert, sondern durch Kampf gewonnen und aufrechterhalten.

Wir sollten uns ferner daran erinnern, daß Siege für die Meinungsfreiheit oft in Verteidigung der niederträchtigsten und abstoßendsten Meinungen errungen werden. Die Entscheidung des Obersten Gerichtshofs von 1969 schützte den Ku Klux Klan vor Verfolgung, nachdem dieser ein Treffen mit vermummten Gestalten, Gewehren und einem brennenden Kreuz veranstaltet hatte, das dazu aufrief, „den Nigger zu begraben" und „die Juden nach Israel zurückzuschicken". Was die Meinungsfreiheit betrifft, gibt es im wesentlichen zwei Positionen: man verteidigt sie energisch für Ansichten, die man selbst haßt, oder man weist sie zugunsten stalinistischer und faschistischer Standards zurück.[8]

Ob der Freiheitsinstinkt wirklich existiert oder nicht, wissen wir nicht. Wenn es ihn denn geben sollte, lehrt uns die Geschichte, daß er eingeschläfert werden kann, aber noch längst nicht tot ist. Der Mut und das Engagement von Menschen, die für Freiheit kämpfen, ihre Bereitschaft, extremem Staatsterror und Gewalt standzuhalten, sind oft bemerkenswert. Im Verlauf langer Jahre ist das Bewußtsein gewachsen, und Ziele sind erreicht worden, die in früheren Zeiten als utopisch betrachtet oder kaum auch nur ins Auge gefaßt wurden. Ein unverbesserlicher Optimist kann auf diese Bilanz verweisen und der Hoffnung Ausdruck geben, daß mit einem neuen Jahrzehnt, und bald einem neuen Jahrhundert die Menschheit vielleicht in der Lage sein wird, einige ihrer sozialen Krankheiten zu überwinden; andere

---

das beschämende Verhalten von Paul Johnson und Hugh Trevor-Roper bezieht, die darin nicht allein dastanden. Oberstes Gericht, *New York Times*, 10. April 1990. O'Brien zitiert in *British Journalism Review*, Vol. 1, Nr. 2, Winter 1990.

[8] Levy, *Emergence*, S. 226-27; Henry Kalven, *A Worthy Tradition* (Harper & Row, 1988), S. 63, 227 f., 121 f. Ein so kurzer Kommentar zur Meinungsfreiheit kann natürlich nicht wirklich angemessen sein. Wie angedeutet, ergeben sich komplexere Fragen, wenn wir von der Frage der Meinungsäußerung zu Äußerungen übergehen, die an Anstiftung zum Handeln grenzen (wie etwa der Befehl an einen bewaffneten Mörder, zu schießen), und wenn wir das Recht auf die Unverletzlichkeit der Privatsphäre und ähnliche Fragen in Betracht ziehen.

mögen eine andere Lehre aus der Geschichte der letzten Zeit ziehen. Es ist kaum möglich, rationale Gründe für das Einnehmen der einen oder der anderen Perspektive anzugeben. Wie im Fall vieler spontaner Überzeugungen, die unser Leben leiten, ist das Beste, was wir tun können, in Einklang mit unseren Intuitionen und Hoffnungen zu handeln.

Die Konsequenzen der Entscheidung, die wir dabei treffen, sind leicht zu erkennen. Durch Negierung des Freiheitsinstinkts werden wir nur beweisen, daß die Menschen eine tödliche Mutation, eine evolutionäre Sackgasse sind; indem wir ihn - falls es ihn gibt - nähren und unterstützen, können wir vielleicht Wege finden, uns mit furchtbaren menschlichen Tragödien und Problemen von gewaltigem Ausmaß erfolgreich auseinanderzusetzen.

Nachwort

Noam Chomsky, der am 7. Dezember 1998 siebzig Jahre alt wird, ist seit vierzig Jahren der führende Sprachwissenschaftler der Welt. Angeblich ist er der meistzitierte lebende Autor im wissenschaftlichen Bereich, was wohl auf die Tatsache zurückzuführen ist, daß die neue Art des Herangehens an Probleme der Linguistik, die er zwischen Ende der vierziger Jahre und Ende der fünfziger Jahre ausarbeitete, Implikationen hat, die weit über dieses doch etwas esoterische Gebiet hinausreichen

Die eng mit seinem Namen verbundene Theorie der generativen Grammatik, die zuerst in seinem 1957 erschienenen Buch *Strukturen der Syntax* öffentlich präsentiert wurde, war ein wichtiger Baustein dessen, was heute oft die „kognitive Revolution" in der Psychologie genannt wird. Diese Revolution war durch eine Abwendung von den im Behaviorismus populären Vorstellungen vom Menschen als einer „Blackbox" gekennzeichnet, deren innere Zustände den Psychologen nicht zu interessieren haben und an der lediglich Input und Output - in der Sprache der Verhaltenswissenschaftler: Reiz und Reaktion - interessant sind. Dagegen setzte die kognitive Revolution eine letztlich sehr banale Feststellung: Nicht nur die äußere Welt, in der der Mensch lebt, ist hochkompliziert und folgt komplexen und verwickelten Gesetzen; dasselbe gilt auch für den Menschen selbst und insbesondere für den menschlichen Geist. Chomsky hat in der Folge häufig sein Erstaunen darüber geäußert, daß eine so evidente Tatsache in der im zwanzigsten Jahrhundert über weite Strecken vorherrschenden Psychologie so hartnäckig übersehen werden konnte.

Platos Problem

Was Chomsky als Wissenschaftler fasziniert, ist das, was er später als „Platos Problem" bezeichnet hat: „Wie kommt es", schrieb der englische Philosoph Bertand Russell, den Chomsky gern und häufig als moralisches und intellektuelles Vorbild zitiert, „daß die Menschen, deren Kontakt mit der Welt so kurz und persönlich und begrenzt ist, dennoch so viel wissen können, wie sie es tatsächlich tun?" Es handelt sich hier um dasselbe *Problem wie das, mit dem Plato sich in seinem Höhlengleichnis auseinandergesetzt* hat. Sobald die menschlichen Sprachen einmal einer systematischen Erforschung unterzogen werden, stellt sich sehr schnell heraus, daß es sich dabei um Wissenssysteme von immenser Komplexität handelt. Wie ist es möglich, daß ein fünfjähriges Kind ein solches Wissen ohne Mühe und explizite Belehrung meistert? Das ist laut Chomsky die Hauptfrage, auf die die Sprachwissenschaft eine Antwort finden muß. In der Sprachwissenschaft des zwanzigsten Jahrhunderts herrschte lange Zeit die Auffassung vor, menschliche Sprachen könnten unendlich verschieden voneinander sein, und daß es ferner unmöglich sei, über diese Unterschiede irgendwelche Vorhersagen zu treffen. Das Revolutionäre an Chomskys Ansatz besteht in der Aussage, daß Kinder eine Sprache lernen können, weil sie das meiste schon wissen. Chomsky zufolge gibt es eine angeborene „Universalgrammatik"; die Funktion der sprachlichen Umgebung, in der ein Kind aufwächst, besteht lediglich darin, dieser eine konkrete Form zu geben. Und das Projekt der Chomskyschen generativen Grammatik besteht in nichts anderem als dem Versuch, herauszufinden, worin dieses angeborene Wissen genau besteht.

Von da aus ist es nur ein sehr kleiner Schritt zu der Annahme, daß sich angeborene Strukturen des menschlichen Geistes nicht auf die Sprache allein beschränken, sondern unsere gesamte Wahrnehmung von der Welt und uns selbst bestimmen. Genau wie wir nur Licht einer bestimmten Wellenlänge als Farben sehen und nur einen kleinen Ausschnitt der Schallwellen hören können, lokalisieren wir uns auf eine bestimmte Art in Raum und Zeit, bilden wir bestimmte Begriffe von der Welt und entwickeln wir moralische Konzepte von gut und böse, gerecht und ungerecht, die nicht „in der Natur der Dinge" liegen, sondern in unserer eigenen Natur.

Mit dieser Konzeption wendet sich Chomsky explizit gegen gerade auch unter linken politischen Kräften vorherrschende Doktrinen, die die Existenz einer menschlichen Natur vehement bestreiten. Dabei unterstreicht er, daß es sich hier in erster Linie um eine Frage der Tatsachen handelt: gäbe es keine gemeinsame, von allen Menschen geteilte Natur, wäre es schlicht und einfach unmöglich zu erklären, wieso jeder einzelne von uns in der Lage ist, ein so komplexes Verständnis von der Welt zu entwickeln, über das er sich noch dazu weitgehend mit anderen Menschen verständigen kann. Und darüber, so Chomsky, sollten wir froh sein, denn stellte uns unsere Natur diese angeborenen Strukturen nicht zur Verfügung, „wären die Menschen wirklich armselige, in ihren Fähigkeiten äußerst beschränkte Geschöpfe, ohne Ähnlichkeit miteinander und bloße Widerspiegelungen zufälliger Erfahrung".

All das hat nichts mit einer Verteidigung des gesellschaftlichen Status Quo zu tun, für die ja oft angebliche Erkenntnisse über die menschliche Natur ins Feld geführt werden. Die Menschen unterscheiden sich von anderen Tieren nicht nur durch ihre sprachlichen und kognitiven Fähigkeiten, sondern auch dadurch, daß sie eine Geschichte haben. Worin denn nun eigentlich ihre Natur besteht, darüber gibt es außer auf einigen wenigen Gebieten, die einer systematischen Erforschung relativ leicht zugänglich sind, kaum gesicherte Erkenntnisse. Speziell im Bereich des gesellschaftlichen Zusammenlebens und in der Frage des moralischen Urteils sind wir auf unseren Common Sense und auf Intuitionen darüber angewiesen, welche Gesellschaftsformen und welche menschlichen Werte unser Wesen am besten zum Ausdruck bringen. Wer sich wie Chomsky die These des russischen Anarchisten Bakunin über den menschlichen Freiheitsinstinkt zu eigen macht, wird in sämtlichen Formen nicht zu rechtfertigender Ausübung von Macht und Autorität das Haupthindernis erblicken, das sich der freien Entfaltung sämtlicher Aspekte des menschlichen Wesens im Verlauf der Geschichte entgegenstellt und das es zu bekämpfen gilt.

Orwells Problem

So kommt es, daß Chomskys weltweite Bekanntheit sich nicht nur aus seinem Ruf als Sprach- und Kognitionswissenschaftler ableitet. Aufgewachsen im Philadelphia und im New York der Zwischenkriegsjahre und der großen Depression, wandte er sich schon in seiner frühen Jugend dem Anarchismus zu. Nachdem er Ende der vierziger Jahre mit dem bekannten amerikanischen Linguisten Zelig Harris zusammengetroffen war, widmete er sich zunächst immer mehr der sprachwissenschaftlichen Forschung und wurde schließlich 1966 Lehrstuhlinhaber für moderne Sprachen und Linguistik am renommierten Massachusetts Institute of Technology (MIT). Aber 1964 entschloß sich Chomsky, aus seinen Ansichten über Politik und Gesellschaft die Konsequenzen zu ziehen. Unmittelbarer Anlaß war die Eskalation des US-Krieges in Vietnam, in dessen Verlauf 60.000 Amerikaner und vier Millionen Menschen in Vietnam, Laos und Kambodscha getötet wurden. Die Analyse der institutionellen Ursachen dieses Krieges, die Chomsky in seinem Buch *Amerika und die neuen*

Mandarine und danach in zahllosen weiteren Büchern, Reden und Artikeln vornahm, machte jedoch klar, daß die Wurzeln dieses Krieges in den Klasseninteressen der reichen Elite zu suchen waren, die die US-Gesellschaft beherrscht und weitgehend auch die Politik der US-Regierung nach außen und nach innen bestimmt. Die herrschende Elite der USA, so Chomsky, hatte (nicht erst) seit dem Zweiten Weltkrieg ein weltumspannendes System der Ausbeutung und Profitmaximierung etabliert, das sich, wo immer nötig, brutaler Unterdrückung und Aggression bediente, um seine Ziele durchzusetzen. In diesem Rahmen fungieren die Eliten der anderen kapitalistischen Industrieländer mehr oder weniger als Juniorpartner, während die korrupten Cliquen, die weite Teile der Dritten Welt beherrschen, die Hilfstruppen stellen.

Das vielleicht Beeindruckendste, oft aber auch Schwierigste und Verwirrendste an den Analysen Chomskys ist der gewaltige Berg an Tatsachenmaterial, das er zur Unterstützung seiner Thesen über die imperiale und ausbeuterische Rolle der westlichen industriellen Demokratien anführt. Hinzu kommt, daß er oft bruchlos zwischen einer Darstellung der Fakten und einer Polemik gegen ihre verfälschte Wiedergabe durch die Politiker und die Medien hin- und herwechselt. Wir haben es hier mit dem zu tun, was Chomsky „Orwells Problem" nennt: Wie kommt es, daß wir angesichts der über die gesellschaftliche Welt von heute verfügbaren Tatsachen, die in den westlichen Gesellschaften kaum einer Zensur unterliegen, so *wenig* über diese Tatsachen wissen?

So ist es eine „an sich" leicht zu belegende Tatsache, daß die USA seit dem Zweiten Weltkrieg der führende terroristische Staat der Welt gewesen sind. Die USA unterstützten grausame Militärdiktaturen in Griechenland und Korea und finanzierten den französischen Indochinakrieg, sie machten im Koreakrieg weite Teile des Landes dem Erdboden gleich und stürzten demokratische Regierungen im Iran und Guatemala, sie entsandten Aufstandsbekämpfungsspezialisten auf die Philippinen und nach Malaya und drängten - unter Kennedy - den lateinamerikanischen Militärs die „Doktrin der Nationalen Sicherheit" auf, was zu einer Serie blutiger Militärdiktaturen führte; sie hielten die Terrorregimes in Guatemala (150.000 Tote) und El Salvador (75.000 Tote) an der Macht. Sie hätschelten bekennende Terroristen in Angola und Mozambique (1,5 Millionen Tote), kultivierten die auf Putsch sinnenden Militärs in Indonesien (700.000 Tote nach dem Putsch von 1965), versorgten sie mit Todeslisten zu eliminierender politischer- und Gewerkschaftsführer und lieferten die Waffen für die Invasion Osttimors (200.000 Tote), destabilisierten demokratisch gewählte Regierungen in Chile, Australien, Jamaika und Nicaragua und unterstützten Diktatoren wie den Schah von Persien und Anastasio Somoza in Nicaragua bis zum blutigen Ende. Bis 1990 war Saddam Hussein ihr Freund (ebenso wie der der Bundesrepublik); jetzt ist der Syrer Hafez al-Assad, der 1982 bei der Niederschlagung eines Aufstands 30.000 Menschen liquidierte, an seine Stelle getreten.

Wie ist es möglich, daß ein Staat mit einer derartigen Bilanz als Führer des weltweiten Kampfs für Demokratie und Menschenrechte auftreten kann? Wie kann es sein, daß die anderen industriellen Demokratien, die diese Politik entweder unkritisch hinnehmen oder selbst für ähnliches verantwortlich oder mitverantwortlich sind (wie die BRD in Indonesien und der Türkei) als Garanten des internationalen Rechts auftreten?

Zum einen sind Not und Unterdrückung in diesen Gesellschaften, obwohl es sie gibt, in keiner Weise mit dem vergleichbar, was die Bevölkerung der Dritten Welt erdulden muß. Es sind die anderen, die leiden und sterben. Verglichen mit den Elendsgebieten der Welt genießt die Bevölkerung der westlichen Demokratien auch jetzt noch beträchtliche Freiheiten und einen ansehnlichen Wohlstand. Was läge da näher als die Annahme, daß die Länder der Dritten Welt nun einmal „noch nicht so weit sind", und daß unsere Regierungen eben ein weiteres Mal die „Bürde des weißen Mannes" schultern und diesen Völkern Frieden, Freiheit und Fortschritt bringen müssen? Daß es gerade die Politik der westlichen Industrienationen und die diesen Ländern aufgenötigte ungehemmte Konkurrenz auf dem kapitalistischen Weltmarkt sind, die ganze Regionen ins Elend stürzen, ist eine Tatsache, die dem Konsumenten westlicher Medien in der überwältigenden Mehrzahl der Fälle verborgen bleibt. Ohne Kenntnis dieses Zusammenhangs wird er logischerweise davon ausgehen, daß die traditionellen Dienstleistungsregionen der Welt in „unserer" Außenpolitik nicht wesentlich anders behandelt werden als die Bevölkerung bei uns. Was läge da ferner, als der eigenen Regierung die Unterstützung von Massakern und billigendes Inkaufnehmen von Millionen von Hungertoten zu unterstellen? Hinzu kommt, daß es immer leichter ist, vor unangenehmen Tatsachen die Augen zu verschließen.

Entscheidend aber ist, daß die Tatsachen keineswegs so leicht verfügbar sind, wie es zunächst den Anschein hat. Zwar finden wir gerade heute in den entwickelten Gesellschaften eine gewaltige Informationsflut, aber die gelieferten Informationen sind hochgradig selektiv und parteiisch. Die Informationsmittel befinden sich in den Händen der Herrschenden, die ein dezidiertes Interesse daran haben, ihre Herrschaft als demokratisch und gerecht zu präsentieren.

Ebenso wie alle anderen Wirtschaftsgüter unterliegen Informationen in einer kapitalistischen Demokratie dem Markt. Das weckt positive Assoziationen über den „Kunden als König", der aus einer Vielzahl von Gütern frei auswählen kann, und dementsprechend bildet der Markt heute auch das Kernstück der kapitalistischen Ideologie, nach der es nichts Demokratischeres geben kann als den freien Käufer und den freien Verkäufer, die sich auf dem Markt gleichberechtigt gegenübertreten. Chomsky, sein langjähriger Mitautor Edward S. Herman und andere Medienkritiker machen jedoch darauf aufmerksam, daß hier eine Kleinigkeit übersehen wird: Während der durchschnittliche Medienkonsument den von den Medien gelieferten Informationen als atomisierter Einzelner gegenübertritt, handelt es sich bei den großen Medien zunehmend um gewaltige Zusammenballungen wirtschaftlicher Macht, auf deren Themenwahl und -behandlung er als unorganisierter Einzelner praktisch keinerlei Einfluß hat. Ein Informationssystem, das von privilegierten Eliten beherrscht wird, wird aller Wahrscheinlichkeit nach eben auch die Interessen dieser und anderer privilegierter Eliten widerspiegeln, und daß und wie sie dies tun, hat Chomsky seit dreißig Jahren immer wieder in umfangreichen Arbeiten zu diesem Thema demonstriert. Wie in allen anderen Bereichen undemokratisch ausgeübter Macht kann auch hier nur die Selbstorganisation der unterprivilegiert und vereinzelt gehaltenen Masse der Bevölkerung Abhilfe schaffen.

Charakteristisch für dieses System „demokratischer Propaganda" ist dabei, daß keine starke Hand des Staates erforderlich war, um etwa die US-Medien dazu zu veranlassen, siebzehnmal so viele Berichte über die Greuel im Kambodscha Pol Pots zu bringen wie über die Massaker der indonesischen Armee in Osttimor oder zehnmal so viel über die Ermordung eines Priesters in Polen zu berichten wie über die Ermordung von 72 Geistlichen in Lateinamerika (nach einer statistischen Untersuchung von Herman und Chomsky in ihrem Buch *Manufacturing Consent*). Die Mechanismen eines hochkonzentrierten kapitalistischen Marktes erledigen solche Aufgaben viel eleganter, geschmeidiger und effizienter als Medien, die von einem Zentralkomitee zensiert werden und von denen sowieso jeder weiß, daß sie lügen.

Descartes' Problem

Wie sich nicht nur an Chomskys Behandlung von Orwells Problem zeigt, hält er von weiten Teilen der sogenannten Humanwissenschaften nicht viel. Entweder sie sagen uns angesichts der vielen in ihren Aussagen enthaltenen Unwägbarkeiten überhaupt nichts Verständliches, wie zum Beispiel die Forschung über Rasse und IQ, oder sie sagen uns Dinge, die wir sowieso schon immer gewußt haben. Wenn zum Beispiel die Verhaltenswissenschaft uns lehrt, daß Menschen eher geneigt sind, etwas zu tun, wenn sie dafür belohnt werden, als wenn man sie dafür bestraft, ist das kaum eine beeindruckende Entdeckung. Bei einem Großteil des menschlichen Verhaltens haben wir es mit „Descartes' Problem" zu tun, zu dessen Lösung weder Wissenschaft noch Philosophie bisher etwas Nennenswertes beitragen konnten: Warum sind wir nicht nur, in den Worten Descartes', „angeregt und geneigt", etwas zu tun, sondern haben die freie Wahl, eine Tatsache, derer wir uns „so bewußt sind, daß es nichts gibt, das wir vollkommener und klarer begreifen"?

Vor allem in Kapitel 8 des vorliegenden Bandes beschreibt Chomsky in plastischer Weise die Verschlechterung der Lebensbedingungen der Mehrheit der Bevölkerung in der Ersten, Zweiten und Dritten Welt von heute. Das Elend in der Dritten Welt ist geblieben und teilweise sogar schlimmer geworden, der Lebensstandard großer Teile der Bevölkerung im Westen, oft sogar, wie in den USA selbst, der Mehrheit, ist gesunken, und die Wirtschaften der Länder des Ostens befinden sich im freien Fall. Die Ungleichheit hat sich überall drastisch verschärft. Das kapitalistische Weltwirtschaftssystem, von dem gefeierte Staatsmänner wie Henry Kissinger sagen, es habe „der Welt gute Dienste geleistet", bringt nach wie vor seine 100.000 Opfer pro Tag hervor, die verhungern oder an leicht vermeidbaren Krankheiten sterben, während durch die Ausblutung der Dritten Welt aufgrund von Strukturanpassungsprogrammen und Schuldenrückzahlungen, die längst die ursprünglichen Schulden übersteigen, neue Opfer hinzukommen. In Rußland, wo der Westen den Steigbügelhalter für die neue Klasse der Nomenklaturakapitalisten gespielt, den Tschetschenienkrieg hingenommen und die Beschießung des Parlaments durch Boris Jelzin im September 1993 bejubelt hat, ist die Lebenserwartung seit 1989 innerhalb von sieben Jahren um sechs Jahre gesunken.

Anhand all dieser Daten und Fakten wäre es ein leichtes, ein „Schwarzbuch des Kapitalismus" zu schreiben, und ebenso leicht wäre es, vor allem angesichts der anscheinend ausbleibenden Gegenwehr, in Depression, Apathie und Resignation zu verfallen und es sich in dem Bewußtsein bequem zu machen, daß ja auch der Westen Dissidenten wie Chomsky hervorbringt, die die Rolle des Widerparts schon spielen werden.

Und in der Tat ist das die Reaktion, die wir in den reichen Ländern des Westens hauptsächlich vorfinden. So stehen wir dem Paradox gegenüber, daß sich in Ländern, wo die Bedingungen kaum ungünstiger sein könnten, wie zum Beispiel in Haiti oder Westbengalen, analphabetische Bauern zum Widerstand zusammenschließen, während die Bevölkerung der Industrieländer die Attacken auf ihre und die Rechte anderer fast klaglos hinnimmt.

Warum das so ist, wissen wir nicht, und die Meinungsumfragen scheinen darauf hinzudeuten, daß es wenig mit einer Zufriedenheit mit den Verhältnissen zu tun hat. Eher scheint es so zu sein, daß die meisten Menschen sich mit dem Unabänderlichen abgefunden haben: Arbeit und die Gewährleistung eines anständigen Lebens für alle, Erweiterung der politischen Demokratie und Rückholung des Staates in die Gesellschaft, erst recht Kontrolle der arbeitenden Menschen über das Wirtschaftsleben oder auch nur „Mitbestimmung" sind utopischer Nonsens, das Realexistierende ist auch das Mögliche, anderes kann nicht einmal sinnvoll gedacht werden.

Nach Ansicht Chomskys ist der Verweis auf die „normative Kraft des Faktischen", der Verweis darauf, bestimmte Dinge seien eben noch nie anders beziehungsweise noch nie dagewesen, ein schwaches Argument: „Mit derselben Begründung hätte man im achtzehnten Jahrhundert 'demonstrieren' können, daß die kapitalistische Demokratie ein unmöglicher Traum ist" (siehe S. 62). Denjenigen, die „halsstarrig am Ziel der Freiheit" festhalten, und das wären, wenn man von dem ausgeht, was die Menschen sich *wünschen*, nicht dem, was sie für realisierbar halten, nicht wenige, schlägt Chomsky eine „Pascalsche Wette" vor: „Wenn du vom Schlimmsten ausgehst, wird es mit Sicherheit eintreffen, wenn du dich im Kampf für Freiheit und Gerechtigkeit engagierst, kannst du zu ihrem Zustandekommen beitragen."

Michael Schiffmann

Ausgewählte Literatur

(Für die Literatur, die von Chomsky in den Texten erwähnt wird, werden englische und ggf. deutsche Ausgaben angegeben, ansonsten wird für im Original auf Englisch erschienene Texte nur der jeweilige deutsche Titel aufgeführt.)

- *Bakunin, Michail: Gott und der Staat und andere Schriften.* Reinbek, Rowohlt, 1969.
- *Bowles, Samuel, Gintis, Herbert: Pädagogik und die Widersprüche der Ökonomie.* Frankfurt, Suhrkamp, 1978.
- *Carey, Alex: Taking the Risk out of Democracy. Corporate Propaganda Versus Freedom and Liberty.* University of Illinois Press, 1997.
- *Chomsky, Noam: Amerika und die neuen Mandarine.* Frankfurt, Suhrkamp, 1969.
- *Chomsky, Noam: Arbeit - Sprache - Freiheit.* Münster, Trafik Verlag, 1987.
- *Chomsky, Noam: Cartesian Linguistics. A Chapter in the History of Rationalist Thought.* New York, UPA, 1966/83. Deutsch: *Cartesianische Linguistik. Ein Kapitel in der Geschichte des Rationalismus.* Tübingen, Niemeyer, 1971.
- *Chomsky, Noam: The Chomsky Reader.* New York, Pantheon, 1987.
- *Chomsky, Noam: Deterring Democracy.* London, Verso, 1991/92.
- *Chomsky, Noam: The Fateful Triangle. The United States, Israel and the Palestinians.* Boston, South End, 1983.
- *Chomsky, Noam: For Reasons of State.* New York, Pantheon, 1973. Deutsch (unter Auslassung der ersten vier Kapitel): *Aus Staatsraison.* Frankfurt, Suhrkamp, 1974.
- *Chomsky, Noam: Haben und Nichthaben.* Bodenheim, Philo Verlagsgesellschaft, 1998.
- *Chomsky, Noam: Knowledge of Language. Its Nature, Origin and Use.* London, Praeger, 1986.
- *Chomsky, Noam: Language and Politics.* Montreal, Black Rose Books, 1988.
- *Chomsky, Noam: Necessary Illusions. Thought Control in Democratic Societies.* Montreal, Black Rose Books, 1989.
- *Chomsky, Noam: Peace in the Middle East. Reflections on Justice and Nationhood.* New York, Vintage, 1974.

- *Chomsky, Noam: Die politische Ökonomie der Menschen-rechte*. Grafenau, Trotzdem Verlag, 1999.
- *Chomsky, Noam: Powers and Prospects. Reflections on Human Nature and the Social Order*. London, Pluto Press, 1996. Deutsch: *Die Mächte und ihre Zukunft. Der Mensch in der globalen Ordnung*. Klaus Boer Verlag, 1999.
- *Chomsky, Noam: Probleme sprachlichen Wissens*. Weinheim, Beltz-Athenäum, 1996.
- *Chomsky, Noam: Problems of Knowledge and Freedom. The Russell Lectures*. New York, Pantheon, 1971. Deutsch: *Über Erkenntnis und Freiheit*. Frankfurt, Suhrkamp, 1973.
- *Chomsky, Noam: Radical Priorities*. Montreal, Black Rose Books, 1981/87.
- *Chomsky, Noam: Syntactic Structures*. Den Haag, Mouton, 1957. Deutsch: *Strukturen der Syntax*. Den Haag, Mouton, 1973.
- *Chomsky, Noam: Turning the Tide. US-Intervention in Central America and the Struggle for Peace*. Boston, South End Press, 1985. Deutsch: *Vom politischen Gebrauch der Waffen. Zur politischen Kultur der USA und den Perspektiven des Friedens*. Wien, Guthmann Peterson, 1987.
- *Chomsky, Noam: World Orders, Old and New*. London, Pluto Press, 1994.
- *Chomsky, Noam, Herman, Edward S.: After the Cataclysm. Postwar Indochina and the Reconstruction of Imperial Ideology. The Political Economy of Human Rights, vol. II*. Boston, South End Press, 1979.
- *Chomsky, Noam, Herman, Edward S.: The Washington Connection and Third World Fascism. The Political Economy of Human Rights, vol. I*. Boston, South End Press, 1979.
- *Cook, V. J., Newson Mark: Chomsky's Universal Grammar. An Introduction*. 2nd edition, Oxford, Blackwell, 1996.
- *Eigentum verpflichtet. Die Erfurter Erklärung*. Hrsg. Dahn, Daniela u. a., Heilbronn, Distel Verlag, 1998.
- *Eigentum verpflichtet - zu nichts*. Hans J. Schulz, Stuttgart, Schmetterling Verlag, 1997.
- *Farmer, Paul: The Uses of Haiti*. Introduction by Noam Chomsky. Monroe, Maine, Common Courage Press, 1994.
- *George, Alexander (ed.): Western State Terrorism*. Cambridge, UK, Polity Press, 1991.

- *George, Susan: The Debt Boomerang.* London, Pluto Press, 1992. Deutsch: *Der Schuldenbumerang.* Reinbek, Rowohlt, 1993.
- *Grewendorf, Günther: Sprache als Organ, Sprache als Lebensform.* Frankfurt, Suhrkamp, 1995.
- *Herman, Edward S., Chomsky, Noam: Manufacturing Consent. The Political Economy of the Mass Media.* New York, Pantheon, 1988.
- *Hewlett, Sylvia Ann: The Cost of Neglecting Our Children.* London, HarperCollins, 1992.
- *Humboldt, Wilhelm von: Ideen zu einem Versuch, die Grenzen der Wirksamkeit des Staates zu bestimmen.* Stuttgart, Reclam, 1967.
- *Humboldt, Wilhelm von: Schriften zur Sprache.* Stuttgart, Reclam, 1973.
- *Langguth, A. J.: Hidden Terrors.* New York, Pantheon, 1978.
- *Lernoux, Penny: Cry of the People. The Struggle for Human Rights in Latin America - The Catholic Church in Conflict with U.S. Policy.* Harmondsworth, Penguin, 1980/82.
- *Luxemburg, Rosa: Die russische Revolution.* Frankfurt, 1963.
- *Lyons, John: Chomsky.* 3rd edition, London, Fontana, 1991.
- *MacArthur, John R.: Die Schlacht der Lügen. Wie die USA den Golfkrieg verkauften.* München, dtv, 1993.
- *Marx, Karl: Das Kapital.* Band 3, Berlin, Ullstein, 1971.
- *Marx, Karl: Kritik des Gothaer Programms.* Berlin, Dietz Verlag, 1976.
- *Matthes, Norbert (Hrsg.): „Wir sind die Herren und ihr unsere Schuhputzer!" Der Nahe Osten vor und nach dem Golfkrieg.* Frankfurt, Dağyeli, 1991.
- *Moynihan, Daniel Patrick: A Dangerous Place.* Boston, Little, Brown 1978. Deutsch: *Einspruch.* München, 1981.
- *The Pentagon Papers.* Edited by George C. Herring. McGraw, 1992. Deutsch: *Die Pentagon-Papiere. Die geheime Geschichte des Vietnamkrieges.* München, Knaur, 1971.
- *Pilger, John: Distant Voices.* London, Vintage, 1994.
- *Pilger, John: Heroes.* London, Pan Books, 1988.
- *Pilger, John: Hidden Agendas.* London, Vintage, 1998.
- *Pinker, Steve: Der Sprachinstinkt.* München, Kindler, 1996.
- *Raj, Milan: Chomsky's Politics.* London, Verso, 1993.

- *Ramos-Horta, José: Funu. The Unfinished Saga of East Timor.* Trenton, New Jersey, Red Sea Press, 1987/96. Deutsch: *Funu. Ost-Timors Freiheitskampf ist nicht vorbei.* Mit einem Geleitwort von Noam Chomsky. Freiburg/Breisgau, 1997.
- *Rocker, Rudolf: Aufsätze.* Zwei Bände, Grafenau, Trotzdem Verlag, 1998.
- *Russell, Bertrand: Wege zur Freiheit. Sozialismus, Anarchismus, Syndikalismus.* Frankfurt, Suhrkamp, 1971.
- *Russell, Bertrand, Sartre, Jean-Paul: Das Vietnam-Tribunal.* 2 Bände, Reinbek, Rowohlt, 1968.
- *Salkie, Raphael: The Chomsky Update.* London, Routledge, 1990.
- *Schlereth, Einar, Bintang, Batjo Daeng: Indonesien: Analyse eines Massakers.* Frankfurt, März, 1970.
- *Smith, Adam: Der Wohlstand der Nationen. Eine Untersuchung seiner Natur und seiner Ursachen.* München, dtv, 1978/1996.
- *Stein, Georg (Hrsg.): Nachgedanken zum Golfkrieg.* Heidelberg, Palmyra, 1991.

Literatur zum Nachwort

- *Aktion 3. Welt Saar: Kurdistan.* Kiel, Magazin Verlag, 1995. (A3WS: Weiskirchener Str. 24, 66674 Losheim, 06872/6982)
- *Blum, William: Killing Hope. U.S. Military and CIA Interventions since World War II.* Montreal, Black Rose Books, 1994.
- *Castillo, Carmen: Santiago de Chile. Ein Tag im Oktober.* Reinbek, Rowohlt, 1981.
- *Herman, Edward S.: Beyond Hypocrisy. Decoding the News in an Age of Propaganda. Including the Doublespeak Dictionary.* Montreal, Black Rose Books, 1992.
- *Herman, Edward S.: Triumph of the Market. Essays on Economics, Politics, and the Media.* Boston, South End, 1995.
- *Mecklenburg, Jens, Wippermann, Wolfgang (Hrsg.): „Roter Holocaust"? Kritik des Schwarzbuchs des Kommunismus.* Hamburg, Konkret Literatur Verlag, 1998.
- *Shalom, Stephen R.: Imperial Alibis. Rationalizing U.S. Intervention After the Cold War.* Boston, South End, 1993.